BEI GRIN MACHT SICH I
WISSEN BEZAHLT

- Wir veröffentlichen Ihre Hausarbeit,
  Bachelor- und Masterarbeit

- Ihr eigenes eBook und Buch -
  weltweit in allen wichtigen Shops

- Verdienen Sie an jedem Verkauf

Jetzt bei www.GRIN.com hochladen
und kostenlos publizieren

Bibliografische Information der Deutschen Nationalbibliothek:

Die Deutsche Bibliothek verzeichnet diese Publikation in der Deutschen National-
bibliografie; detaillierte bibliografische Daten sind im Internet über http://dnb.d-
nb.de/ abrufbar.

Impressum:

Copyright © 2008 GRIN Verlag, Open Publishing GmbH
Druck und Bindung: Books on Demand GmbH, Norderstedt Germany
ISBN: 978-3-668-15293-9

Dieses Buch bei GRIN:

http://www.grin.com/de/e-book/316195/moeglichkeiten-probleme-und-wirkungs-
weise-des-value-reporting-als-element

Jörg Menke

Möglichkeiten, Probleme und Wirkungsweise des Value Reporting als Element der wertorientierten Unternehmenssteuerung

GRIN Verlag

GRIN - Your knowledge has value

Der GRIN Verlag publiziert seit 1998 wissenschaftliche Arbeiten von Studenten, Hochschullehrern und anderen Akademikern als eBook und gedrucktes Buch. Die Verlagswebsite www.grin.com ist die ideale Plattform zur Veröffentlichung von Hausarbeiten, Abschlussarbeiten, wissenschaftlichen Aufsätzen, Dissertationen und Fachbüchern.

Besuchen Sie uns im Internet:

http://www.grin.com/

http://www.facebook.com/grincom

http://www.twitter.com/grin_com

Institut für Betriebswirtschaftslehre

Entscheidung und Organisation

DIPLOMARBEIT

im Sommersemester 2008

MÖGLICHKEITEN, PROBLEME UND WIRKUNGSWEISE DES VALUE REPORTING ALS ELEMENT DER WERTORIENTIERTEN UNTERNEHMENSSTEUERUNG

Name: Jörg Menke

Studiengang: Diplom Betriebswirtschaftslehre

Abgabedatum: 9. Juli 2008

Inhaltsverzeichnis

III

Abkürzungsverzeichnis

Abs.	Absatz
AG	Aktiengesellschaft
AICPA	American Institute of Certified Public Accountants
AktG	Aktiengesetz
Aufl.	Auflage
BilReG	Bilanzrechtsreformgesetz
BörsG	Börsengesetz
BörsO	Börsenordnung
bspw.	beispielsweise
bzgl.	bezüglich
bzw.	beziehungsweise
CAPM	Capital Asset Pricing Model
CEO	Chief Executive Officer
CFO	Chief Financial Officer
CFROI	Cash Flow Return on Investment
c.p.	ceteris paribus
CSR	Corporate Social Responsibility
CVA	Cash Value Added
DAX	Deutscher Aktienindex
DCF	Discounted Cash Flow
DCGK	Deutscher Corporate Governance Kodex
d.h.	das heißt
DRS	Deutscher Rechnungslegungsstandard
DRSC	Deutsches Rechnungslegungs Standards Committee
DVFA	Deutsche Vereinigung für Finanzanalyse und Asset Management
EBIT	Earnings before Interest and Taxes
EBITDA	Earnings before Interest, Taxes, Depreciation and Amortisation
Ed.	Edition
EPS	Earnings per Share
ERP	Enterprise Resource Planning
ESG	Environment, Social and Government
EU	Europäische Union
EUR	Euro
EVA	Economic Value Added

f.	folgende
FASB	Financial Accounting Standards Board
FCF	Free Cash Flow
ff.	fortfolgende
gem.	gemäß
ggü.	gegenüber
GmbH	Gesellschaft mit beschränkter Haftung
GoB	Grundsätze ordnungsmäßiger Buchführung
HGB	Handelsgesetzbuch
Hrsg.	Herausgeber
IASB	International Accounting Standards Board
ICAEW	Institute of Chartered Accountants in England and Wales
i.d.R.	in der Regel
IDW	Institut der Wirtschaftsprüfer
i.e.S.	im engeren Sinne
IFRS	International Financial Reporting Standards
i.H.v.	in Höhe von
IPO	Initial Public Offering
IR	Investor Relations
i.V.m.	in Verbindung mit
i.w.S.	im weiteren Sinne
KapAEG	Kapitalaufnahmeerleichterungsgesetz
KCV	Kurs-Cash Flow Verhältnis
kfr.	kurzfristig
KGV	Kurs-Gewinn Verhältnis
KonTraG	Gesetz zur Kontrolle und Transparenz im Unternehmensbereich
lfr.	langfristig
lt.	laut
M&A	Mergers and Acquisitions
MC	Management Commentary
MDAX	Mid-Cap-Dax
Mio.	Millionen
MVA	Market Value Added
NASDAQ	National Association of Securities Dealers Automated Quotations
NOPAT	Net operating profit after tax
Nr.	Nummer

NYSE	New York Stock Exchange
o.ä.	oder ähnliche(s)
OECD	Organisation for Economic Co-operation and Development
o.g.	oben genannte(r)
o.V.	ohne Verfasser
PWC	PriceWaterhouseCoopers
Rn.	Randnummer
ROCE	Return on Capital Employed
ROE	Return on Equity
ROI	Return on Investment
ROIC	Return on Invested Capital
RONA	Return on Net Assets
RORAC	Return on Risk Adjusted Capital
ROS	Return on Sales
S.	Seite
SDAX	Small-Cap Dax
SHV	Shareholder Value
sog.	so genannte(r)
SVR	Shareholder Value Reporting
TecDAX	Technology Index/DAX
TransPuG	Transparenz- und Publizitätsgesetz
TSR	Total Shareholder Return
Tz.	Textziffer
u.a.	unter anderem(n)
UmwG	Umwandlungsgesetz
URL	Uniform Resource Locator
u.U.	unter Umständen
Verl.	Verlag
vgl.	vergleiche
WACC	Weighted Average Cost of Capital
WpHG	Wertpapierhandelsgesetz
WpüG	Wertpapiererwerbs- und Übernahmegesetz
XBRL	Extensible Business Reporting Language
z.B.	zum Beispiel
z.T.	zum Teil
zzgl.	zuzüglich

Abbildungsverzeichnis

Tabellenverzeichnis

1 Einleitung

1.1 Problemstellung

Der 21. Januar 2008 wird insbesondere Börsenhändlern noch länger in Erinnerung bleiben. Der Deutsche Aktienindex (DAX) verlor an diesem Montag 7,1%, einzelne Werte, insbesondere Finanztitel[1], verloren gar im zweistelligen Prozentbereich. Zu Beginn des Jahres hatte der DAX noch bei 8100 Punkten dotiert, der Fall auf 6790 Punkte am 21. Januar 2008 bedeutete einen Rückgang um 16,2%. Zuletzt wurde ein ähnlich hoher Verlust nach den Terroranschlägen vom 11. September 2001 beobachtet, nach denen der DAX 8,5% an einem Tag verlor. Finanzmarktexperten hatten einen Einbruch der Aktienkurse auf Basis der Finanzmarkt- und Immobilienkrise[2] in den USA zwar erwartet, jedoch wurden auch sie aufgrund des Zeitpunktes und des Tempos überrascht, da es an Neuigkeiten zur Begründung eines solchen „Crashs" fehlte.[3]

Der absolute Verlust der Marktkapitalisierung[4] und somit der Summe der Börsenwerte der DAX 30 Unternehmen betrug zum Abschluss des 21. Januar 2008 50 Milliarden Euro[5], einen Tag später gar 63 Milliarden Euro.[6]

Der ökonomischen Theorie folgend, ergibt sich der Börsenwert aus der Diskontierung zukünftiger Cash Flows oder Erträge. Fraglich ist, ob sich die Zukunftsaussichten für die DAX Unternehmen folglich an diesem Tag derart dramatisch verschlechterten, obwohl 23 von 30 Unternehmen des DAX ihr Jahresergebnis von 2007 gegenüber 2006 verbessern konnten.[7]

Nun stellt der Börsenkurs nicht auf vergangene Ergebnisse ab, sondern beurteilt den Unternehmenswert auf Basis zukünftiger Erträge. Zwar werden auch die Gewinne einer Prognose zufolge für die DAX 30 Unternehmen im Jahr 2008 um 2% gegenüber dem Vorjahr zurückgehen, im Jahr 2009 dagegen wieder um 8% steigen.[8]

Es stellt sich daher die Frage, wie die Unternehmen einerseits Milliarden an Wert verlieren

---

[1] Die größten Verluste wurden bei den unmittelbar von der Immobilienkrise betroffenen Unternehmen verzeichnet. Dementsprechend verlor u.a. die Hypo Real Estate Holding AG 18,5% und die Commerzbank AG 10%.

[2] Der Vollständigkeit halber sei darauf hingewiesen, dass die Immobilienkrise in den USA auf Basis von Kreditvergaben im Rahmen von Immobilienkäufen ohne hinlängliche Kreditwürdigkeitsprüfung entstanden ist. Darüber hinaus übernahmen amerikanische Banken die Vollfinanzierung bei Immobilienerwerb. Auf Basis steigender Zinsen konnten die Schuldner ihre Schulden nicht mehr tilgen. Die Kredite sind daher nicht mehr werthaltig und müssen um Abschreibungen gemindert werden, was zu einer Verringerung des Erfolgs führt.

[3] Vgl. Trimborn (2008), S. 17, Hajek/Schuermann (2008), S. 115, o.V. (2008)

[4] Die Marktkapitalisierung berechnet sich aus dem Produkt des Börsenkurses der herausgegebenen Aktien mit der Anzahl dieser herausgegebenen Aktien.

[5] Vgl. Trimborn (2008), S. 17

[6] Vgl. Proissl/Grass/Böschen et al. (2008)

[7] Vgl. Anhang I

[8] Vgl. Kruse (2008)

können, nahezu gleichzeitig jedoch steigende Gewinne bei weiterhin positiven Ertragsaussichten erwirtschaften. Insbesondere kurzfristig existiert nicht unbedingt ein Zusammenhang bzw. die Tatbestände müssen differenziert betrachtet werden. Demgemäß wird bei der Bekanntgabe des Jahresergebnisses eine Erfolgsgröße des Unternehmens retrospektiv für eine Periode kommuniziert, hingegen bildet sich der Börsenkurs aus den Erwartungen über zukünftige Nettozuflüsse bei den Investoren und ist somit prospektiv ausgerichtet. Darüber hinaus ist ein Großteil der Kursverluste auf die Immobilienkrise in den USA zurückzuführen. In der vorangegangenen Betrachtung muss daher berücksichtigt werden, dass Aktienkurse insbesondere in Krisenzeiten tendenziell starke Kursrückgänge verbuchen und auch sonst temporär von ihrem Fundamentalwert abweichen können.[9]

Gegenwärtig ist der Kursverfall der Börsenkurse zu Beginn des Jahres 2008 daher nicht eindeutig in Verbindung mit den zum Teil vorliegenden Rekord- oder zumindest wachsenden Gewinnen einiger DAX Unternehmen zu bringen. Idealtypisch jedoch entspricht langfristig der Wert der Marktkapitalisierung dem „inneren" Wert[10] des Unternehmens, auch wenn temporäre Wertunterschiede nicht ungewöhnlich sind.

Einer Umfrage von PriceWaterhouseCoopers aus dem Jahr 1999 jedoch zufolge gaben 61% von 200 befragten CFOs in den USA an, dass ihr Unternehmen an der Börse unterbewertet sei. 31% sahen ihr Unternehmen als zutreffend bewertet und 5% als überbewertet an.[11] Die Unterbewertung eines Unternehmens, auch als „Wertlücke" bezeichnet, ergibt sich dabei aus der Differenz des inneren Unternehmenswerts und der Marktkapitalisierung. In Zeiten wachsender internationaler Kapitalmärkte und des wachsenden Wettbewerbs um das Kapital von Investoren kann jedoch eben diese Wertlücke gravierende monetäre Konsequenzen für die Unternehmen haben. Neben erschwerter Kapitalbeschaffung ist in diesem Zusammenhang auch die Erhöhung der Kapitalkosten oder die Gefahr der feindlichen Übernahme zu nennen. Darüber hinaus stellt die Messbarkeit der langfristigen Wertorientierung in der tatsächlichen Bewertung an der Börse eines der Kernelemente des Shareholder Value Konzeptes dar. Ungenügende Bewertungen gefährden daher ebenfalls die interne Steuerung.[12]

Dieser Problematik entgegenwirkend gewinnt die so genannte wertorientierte Berichterstattung, im Folgenden auch als Value Reporting bezeichnet, zunehmend an Bedeutung in Wissenschaft und Praxis, denn wie eine Studie herausfand, finden lediglich 19% der Inves-

---

9 Vgl. Eiteman/Stonehill/Moffett (2003), S. 639 f., Blanchard/Illing (2004), S. 453
10 Der innere Wert entspricht dem Fundamentalwert des Unternehmens. Die Ermittlung des Wertes wird in 3.5.1 erläutert.
11 Vgl. Eccles (2001), S. 48
12 Vgl. Heinemann/Gröniger (2005), S. 237

toren und 27% der Analysten die derzeitige Berichterstattung nützlich, um den Unternehmenswert zu ermitteln.[13] Die wertorientierte Berichterstattung ist ein Teil der wertorientierten Unternehmenssteuerung sowie der Unternehmenskommunikation. Mittels z.T. über den gesetzlichen Anforderungen hinausgehender Informationskommunikation wird versucht, Informationsasymmetrien[14] zwischen Unternehmensleitung und Investoren abzubauen und somit die Wertlücke zu verringern.

In der Wissenschaft und Praxis sind als Konsequenz Modelle entwickelt worden, die sich auf die Implementierung einer wertorientierten Berichterstattung fokussieren. Darüber hinaus sind empirische Studien durchgeführt worden, die einerseits den Stand der Umsetzung der wertorientierten Berichterstattung in der Praxis quantifizieren, andererseits wurde auch der Zusammenhang zwischen der Qualität der Berichterststattung und einzelnen Variablen des Kapitalmarktes[15] gemessen.

Die seitens der Wissenschaft geführte Diskussion über das Ausmaß, die Gestaltung und die Nützlichkeit einer wertorientierten Berichterstattung wird darüber hinaus auch von der Gesetzgebung begleitet, da hier die gesetzlichen Mindestangaben für die Rechnungslegung geregelt werden.

In Zeiten von Finanzmarkt- und Korruptionsskandalen scheint die freiwillige zusätzliche Berichterststattung darüber hinaus vor dem Hintergrund einer wachsenden Bedeutung von Corporate Governance plausibel, dessen ungeachtet birgt eine zu freizügige Weitergabe von Unternehmensinformationen einerseits das inhärente Risiko des Zurückgreifens der Wettbewerber auf dieses Datenmaterial, andererseits wird seitens der Kritiker angeführt, dass Fehlprognosen zu Regressansprüchen führen könnten.

Die Nützlichkeit des Value Reporting ist folglich nicht eindeutig geklärt. Insbesondere die Risiken bleiben oftmals unberücksichtigt, aber auch der positive Nutzen wird zumeist nur auf Kausalitäten gestützt, ohne Bezug auf empirische Analysen zu nehmen.

---

[13] Vgl. Eccles (2001), S. 4
[14] Unter Informationsasymmetrien werden im Folgenden Informationsvorsprünge verstanden, die auf unternehmensintern verfügbaren Informationen und damit einhergehenden Erwartungen und Plänen des Managements basieren, die jedoch extern, z.B. ggü. den Adressaten des Kapitalmarktes, nicht oder nur unzureichend kommuniziert werden. Vgl. Fischer (2003), S. 61
[15] Die Bezeichnung des Kapitalmarktes umschließt üblicherweise den Markt für Wertpapiere, zu denen sowohl Eigen- als auch Fremdkapitaltitel wie z.B. Anleihen zählen. Im Folgenden bezieht sich die Bezeichnung jedoch ausschließlich auf die Eigenkapitaltitel, die in einem organisierten Markt gehandelt werden. Vgl. Steinhauer (2007), S. 10 f.

1.2 Zielsetzung und Gang der Untersuchung

In Verbindung mit der wachsenden Bedeutung des Value Reporting geht auch eine steigende Anzahl diesbezüglicher Publikationen einher. Die Beiträge orientieren sich dabei unterschiedlich stark an der ursprünglichen Intention des Value Reporting, dem Abbau von Informationsasymmetrien und der Bereitstellung von Informationen zur Unterstützung der Unternehmensbewertung. Darüber hinaus ist die Entstehung einer zunehmenden Anzahl von Modellen bzw. Hinweisen zur Implementierung des Value Reporting in den Unternehmen zu beobachten, da die Thematik auch aus Beraterperspektive attraktiv erscheint. Die Ansätze unterscheiden sich dabei in unterschiedlichem Ausmaß, wobei insbesondere Differenzen in Bezug auf die Identifikation der Inhalte, der Adressaten, als auch der zu verwendenden Kommunikationsmedien des Value Reporting festgestellt werden konnten, so dass in dieser Arbeit eine Aggregation des Value Reporting anhand eines Kommunikationsprozesses erfolgt.

Darüber hinaus ergibt sich, dass sich eine Mehrzahl der Modelle auf die Deskription der Bestandteile des Value Reporting konzentriert, den zumeist plausibel klingenden Handlungsempfehlungen mangelt es in der Regel jedoch an einer kritischen Überprüfbarkeit der Möglichkeiten und Probleme. Des Weiteren fehlt es ihnen bisweilen an einer Analyse der Wirkungsweise des Value Reporting, die unter Berücksichtigung entstehender Kosten durch einer erweiterte Berichterstattung jedoch von Bedeutung ist. An dieser Stelle wird daher verdeutlicht, welches Potenzial sich aus der Implementierung eines Value Reporting ergeben kann. Hierzu wird einerseits die Qualität des Value Reporting in Abhängigkeit bestimmter Unternehmensmerkmale untersucht, andererseits die Auswirkungen eines „besseren" Reporting auf Kapitalmarktvariablen quantifiziert. Die Untersuchungen stützen sich dabei, neben eigenen Analysen, überwiegend auf Ergebnisse von Untersuchungen im deutschsprachigen Raum, als auch aus den USA, in denen der empirischen Analyse von Auswirkungen auf Kapitalmarktvariablen eine größere Bedeutung beigemessen wird.

Aufgrund der Tatsache, dass es sich beim Value Reporting um einen Bestandteil der wertorientierten Unternehmenssteuerung handelt, wird im zweiten Abschnitt zunächst die Bedeutung der Wertorientierung aufgezeigt. Hierbei steht die Zielsetzung der Wertorientierung und des Shareholder Value Ansatzes, als auch der Stakeholder Ansatz im Vordergrund der Betrachtung.

Im Rahmen der wertorientierten Unternehmenssteuerung stellt der Wert eines Unternehmens das primäre Zielobjekt dar. Auch das Value Reporting strebt die Informationsbereitstellung zur adäquaten Bewertung eines Unternehmens an. Aufgrund der übergeordneten

Bedeutung des Unternehmenswertes, wird sich diesem im dritten Abschnitt gewidmet. Neben der Veranschaulichung unterschiedlicher Wertansätze und -kategorien, bildet die Umsetzung des Shareholder Value Ansatzes im Hinblick auf den Unternehmenswert, als auch die Relevanz des Unternehmenswertes aus Anlegerperspektive den Schwerpunkt dieses Abschnittes, um abschließend die Entstehung und Bedeutung der sog. Wertlücke zu analysieren.

Der vierte Abschnitt fokussiert sich auf das Value Reporting. Nach Charakterisierung und Einordnung des Konzeptes werden die wesentlichen Elemente anhand eines Kommunikationsprozesses detaillierter analysiert. Neben der Identifikation der Adressaten und Informationsgeber, sowie der zu verwendenden Medien, steht die Analyse der inhaltlichen Gestaltung im Vordergrund.

Es schließt sich die Analyse der Wirkungsweise des Value Reporting im fünften Abschnitt an. Der zweigeteilte Prozess fokussiert sich zuerst auf die Quantifizierung der Qualität des Value Reporting und dessen Abhängigkeit von bestimmten Unternehmenskriterien, bevor die Auswirkungen auf unterschiedliche Kapitalmarktvariablen bestimmt werden.

Abschließend wird ein kurzer Ausblick auf die mögliche Entwicklung des Value Reporting in Bezug auf die Gesetzeslage gegeben, ehe die im Vorfeld identifizierten Möglichkeiten aus unterschiedlichen Perspektiven im siebten Abschnitt aggregiert werden. Darüber hinaus wird die Bedeutung des Risikos von Regressansprüchen ebenso wie die Weitergabe wettbewerbsrelevanter Informationen analysiert, um abschließend zu einem Urteil über die Eignung des Value Reporting zu gelangen.

2 Wertorientierte Unternehmenssteuerung

Die Wertorientierung wird in der Wissenschaft in einer Vielzahl von Publikationen thematisiert. Bei den Veröffentlichungen lässt sich ein breites Spektrum an Thematiken feststellen. Kennzahlen, Anreizsysteme, Human Capital Management, Unternehmensführung, Controlling und Risiko- und Qualitätsmanagement sind einige der Gebiete, die sich als spezifisch wertorientiert ausgeben. Zweifellos dienen die genannten Themengebiete der Wertorientierung, schließlich ist der Unternehmenswert einer Vielzahl an Einflussfaktoren ausgesetzt. Der Komplexität einer simultanen Analyse sämtlicher Einflussfaktoren Rechnung tragend, wird sich im Folgenden jedoch ausschließlich der übergeordneten Bedeutung des Shareholder Value im Rahmen der wertorientierten Unternehmenssteuerung gewidmet.[16]

2.1 Shareholder Value Konzept

2.1.1 Begriff und Einordnung

Der Begriff „Shareholder Value" kann mit „Wert für die Anteilseigner" ins deutsche übersetzt werden. Der Shareholder Value Ansatz fokussiert sich demnach auf das Vermögen der Anteilseigner. Der Wert eines Anteils ergibt sich aus dem Marktpreis für das anteilige Eigenkapital, dessen Gesamtwert am Kapitalmarkt durch das Produkt aus Aktienanzahl und Aktienkurs gebildet wird.[17]

In der Wissenschaft wird das Shareholder Value Konzept, als Ansatz der strategischen Unternehmensführung, durch eine Vielzahl an Begrifflichkeiten beschrieben, die z.T. nicht konsistent angewendet werden. Während eine Vielzahl der Beiträge die synonyme Anwendung der Begriffe wertorientierte Unternehmenssteuerung, Value (Based) Management und Shareholder Value Konzept für die Implementierung und Steuerung von Maßnahmen zur langfristigen[18] Optimierung des Unternehmenswertes nutzt,[19] kann gemäß Stührenberg et al. zwischen der wertorientierten Unternehmenssteuerung und dem Shareholder Value Ansatz unterschieden werden, wobei die wertorientierte Unternehmenssteuerung als umfassender zu betrachten ist. Sie ist dabei auf die langfristige

---

[16] Vgl. Weber (2004), S. 6, 19
[17] Vgl. Düsterlho (2003), S. 5
[18] Das Attribut „langfristig" kann in diesem Zusammenhang nicht exakt mit einem Zeitraum beziffert werden. Vielmehr geht es um eine dauerhafte Ausrichtung, d.h. die Langfristigkeit bezieht sich auf die gesamte Lebensdauer einer Unternehmung, da die Unternehmenswertsteigerung zur Sicherung der wirtschaftlichen Leistungsfähigkeit der Unternehmung beitragen soll. Um Kontrollmöglichkeiten zu wahren, ist es jedoch zweckmäßig, die Zeitspanne in sinnvolle Abschnitte zu untergliedern, was sich im Rahmen der Methodik der Unternehmensbewertung auch in der Unterteilung in die Detailplanungsphase und die „Ewige Rente" widerspiegelt. Vgl. Eberhardt (1998), S. 67
[19] Vgl. Stern (2007), S. 18

und nachhaltige Unternehmensphilosophie, sowohl auf strategischer als auch operativer Ebene ausgerichtet, und berücksichtigt gegenüber dem Shareholder Value auch andere Dimensionen der Wertorientierung, wie bspw. das Human Capital Management, anstatt nur auf den eigentlichen Shareholder Value, d.h. den Marktwert des Eigenkapitals abzuzielen. Ihrer Argumentation zufolge ist die kurzfristige Maximierung des Shareholder Value nicht zielführend, sondern die Wertorientierung ist integrativer Bestandteil eines ganzheitlichen Konzeptes.[20] Die reine Berechnung des Unternehmenswertes und die Definition einer Spitzenkennzahl zur Steuerung dessen muss daher durch die konsistente und regelmäßige Kontrolle von Zielgrößen sowie einer ganzheitlichen Integration unterstützt werden.[21] Dabei mangelt es auch anderen Beiträgen nicht am Bewusstsein für die Notwendigkeit einer nachhaltigen Ausrichtung in den Unternehmen. Die kurzfristige Ausrichtung ist vielmehr ein Ergebnis des wachsenden Drucks seitens des Kapitalmarktes für das Management.[22] Demnach sind kapitalmarktorientierte Unternehmen in Deutschland bspw. gem. § 42 BörsG i.V.m. § 48 BörsO angehalten, vierteljährlich über ihren Geschäftsverlauf Zwischenberichte zu veröffentlichen. Dies erhöht einerseits die Transparenz, erfordert vom Management jedoch regelmäßige Stellungnahmen zu unerwarteten Entwicklungen. Demnach müssen z.B. langfristige Investitionen, die sich u.U. positiv auf das nachhaltige Ergebnis auswirken könnten, jedoch kurzfristig das Ergebnis mindern, gerechtfertigt werden.[23] Im Folgenden wird unter dem Shareholder Value Konzept die angestrebte Maximierung des Marktwertes des Eigenkapitals unter Berücksichtigung der Nachhaltigkeit verstanden, wobei zur Zielerreichung auf die Ganzheitlichkeit im Unternehmen abzustellen ist.

Die Entwicklung des Shareholder Value Konzeptes geht auf die neunziger Jahre zurück. Eine Mehrzahl der wissenschaftlichen Literatur zum Thema „Shareholder Value" nennt Rappaport und insbesondere sein Werk „Creating Shareholder Value" von 1986 den Grundstein des Shareholder Value Ansatzes.[24]

Der Leitgedanke des Shareholder Value Konzeptes besagt, gemäß der angeführten Definition, dass die Funktion eines Unternehmens die Maximierung des Unternehmenswertes ist. Die Maximierung des Shareholder Value substituiert hiermit das vorher dominierende Primärziel der Gewinnmaximierung und trägt damit der

---

[20] Vgl. Stührenberg/Streich/Henke (2003), S. 3 f.
[21] Vgl. Michel (2004), S. 13
[22] Vgl. Volkart (1998), S. 22
[23] Vgl. Eccles (2001), S. 94
[24] Vgl. u.a. Stührenberg/Streich/Henke (2003), S. 1, Volkart (1998), S. 19, Düsterlho (2003), S. 1, Seiler (2004), S. 71

zunehmenden Kapitalmarktorientierung Rechnung. Da sich die Maximierung des Gewinns jedoch auch unmittelbar im Reinvermögenszuwachs, d.h. im Eigenkapital niederschlägt, sind beide Zielkonzepte gleichbedeutend, sofern die Langfristigkeit der Gewinnmaximierung im Vordergrund steht.[25]

Der aus dem angelsächsischen stammende Gedanke hat seinen Ursprung in der Überlegung, dass der Vorstand eines Unternehmens von den Anteilseignern eingesetzt wird und dementsprechend im Namen derer Interessen handelt, welche wiederum in erster Linie in der Maximierung des Unternehmenswertes liegen.[26] Der Shareholder Value Ansatz ist somit eng mit der Prinzipal-Agenten Theorie verknüpft. Der Prinzipal ist als Geschäftsherr an einer Auftragsdurchführung konform zu seiner Zielsetzung durch seinen Agenten (Auftragsnehmer) interessiert, dessen Intentionen sich jedoch konträr entwickeln können. Während es bei eigentümergeführten Unternehmen eben keine klare Trennung zwischen den zwei Teilgebieten der Unternehmensfunktion, der Risikoübernahme, durch Kapitalüberlassung und der Unternehmensleitung gibt, fallen bei fremdgeführten Unternehmen diese Funktionen zwei verschiedenen Personenkreisen zu. Der Umstand der Kapitalüberlassung spiegelt sich dabei im überwiegenden Teil bei Kapitalgesellschaften, im Besonderen bei börsennotierten Aktiengesellschaften, wider.[27]

Die Prinzipal-Agenten Theorie ist folglich mit einigen inhärenten Risiken verbunden. Eine der Risiken betrifft die „hidden characteristics". Hierbei handelt es sich um die asymmetrische Informationsverteilung. Das Management kann die Zukunftsaussichten des Unternehmens in der Regel besser einschätzen, gibt jedoch nicht sämtliche Informationen preis, um z.B. durch negative Informationen das persönliche Ergebnis nicht zu gefährden, welches sich oftmals am Börsenwert orientiert. Resultat der Informationsasymmetrie ist eine „Adverse Selektion"[28], d.h. das Kapital wird nicht effizient allokiert, da Investoren auf Basis unzureichender Informationen sich ein für sie höheres Risiko durch höhere Zinsansprüche kompensieren lassen.[29] Ein weiteres Problem bereitet das moralische Risiko (moral hazard). Das Management ist möglicherweise dazu geneigt, nicht im Sinne der Kapitalgeber zu handeln, sondern stattdessen eigene Interessen in den Vordergrund zu

---

[25] Vgl. Wöhe/Döring (2008), S. 196 f.
[26] Copeland/Koller/Murrin (2002), S. 27
[27] Vgl. Wöhe/Döring (2008), S. 31 f.
[28] Bei der „Adverse Selektion" handelt es sich um ein Marktversagen, das aufgrund asymmetrischer Informationen entsteht. Die Bedeutung wurde insbesondere durch die Ausführungen zum „Market for Lemons" von Akerlof bekannt. An dessen Beispiel des Zitronenmarktes orientierend, erhalten sämtliche Unternehmen ähnliche Kreditkonditionen unabhängig von der Qualität ihres Managements. Es lohnt sich somit die Investition in gute Manager nicht, was zu einer steigenden Anzahl „schlechter" Unternehmen führt. Vgl. Pindyck/Rubinfeld (2003), S. 837, Akerlof (1970), S. 488 ff., Baetge/Solmecke (2006), S. 18
[29] Vgl. Baetge/Solmecke (2006), S. 18

tragen. Den Kapitalgebern ist es jedoch schwer möglich Sanktionen einzuleiten, da einerseits auch externe Einflüsse, z.b. konjunkturelle, zu negativen Effekten geführt haben können, und andererseits Detailentscheidungen des Managements nur schwer beobachtbar sind oder die Kontrolle mit unverhältnismäßigen Kosten einhergeht (hidden action). Auch die Tatsache, dass Prinzipal-Agenten Beziehungen auf Verträgen basieren, lindert nicht das Konfliktpotenzial, da diese nicht jedes Detail regeln können. Die Problematik des „hold up" kennzeichnet daher Umstände, in denen der Kapitalgeber zwar Fehlverhalten des Managements erkannt hat, jedoch auf Basis von Vertragslücken wiederum nicht sanktionieren kann.[30] Schließlich verdeutlicht schon die Notwendigkeit eines Vertrages als Grundlage für auftretende Eventualitäten das Konfliktpotenzial. Wären die Interessenlagen von Prinzipal und Agent gleichgerichtet oder würden sich die Parteien vollständig vertrauen, wäre die Vertragsgestaltung nicht notwendig.[31]

2.1.2 Ursache und Zielsetzung

Sowohl durch die Maximierung des Shareholder Value, der in diesem Zusammenhang eine gemeinsame kompatible Zielfunktion zur Minimierung der agency costs zwischen Prinzipal und Agent darstellt[32], wie auch durch das Value Reporting[33], wird die Lösung der in 2.1.1 beschriebenen Prinzipal-Agenten Konflikte unterstützt.[34] Die einseitige Fokussierung auf die Maximierung des Unternehmensgewinns als Steuerungsgröße wurde bereits 1970 von Nobelpreisträger Milton Friedman gefordert, der in diesem Zusammenhang mit der Aussage: „The business of business is business"[35], zitiert wird. Friedman begründet die monistische Orientierung am Shareholder Value damit, dass ein Vorstandsmitglied als Angestellter direkt Rechenschaft an seine Arbeitgeber ablegt, da er in seiner Tätigkeit nicht über die eigenen Ressourcen, sondern über das Kapital der Geber verfügt.[36]

Gemäß der in 2.1.1 formulierten Definition, erfordert die Implementierung einer

---

[30] Vgl. Baetge/Solmecke (2006), S. 18, Jost (2001), S. 25 ff.
[31] Vgl. Jost (2001), S. 13 f.
[32] Vgl. Müller (2007), S. 33 f., Gebhardt/Mansch (2005), S. 1; Agency Costs beschreiben demnach sämtliche durch Interessenkonflikte entstehende Kosten zwischen Prinzipal und Agent. Sie setzen sich zusammen aus Kontrollkosten (monitoring costs), Signalisierungskosten (signalling/bonding costs) und dem Wohlfahrtsverlust, der sich aus der Differenz von bestmöglicher zu erzielter Lösung ergibt. (residual costs)
[33] Im Rahmen des Prinzipal Agenten Konfliktes wird in diesem Zusammenhang von „Signalling" gesprochen, was jedoch, ähnlich dem Value Reporting, durch zusätzliche Informationsbereitstellung z.B. über die Qualität der Arbeit des Managements gekennzeichnet ist. Vgl. Jost (2001), S. 29
[34] Vgl. Lorson (2004), S. 10 f.
[35] Vgl. u.a. Grewe (2008), S. 32
[36] Vgl. Friedman (1970)

wertorientierten Unternehmenssteuerung die Ausrichtung des gesamten Unternehmens zur Wertorientierung. In der Wissenschaft wird von Weber gefordert, insbesondere die folgenden vier Stellgrößen wertorientiert auszurichten: die Zielplanung, das Berichtswesen, das Anreizsystem und die Kapitalmarktkommunikation.[37] In anderen Beiträgen werden bspw. mit der Planung, der Operationalisierung, der Entlohnung und der Kommunikation anders benannte Gebiete des Shareholder Value Ansatzes angeführt, wobei die Stoßrichtungen weitestgehend kongruent sind. Im angeführten Beispiel entspricht bspw. die Operationalisierung dem Berichtswesen nach Weber, da beide auf die interne Implementierung und deren interne und externe Kommunikation abzielen, während die übrigen drei Gebiete weitestgehend deckungsgleich sind.[38]

Die Ursachen der verstärkten Wertorientierung sind auf die voranschreitende Globalisierung zurückzuführen. Rappaport nannte 1986 folgende Gründe, die eine stärkere Fokussierung auf den Shareholder Value erfordern: die Angst vor feindlichen Übernahmen, insbesondere bei unterbewerteten Unternehmen, d.h. wenn der aktuelle Börsenwert deutlich vom inneren Unternehmenswert abweicht[39], die imposante Befürwortung seitens der Führungskräfte, die Verfechter des Ansatzes sind, die wachsende Erkenntnis, dass traditionelle Kennzahlen, wie das Kurs-Gewinn Verhältnis und der Return on Investment nicht verlässlich sind, um die Aktienkurse zu steigern sowie die steigende Bedeutung der Verlinkung von langfristigen Managergehältern an die erwirtschafteten Erträge für die Anteilseigner.[40]

Die Bedeutung der Steigerung des Shareholder Value als Abwehrstrategie gegen feindliche Übernahmen sowie ein gesteigerter Wettbewerb um verfügbares Kapital und folglich die Fokussierung auf eine Unternehmensstrategie, die den Unternehmenswert steigert, werden auch in anderen Publikationen als wichtigste Gründe genannt, da der Unternehmenswert allgemein als charakteristisches Merkmal der Renditeentwicklung gilt und somit ausschlaggebend für die Investitionsentscheidungen der Anleger ist.[41]

Zusätzlich ist auch eine stetig voranschreitende Entwicklung der Informations- und Kommunikationstechnologie als einer der Initiatoren des Shareholder Value Konzeptes zu nennen, da hierdurch die Informationsbeschaffung für die Anleger erleichtert wird und folglich Unternehmensvergleiche mit geringerem Aufwand verbunden sind.[42]

---

[37] Vgl. Weber (2002), S. 8 f.
[38] Vgl. Aders/Hebertinger/Wiedemann (2003), S. 358 f.
[39] Vgl. Michel (2004), S. 11
[40] Vgl. Rappaport (1986), S. 3
[41] Vgl. Hansmann/Kehl (2000), S. 6, Gebhardt/Mansch (2005), S. 1
[42] Vgl. Stührenberg/Streich/Henke (2003), S. 1

Konstatierend ergibt sich die Notwendigkeit der verstärkten Shareholder Orientierung schon aus der Kapitalmarktorientierung der Aktiengesellschaften. Eine inkonsequente Umsetzung des Shareholder Ansatzes könnte eine schlechte Performance am Kapitalmarkt zur Folge haben, die sich wiederum u.a. in Defiziten bei Kapitalerhöhungen oder feindlichen Übernahmen niederschlagen könnte.[43]

Nach stärkerem Bewusstsein über die Bedeutung des Shareholder Value führte die Furcht vor feindlichen Übernahmen, der bessere Zugang zum Anlegerkapital als auch der Druck seitens institutioneller Anleger Mitte der neunziger Jahre, nach den USA, auch in Kontinentaleuropa zu einer stärkeren Shareholder Orientierung.[44]

Die Shareholder Value Orientierung ist jedoch nicht gänzlich unkritisch zu betrachten. Insbesondere die mangelnde Berücksichtigung der Interessen anderer Stakeholder, wie z.B. Mitarbeiter, die in der praktischen Umsetzung gefühlte Fokussierung auf die kurzfristige Aktienkurssteigerung und die damit einhergehenden Konsequenzen, wie Restrukturierungsmaßnahmen stellen das Konzept in Frage.[45] Einer Würdigung des Konzeptes unter Berücksichtigung des „Gegenpols", dem Stakeholder Konzept wird sich daher in 2.2 gewidmet.

2.2 Stakeholder Ansatz

Der Stakeholder Ansatz[46] wird oftmals als Gegenpol zum Shareholder Value Ansatz gesehen. Ausgangspunkt sind Kritikpunkte am Shareholder Value Ansatz, im Speziellen an der inhaltlichen Beschränkung im Hinblick auf die einbezogenen Parteien und der Fokussierung auf die kurzfristige Aktienkurssteigerung. Demnach richtet sich der Shareholder Value Ansatz ausschließlich nach den Interessen der Eigenkapitalgeber und vernachlässigt die Bedürfnisse anderer mit dem Unternehmen verbundener Parteien. Aber auch im Hinblick auf die Anteilseigner hat der Shareholder Value Ansatz Schwächen. Er suggeriert ausschließlich finanzielle Interessen seitens der Kapitalgeber, indem er das gesamte Unternehmen auf finanzielle quantitative Ziele ausrichtet. Dass das Halten von Unternehmensanteilen auch aus Gründen von Prestige, Sicherheit oder Verbundenheit erfolgen kann, wird nicht berücksichtigt. Ein weiterer Kritikpunkt bemängelt die

---

[43] Vgl. Seiler (2004), S. 71
[44] Vgl. Düsterlho (2003), S. 2
[45] Vgl. Eberhardt (1998), S. 142
[46] Zu unterscheiden ist des Weiteren zwischen dem Stakeholder Ansatz und dem Stakeholder Value Ansatz. Der Stakeholder Ansatz richtet sich dabei nicht, wie der Stakeholder Value Ansatz, an einer Unternehmenswertsteigerung durch Nutzenmaximierung für die Stakeholder aus. Stattdessen bildet die Auseinandersetzung mit den unterschiedlichen Ansprüchen der Stakeholder in einer komplexen und dynamischen Unternehmensumwelt den Ausgangspunkt. Vgl. Eberhardt (1998), S. 154. Zur weiteren Information wird auf die angegebene Literatur verwiesen.

Ausrichtung der Unternehmenspolitik auf eine kurzfristige, schnelle Renditemaximierung und Kurssteigerung. Diese Kritik übersieht jedoch, wie unter 2.1.1 verdeutlicht, dass der Shareholder Value Ansatz originär ein langfristiges Konzept zur Wertgenerierung ist.[47] Das Stakeholder Konzept, z.T. auch als Konsens-Konzept[48] bezeichnet, richtet die Unternehmensstrategie auch auf andere Anspruchsgruppen wie z.B. die Mitarbeiter, Lieferanten und die Gesellschaft als Ganzes aus.[49] Dem von Freeman 1984 eingebrachten Ansatz folgend, sind unter dem Begriff des Stakeholders alle Anspruchsgruppen zu subsumieren, die maßgeblich auf Erfolg und Misserfolg einer Unternehmung einwirken können, aber auch hiervon selbst betroffen sind.[50]

Shareholder Value Orientierung sowie der Stakeholder Ansatz sind jedoch nicht ausschließlich gegensätzlich zu betrachten. Es ist demnach zu unterscheiden, ob der Stakeholder Ansatz, der oftmals auch an die gesellschaftliche Verantwortung der Unternehmen appelliert, losgelöst von der langfristigen Planung und Strategie umgesetzt wird, was aus ökonomischer Sicht trotz guter Absichten als suboptimal einzustufen ist, oder ob die Ausrichtung im Sinne sämtlicher Anspruchsgruppen in die Unternehmensstrategie eingebettet wird.[51]

Eine Verbindung zwischen Shareholder Value und Stakeholder Ansatz lässt sich bspw. erzeugen, indem die Öffentlichkeit die Übernahme von sozialer Verantwortung seitens der Unternehmen fordert, da diese z.T. auch für gesellschaftliche Missstände verantwortlich gemacht werden. Die Missachtung der Interessen weiterer Stakeholder, wie z.B. der Gesellschaft, ist jedoch auch nicht im Sinne des Shareholder Value Konzeptes. Skandale, Missmanagement und Korruptionsaffären können bspw. zu Vertrauensverlust und letztendlich zur Wertvernichtung am Kapitalmarkt, d.h. beim Shareholder Value, führen, als auch zu einem Anstieg der Kapitalkosten, was seitens des Managements zu unterbinden wäre.[52]

Der Zusammenhang zwischen Share- und Stakeholder Interessen wird an der folgenden Abbildung zur Corporate Social Responsibility verdeutlicht. Demnach führt die alleinige Fokussierung auf den Shareholder Value zu einem Vertrauensverlust, während die ausschließliche Betrachtung des Stakeholder Value zu Marktanteilsverlusten führt.

---

[47] Vgl. Banzhaf (2006), S. 121 f.
[48] An anderer Stelle auch als Koalitionstheorie oder Anspruchsgruppenkonzept bezeichnet, wobei die Bezeichnungen weitestgehend synonym verwendet werden. Vgl. Stührenberg/Streich/Henke (2003), S. 5, Hansmann/Kehl (2000), S. 5, Eberhardt (1998), S. 34
[49] Vgl. Hansmann/Kehl (2000), S. 5
[50] Vgl. Grewe (2008), S. 37
[51] Vgl. Grewe (2008), S. 32
[52] Vgl. Grewe (2008), S. 33

Stattdessen führt die Identifikation von Win-Win Situationen für die Beteiligten zu einem gemeinsamen Mehrwert. Ohne auf die Inhalte weiter einzugehen, wird an dieser Stelle darauf verwiesen, dass in der Wissenschaft daher schon von einer „Value Based Responsibility" gesprochen wird, die eine Nahtstelle zwischen Value Management und Corporate Responsibility herstellt.[53]

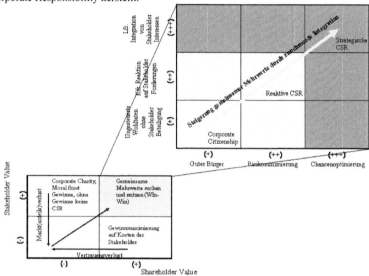

Abbildung 1: Gemeinsame Mehrwerte durch Corporate Responsibility

Quelle: in Anlehnung an Grewe (2008), S. 43

Die Forderungen nach gesteigerter Wertschätzung der Interessen aller Stakeholder müssen jedoch berücksichtigen, dass die Erzielung von Erträgen die elementare Voraussetzung für das langfristige Bestehen einer Unternehmung ist. Nur wenn die Erlöse die Kosten des eingesetzten Kapitals decken können, bleibt das Unternehmen wettbewerbsfähig. Sofern die Wertsteigerung im Vordergrund steht, geschieht dies daher nicht ausschließlich im Sinne der Eigentümer. Vielmehr führt eine Wertorientierung zum Versuch der Produktivitätssteigerung und der Generierung von Wettbewerbsvorteilen. Dies sind unbedingte Voraussetzungen für das Fortbestehen eines Unternehmens. Darüber hinaus ist die Mehrzahl der Anspruchsgruppen als Festbetragsbeteiligte finanziell mit dem Unternehmen verbunden. Während Arbeitnehmer kompetitive Löhne fordern, streben Kunden nach qualitativen Produkten zu angemessenen Preisen. Fremdkapitalgeber und Lieferanten erwarten die Befriedigung ihrer Zahlungsansprüche. Nur wenn Cash

---

[53] siehe u.a. Brink, Alexander; Value Based Responsibility (2005), München

13

erwirtschaftet wird, können somit deren Ansprüche befriedigt werden.[54] Die dominierende Betrachtung der Eigenkapitalgeber ist daher in einem unmittelbaren Zusammenhang mit dem Verlustrisiko für diese Gruppe zu sehen. Als Residualanspruchsberechtigte laufen sie Gefahr bei Beendigung der Unternehmung einen Teil ihres Vermögens zu verlieren, sofern die Haftungsmasse nicht ausreicht, um ihre Ansprüche im Anschluss an die der Festbetragsbeteiligten zu befriedigen. Die angestrebte Einflussnahme der Eigenkapitalgeber dient folglich der Sicherung der eigenen Ansprüche.

Dem Stakeholder Konzept fehlt hingegen zum Shareholder Value Konzept eine klare Zielfunktion. Die unterschiedlichen Ziele der Stakeholder machen die Definition und Performancekontrolle eines gemeinsamen Zieles unmöglich. Das Konzept eignet sich daher nicht zur Unternehmenssteuerung.[55]

Zusammenfassend ergibt sich, dass eine erfolgreiche Unternehmensführung am ehesten durch Orientierung am Shareholder Value umsetzbar ist, da jeder Investor nur dann sein Kapital bereitstellt, wenn er prognostiziert, dass seine Renditeerwartungen durch Kursgewinne und Ausschüttungen erfüllt werden.[56] Umgekehrt wird ein Unternehmen auch nicht umhinkönnen, andere Stakeholdergruppen zu berücksichtigen. Zum Teil wird daher davon gesprochen, dass der Fokus auf den Shareholder Value vielmehr eine „Bewußtmachungsfunktion" hat, sodass Unternehmen Maßnahmen zur Sicherung der Wettbewerbsfähigkeit ergreifen.[57]

2.3 Stand der Umsetzung in der Praxis

Die Bedeutung des Shareholder Value Ansatzes für die Praxis wird im Folgenden anhand eines Überblicks der Einstellung des geschäftsführenden Managements zum Shareholder Value und dessen Implementierungsstand in der Praxis gegeben. Hierzu werden die Ergebnisse von Studien aus den Jahren 2000 und 2006 analysiert, da hierdurch eine Entwicklung im Zeitverlauf dargestellt werden kann.

Auf Basis einer Studie aus dem Jahr 2000 lässt sich eine positive Meinung deutscher Unternehmungen gegenüber dem Shareholder Value Ansatz feststellen, wobei das Konzept als zukunftsweisend und motivationsfördernd eingestuft wird.[58]

Mit der Umsetzung des Ansatzes wollen die Unternehmen in erster Linie ihr Portfolio

---

[54] Vgl. Rappaport (1999), S. 8
[55] Vgl. Banzhaf (2006), S. 213, Heinemann/Gröniger (2005), S. 235 f.
[56] Vgl. Heumann (2005), S. 3
[57] Vgl. Friedländer/Stabernack (1998), S. 29
[58] Vgl. Hansmann/Kehl (2000), S. 9, die Feststellung ergaben sich aus einer Umfrage bei 400 Unternehmen, von denen sich 88 (22%) beteiligten.

optimieren, d.h. wertschaffende und wertvernichtende Unternehmenseinheiten identifizieren. Darüber hinaus reagieren sie auf eine unzureichende Aussagekraft traditioneller Kennzahlen und streben eine Verbesserung der Kommunikation mit den Investoren an, wobei börsennotierte Unternehmen diesen Aspekt deutlich mehr gewichten als nicht börsennotierte Unternehmen.[59]

Das positive Bewusstsein über den Shareholder Value Ansatz hat jedoch nur teilweise zu einer Realisierung in der Praxis geführt. Die Fokussierung auf die Maximierung des Shareholder Value setzt eine innerbetriebliche Orientierung am Unternehmenswert voraus. Dieser Umstand war bei 55,9% der DAX 100-Unternehmen gegeben, während noch 27,1% ihre Strategie am Umsatz- oder Gewinn ausrichteten und 16,9% auf Eigen- oder Gesamtkapitalrenditen setzten.[60]

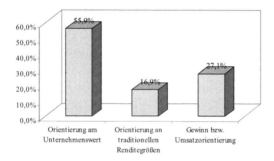

Abbildung 2: Primäre finanzielle Zielsetzung
Quelle: eigene Darstellung in Anlehnung an Pellens/Tomaszewski/Weber (2000), S. 1825

Die Analyse der verwendeten Erfolgsgrößen verdeutlicht diesen Umstand, wonach der Erfolg weiterhin insbesondere nach traditionellen Wertgrößen, Jahresüberschuss und ROI, beurteilt wird (Abbildung 3).

---

[59] Vgl. Hansmann/Kehl (2000), S. 12 ff.
[60] Vgl. Pellens/Tomaszewski/Weber (2000), S. 1825, die empirischen Ergebnisse basieren auf der Basis von Interviews mit 59 Unternehmen aus dem DAX und MDAX.

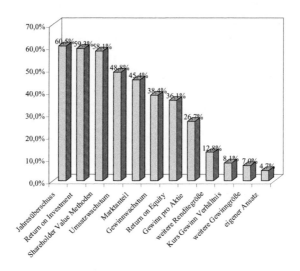

Abbildung 3: Maßstäbe zur Beurteilung des Erfolgs

Quelle: eigene Darstellung auf Basis der Daten von Hansmann/Kehl (2000), S. 16, 45

Die Analyse von Hansmann und Kehl ergab in Bezug auf die primäre finanzielle Zielsetzung noch deutlich niedrigere Ergebnisse im Hinblick auf die Umsetzung des Shareholder Value Ansatzes als die Studie von Pellens/Tomaszewski/Weber, was auf den zusätzlichen Einbezug nicht-kapitalmarktorientierter Unternehmen zurückzuführen ist. In der Studie gaben lediglich 26,4% die Steigerung des Shareholder Value als primäres Ziel aus und 62,1% orientierten sich teilweise daran. Konträr zum angelsächsischen Raum wählten 57,0% sogar bewusst einen Stakeholder Ansatz, wobei hierbei insbesondere der Fokus auf den Einbezug von Anspruchsgruppen der eigenen Wertschöpfung, wie Lieferanten und Mitarbeitern, lag.[61]

Die Studie aus 2006, die die Umsetzung des Wertorientierungsgedankens in den DAX 30 Unternehmen untersuchte, verdeutlicht - zumindest für den Prime Standard - eine stärkere Orientierung am Shareholder Value und somit ein Umdenken gegenüber 2000. 96,0% der Unternehmen gaben an, ihre Strategie wertorientiert ausgerichtet und entsprechende Kennzahlen zur Unterstützung implementiert zu haben. Die Auswahl der Spitzenkennzahl verdeutlicht dabei, dass wertorientierte Kennzahlen gegenüber traditionellen in den Vordergrund gerückt sind.[62]

---

[61] Vgl. Hansmann/Kehl (2000), S. 11, 19 f.
[62] Vgl. Droste (2006), S. 26 ff.

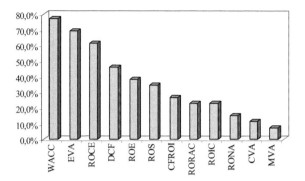

Abbildung 4: Verwendung wertorientierter Kennzahlen der DAX 30 Unternehmen

Quelle: eigene Darstellung auf Basis der Daten von Droste (2006), S. 28

Im Rahmen der 2006er Studie wurde ferner versucht festzustellen, ob eine verstärkte Wertorientierung vom Markt, d.h. in Form von Aktienkurssteigerungen honoriert wird. Die Autoren vermuten mithin einen positiven Zusammenhang zwischen Implementierung der Wertorientierung und dem Wert der Marktkapitalisierung, konnten dies jedoch nicht auf Fakten stützen, da, wie sie selbst anmerken, die Aktienkurse von zu vielen externen Einflüssen gelenkt werden. Darüber hinaus lässt sich der Zeitpunkt des Beginns der Wertorientierung in den Unternehmen nur schwer bestimmen.[63]

---

[63] Vgl. Droste (2006), S. 42 f.

3 Der Unternehmenswert als Erfolgskriterium

3.1 Definition des Unternehmenswertes

Die Integration wertorientierter Ansätze in die Unternehmenssteuerung setzt die Ermittlung eines Unternehmenswertes voraus. Bei der Ermittlung des Wertes eines Gutes steht tendenziell dessen Quantifizierung im Vordergrund. Dies ist jedoch nicht unproblematisch, da der Wert eines Gutes von den Präferenzen der beurteilenden Person abhängt (sog. Subjekt-Objekt Beziehung). Demnach wird ein hungriger Mensch den Wert eines Nahrungsmittels bedeutend höher einschätzen, als dies der Fall wäre, wenn die Person gerade gegessen hat.[64] Die Ermittlung eines Wertes ist somit immer subjektiv und wird durch den persönlichen Nutzen des Betrachters determiniert.[65] Werden Unternehmen als ein Bündel an Gütern und Rechten betrachtet, so kann eben beschriebene Theorie auch auf diese angewendet werden. Unternehmen entwickeln unterschiedliche Werte abhängig von den Ansprüchen und des Zwecks der Wertermittlung durch den Beurteilenden.[66]

Unternehmen haben daher keinen Wert an sich, sondern der Unternehmenswert ergibt sich aus dem Bewertungszweck heraus, der bspw. nach Ballwieser in die Kategorien Unternehmensbewertung für die Vorbereitung eigener und fremder Entscheidungen, die Unterstützung von Argumentationen, die Vermittlung zwischen streitenden Parteien, die Ermittlung von Besteuerungsgrundlagen sowie die Ermittlung von Bilanzwerten, eingeordnet werden kann.[67] Der Umstand, dass sich die Wertkonzeption an der Funktion der Bewertung orientiert, wird auch als Zweckadäquanzprinzip bezeichnet.[68]

Bei der Wertermittlung eines Unternehmens ist darüber hinaus zwischen dem Wert und dem Preis eines Unternehmens zu unterscheiden. Der Wert des Unternehmens ergibt sich, abhängig von der angewendeten Methodik, z.B. aus der Diskontierung zukünftiger Nutzenzuflüsse und ist somit entscheidend an die individuelle Nutzenermittlung gekoppelt. Der Preis hingegen ist der Geldbetrag, der bspw. im Rahmen eines Eigentümerwechsels von einer Partei zur anderen transferiert wird. Der Betrag pendelt üblicherweise zwischen der von dem Käufer ermittelten Preisober- und der vom Verkäufer kalkulierten Preisuntergrenze, wobei diese nicht als starr anzusehen sind, sondern sich im Rahmen von Verhandlungen verändern können.[69]

Durch die Unternehmensbewertung wird folglich versucht, den hypothetischen Preis eines

---

[64] Vgl. Kup (2007), S. 20
[65] Vgl. Born (2003), S. 5
[66] Vgl. Behringer (2004), S. 29
[67] Vgl. Ballwieser (2007), S. 1
[68] Vgl. Nölle (2005), S. 19
[69] Vgl. Born (2003), S. 8

Unternehmens zu ermitteln. Die Wertermittlung dient somit der Preisermittlung des Bewertungsobjektes, jedoch entspricht der Wert nur in Ausnahmefällen dem tatsächlichen Preis. In der Regel wird auch nicht ein Wert, sondern vielmehr eine Bandbreite ermittelt, aus der sich der tatsächliche Preis ergibt.[70] Der Unterschied zwischen dem Wert und dem Preis lässt sich daher wie folgt zusammenfassen: Der Wert wird geschätzt, den Preis bestimmt der Markt.

3.2 Wertansätze

Aus der Definition des Unternehmenswertes resultiert, dass sich der Wert aus dem Zweckadäquanzprinzip ergibt, d.h. sich unterschiedliche Werte auf Basis unterschiedlichen Nutzens aus dem Blickwinkel des Bewertenden ergeben können. Die unterschiedliche Perzeption eines Unternehmenswertes spiegelt sich u.a. auch in den unterschiedlichen Funktionen wider, in denen z.b. ein Wirtschaftsprüfer gemäß IDW als Sachverständiger im Rahmen einer Unternehmensbewertung tätig werden kann. Der Funktionenlehre des IDW[71] folgend, kann der Bewertende als neutraler Gutachter, als Berater oder als Schiedsgericht bzw. Vermittler fungieren.[72] Abhängig von der Funktion in der ein Wirtschaftsprüfer oder jeder andere eine Evaluation vornimmt, ergeben sich wiederum unterschiedliche Wertansätze, wie der objektivierte- oder subjektive Unternehmenswert sowie der Arbitriumswert. Diese Ansätze werden im weiteren Verlauf erläutert.

Neben der Funktion des Evaluierenden ist des Weiteren auch der Zweck der Bewertung zu berücksichtigen. Während bei einem Kauf bzw. Verkauf eines Unternehmens die Ermittlung der Grenzpreise oder Entscheidungswerte, d.h. der Preisobergrenze (durch den Käufer) und der Preisuntergrenze (durch den Verkäufer) im Vordergrund steht, wird bei einer Verschmelzung das Tauschverhältnis der Aktien ermittelt. Für einen IPO hingegen, gilt es den Emissionskurs zu ermitteln, bei einer Abfindung für ausscheidende Gesellschafter den Wert des Anteils des Ausscheidenden als Grundlage für die Abfindung. Ähnliches gilt für den Erbfall. Auch bei der Besteuerung von Vermögen dient der Unternehmenswert als Bemessungsgrundlage.[73] Die folgende Tabelle gibt einen Überblick über die Bewertungsanlässe und unterteilt diese in die Kategorien Bewertungen auf Basis

---

[70] Vgl. Kup (2007), S. 129
[71] Neben der Funktionenlehre des IDW besteht u.a. noch die Kölner Funktionenlehre. Dieser folgend ergibt sich neben der Beratungs- und Vermittlungsfunktion noch die sog. Argumentationsfunktion. In dieser Funktion ist der Bewertende ausschließlich für eine Partei tätig, für die er das optimale Ergebnis zu erzielen anstrebt. Wirtschaftsprüfer können aus Berufsgrundsätzen, wie Unparteilichkeit, diese Funktion nicht ausführen.
[72] Vgl. IDW (2007), IDW ES 1, Abs. 2.3
[73] Vgl. Ballwieser (2003), S. 13 f.

von gesetzlichen Vorschriften, vertraglichen Vereinbarungen und sonstige Gründe. Die Unternehmensbewertung als Element der wertorientierten Unternehmenssteuerung ist der Beratungsfunktion (hervorgehoben unter Sonstige Gründe) zuzuordnen, da diese die Unternehmensleitung intern im Hinblick auf Investitionsentscheidungen berät, und extern die Investoren die Anlageentscheidungen auf Basis von Alternativanlagen und –renditen treffen lässt.[74]

Gesetzliche Vorschriften	Vertragliche Vereinbarungen	Sonstige Gründe
Bestimmung eines angemessenen Ausgleichs/ Abfindung nach AktG/ UmwG	Ein- und Austritt von Gesellschaftern aus einer Personengesellschaft	Kauf- oder Verkauf von Unternehmen, Börsengänge, Management Buy-out, Fusionen
Ermittlung von Umtauschverhältnissen nach dem UmwG	Abfindungen im Familienrecht	**Value Based Management**
Bewertung nicht notierter Anteile an Kapitalgesellschaften für steuerliche Zwecke	Erbauseinandersetzungen	Zuführung von Eigen- und Fremdkapital, insbesondere Basel II
Zugewinnausgleich	Schiedsgutachten	Unternehmenssanierungen
§ 31 Abs. 1 WpÜG		Bilanzielle Zwecke

Tabelle 1: Anlässe der Unternehmensbewertung
Quelle: in Anlehnung an Nölle (2005), S. 16

Anlässe für Unternehmensbewertungen können auch in entscheidungsunabhängige und entscheidungsabhängige Anlässe unterschieden werden. Erstere dienen der Ermittlung für Goodwill-Impairment Tests, zur Ermittlung der Beleihungsgrenze bei Kreditwürdigkeitsprüfungen und bei Sanierungen. Entscheidungsabhängige Anlässe werden wiederum danach unterschieden, ob die Eigentumsverhältnisse gegen den Willen der anderen Partei geändert werden können. Dementsprechend basieren Käufe und Verkäufe von Unternehmen, Geschäftsbereichen und Marken sowie freiwillige Fusionen und der Eintritt eines neuen Gesellschafters auf der Freiwilligkeit der Beteiligten. Wird jedoch z.B. ein Gesellschafter gekündigt, Minderaktionäre gegen eine Barabfindung ausgeschlossen (sog. Squeeze Out) oder die Höhe einer Ausgleichszahlung bei Abschluss eines Beherrschungs- bzw. Gewinnabführungsvertrages ermittelt, so wird z.T. gegen den Willen der anderen Partei gehandelt, sodass die Bewertung in der Regel durch externe Gutachter erstellt wird.[75]

Die Ermittlung des Unternehmenswertes innerhalb der wertorientierten Unternehmenssteuerung ist als entscheidungsabhängig einzustufen, da auf Basis der Ermittlung eines eventuellen Wertezuwachs- bzw. einer Wertvernichtung die

[74] Vgl. Stührenberg/Streich/Henke (2003), S. 8
[75] Vgl. Born (2003), S. 4

Investitionsentscheidungen seitens des Managements getroffen werden. Eigentumsverhältnisse werden hingegen nicht verschoben und die Bewertung erfolgt zumeist durch das Unternehmen selbst bzw. von Investoren im Rahmen von Anlageentscheidungen vorgenommen.

Zusätzlich zur Abgrenzung des Zwecks ist es des Weiteren von Bedeutung das Bewertungsobjekt zu bestimmen. Dabei ist es nicht zwingend erforderlich, dass es sich bei dem Objekt um eine klar abzugrenzende Rechtseinheit handelt. Es ist demnach auch möglich geringere Anteile[76] oder einzelne Unternehmensteile, z.B. Business Units zu bewerten. Ballwieser weist jedoch darauf hin, dass für eine Bewertung Verbundeffekte vorhanden sein sollten, so dass bei der Bewertung einzelner Aktien nicht von einer Unternehmensbewertung gesprochen werden kann. Aus diesem Grunde stellt er auf § 271 Abs. 1 Satz 3 HGB ab, wonach eine Beteiligung vorliegt, sofern Anteile an einer Kapitalgesellschaft in Höhe von mindestens 20% vorliegen.[77] An anderer Stelle wird auf die wirtschaftliche Unternehmenseinheit als Bewertungsobjekt abgestellt. Die wirtschaftliche Unternehmenseinheit umfasst demnach sämtliche Bereiche und Funktionen, die gemeinsam für die Generierung zukünftiger finanzieller Überschüsse verantwortlich sind.[78] Aus der Sicht der Investoren sind Bewertungen selbstverständlich auch für kleinere Aktienpakete interessant, jedoch steht im Vorfeld die Bewertung des Unternehmens als Ganzes, alsdann der Unternehmenswert durch Division mit der Anzahl der ausgegebenen Aktien auf geringere Aktienpakete berechnet werden kann.

3.2.1 Objektivierter Unternehmenswert

Der objektivierte Unternehmenswert wird unabhängig von den Wertvorstellungen der betroffenen Parteien ermittelt.[79] Es liegt ihm gemäß IDW S1 ein typisierter Zukunftserfolgswert „aus der Perspektive eines potenziellen inländischen, unbeschränkt steuerpflichtigen Anteilseigners bei Fortführung des Unternehmens in unverändertem Konzept auf sog. Stand-Alone-Basis"[80] zu Grunde. Dies impliziert eine unveränderte Konzeption der Unternehmensführung, sowie realistische Annahmen über Marktentwicklung sowie Chancen und Risiken.[81]

---

[76] Beteiligungen unter 100%
[77] Vgl. Ballwieser (2007), S. 6
[78] Vgl. Kup (2007), S. 22; angemerkt wird an dieser Stelle, dass nicht alle Bewertungsverfahren zur Ermittlung des Unternehmenswertes auf zukünftige finanzielle Überschüsse zurückgreifen, wie im weiteren Verlauf erläutert wird.
[79] Vgl. Nölle (2005), S. 19
[80] IDW (2005), Rn. 4
[81] Vgl. Nölle (2005), S. 19

Der ermittelte objektivierte Unternehmenswert wird tendenziell niedriger als der in 3.2.2 beschriebene subjektive Unternehmenswert ausfallen, da z.B. im Rahmen von Kaufpreisverhandlungen für eine geplante Fusion die Berücksichtigung von Synergieeffekten ausbleibt.[82]

3.2.2 Subjektiver Unternehmenswert

Der subjektive Unternehmenswert wird, im Gegensatz zum objektivierten, durch Planungen und Möglichkeiten seitens der Vertragspartner beeinflusst. In diesem Zusammenhang sind beispielhaft Investitionsmöglichkeiten, Synergieeffekte oder steuerliche Vor- und Nachteile zu nennen. Ein elementarer Unterschied zum objektivierten Unternehmenswert ergibt sich aus der Tatsache, dass geplante aber noch nicht eingeleitete Maßnahmen berücksichtigt werden. Identisches gilt für angedachte Änderungen im Management und in der Unternehmensfinanzierung.[83] In der Regel ergibt sich beim subjektiven Unternehmenswert eine Wertespannbreite, da die Präferenzen von unterschiedlichen Bewertenden differieren. Die Spannbreite reicht folglich von einem Mindestwert, den bspw. ein Verkäufer erzielen möchte bis zu einer Preisobergrenze, die der Käufer maximal zu zahlen bereit ist.[84]

Während der objektivierte Unternehmenswert eine dominierende Bedeutung für finanzielle Investoren hat, überwiegt die Bedeutung des subjektiven Unternehmenswerts im Hinblick auf Kaufinteressenten mit der Absicht der Kontrollübernahme, da diese den Wert des Kaufobjektes auf Basis ihres subjektiven Fortführungskonzeptes bewerten. Hierbei ist es von Bedeutung, nicht nur die Synergieeffekte zu berücksichtigen, die sich beim zu bewertenden Unternehmen ergeben, sondern auch das bisherige Unternehmen bzw. den betroffenen Geschäftsbereich einzubeziehen. Demzufolge ist auch eine Unternehmensbewertung dieses Bereichs auf objektivierter- (ohne sich ergebende Synergieeffekte) und auf subjektiver Ebene durchzuführen.[85] Analog wird auch das Management tendenziell eher zu einem subjektiven Unternehmenswert gelangen, da ihrerseits Planungen berücksichtigt werden können, die den Investoren im Falle von Informationsasymmetrien nicht zur Verfügung stehen.

---

[82] Vgl. Nölle (2005), S. 20
[83] Vgl. IDW (2005), Rn. 5
[84] Vgl. Nölle (2005), S. 20
[85] Vgl. Born (2003), S. 19

3.2.3 Schieds- Arbitriumswert

Abschließend kann der Bewertende in der Funktion eines Schiedsgerichts fungieren. Unter der Berücksichtigung der subjektiven und divergierenden Wertvorstellungen der beteiligten Parteien wird ein Einigungswert erzielt. Sind in diesem Zusammenhang rechtliche Normen zu beachten, wie dies z.b. bei der Ermittlung von Abfindungsansprüchen von Minderheitsgesellschaftern der Fall ist, so wird auch von normorientierten Werten gesprochen. Im Vordergrund steht eine Betrachtungsweise, die einen neutral objektiven und zwischen den Parteien stehenden Wert ermittelt.[86]

3.3 Wertkategorien der Unternehmensbewertung

Die bereits dargelegten Ausführungen verdeutlichen, dass es nicht den „einzig wahren" Wert eines Unternehmens gibt. Die unterschiedlichen Ansätze gehen daher mit einem breiten Spektrum an Bewertungsmethoden einher, mit denen sich die Betriebswirtschaftslehre intensiv beschäftigt.[87]

Die Vielfalt der Bewertungsmethoden führt darüber hinaus zu einer inkonsistenten Benennung und Zuordnung einzelner Verfahren zu einer übergeordneten Gruppierung. Exemplarisch unterscheidet Nölle die Bewertungsverfahren in traditionelle-, Ertragswert-, DCF- und alternative Verfahren,[88] während Stührenberg et al. zwischen dem Substanzwert-, Liquidationswert-, Kapitalwertverfahren und der DCF Methode unterscheiden.[89] Düsterlho hingegen nimmt keine Unterscheidung zwischen DCF- und Ertragswertverfahren vor, sondern subsumiert alle Ansätze, die mittels Investitionsrechnung zukünftige Ergebnisse diskontieren zu den Ertragswertansätzen.[90] Im Nachfolgenden wird sich an der Einteilung von Schultze orientiert, der den Substanz- und Liquidationswertansatz als Bestandteil der Einzelbewertungsverfahren, sowie die Ertragswertmethode, zu der in Orientierung an Düsterlho auch das DCF Verfahren zählt, und die Multiplikatorverfahren als Bestandteil der Gesamtbewertungsverfahren analysiert. Diese Dreiteilung genügt an dieser Stelle, um die Relevanz der Verfahren für die wertorientierte Unternehmenssteuerung und das Value Reporting aufzuzeigen. Der Methodik der Ertragswertverfahren wird sich aufgrund der hohen Bedeutung für die wertorientierte Steuerung in 3.4 detaillierter gewidmet.[91]

---

[86] Vgl. Nölle (2005), S. 20, Helbing (2005), S. 409
[87] Vgl. Nölle (2005), S. 15
[88] Vgl. Nölle (2005), S. 22
[89] Vgl. Stührenberg/Streich/Henke (2003), S. 7
[90] Vgl. Düsterlho (2003), S. 32 f.
[91] Vgl. Schultze (2003), S. 72

3.3.1 Substanzwert- und Liquidationswertansatz

Der Substanzwert- und Liquidationswertansatz ermittelt den Unternehmenswert auf Basis der Bewertung aller immateriellen und materiellen betriebsnotwendigen und nicht betriebsnotwendigen Vermögensgegenstände, wobei der Substanzwertansatz dies unter der Prämisse der Unternehmensfortführung verfolgt (Going Concern) und der Liquidationswertansatz die Betriebsauflösung und Liquidation voraussetzt. Die separate Bewertung einzelner Bestandteile des Unternehmens führt zu der Zuordnung der Verfahren in die Kategorie der Einzelbewertungsverfahren. Die Ermittlung des Substanzwertes erfolgt durch Addition der in der Bilanz ausgewiesenen und zu Wiederbeschaffungsaltwert angesetzten betriebsnotwendigen Vermögensgegenstände. Nicht betriebsnotwendige Vermögensgegenstände werden zu Veräußerungspreisen bewertet und addiert.[92] Wird der Wert des Fremdkapitals vom Substanzwert subtrahiert, auch als Reproduktions- oder Rekonstruktionswert bezeichnet, ergibt sich der Nettosubstanzwert. Der Liquidationswert hingegen setzt die Vermögensgegenstände zu möglichen Verkaufspreisen an.[93]

Dem Substanzwert kommt im Rahmen der Unternehmensbewertung und der wertorientierten Unternehmenssteuerung lediglich eine Nebenrolle zu. Die strikte Vergangenheitsorientierung sowie die Bewertung der Vermögensgegenstände als Einzelnes geben keine Aufschlüsse über den zukünftigen Nutzen des Unternehmens. Die erschwerte Ermittlung der Werte der immateriellen Vermögensgegenstände macht sogar die Ermittlung eines Wertes nahezu unmöglich, der die Kosten zum Aufbau eines dem der Bewertung identischen Unternehmens bemisst.[94]

Daher kann der Substanzwert im Hinblick auf die Wertorientierung zumeist lediglich als Kontrollwert fungieren. So kann z.B. ein Substanzwert, der über dem Barwert zukünftiger Kapitalflüsse liegt, auf nicht betriebsnotwendiges Vermögen hindeuten. Aus Investorenperspektive kann ein Substanzwert, der den Börsenwert des Unternehmens übersteigt, hingegen auf eine Unterbewertung hindeuten, da sich im Fall der Liquidation zumindest dieser realisieren ließe.[95]

---

[92] Vgl. Hinne (2001), S. 18
[93] Vgl. Born (2003), S. 11 f.
[94] Vgl. Born (2003), S. 11
[95] Vgl. Born (2003), S. 11

3.3.2 Multiplikatorverfahren

Das Multiplikatorverfahren strebt die Unternehmensbewertung auf Basis von Vergleichsobjekten an. Vergleichsobjekte sind Unternehmen, die sich in Bezug auf Kriterien, wie der Größe oder der Branchenzugehörigkeit, dem Bewertungsobjekt ähneln. Nach Identifikation des Vergleichsobjektes wird dessen Unternehmenswert bspw. auf Basis einer kürzlich abgewickelten Transaktion oder dem Marktwert des Unternehmens ins Verhältnis zu Bezugsgrößen, wie einerseits Wertgrößen, z.b. Umsatz oder dem EBIT, andererseits zu Mengengrößen, wie der Kundenanzahl, gestellt.[96] Es ergibt sich exemplarisch, dass das Vergleichsunternehmen einen Wert in Höhe seines 15-fachen EBITs aufweist. Der Quotient des Unternehmenswertes und der Bezugsgröße wird Multiplikator genannt. Der Einbezug diverser Bezugsgrößen führt zu einer Bandbreite an Multiplikatoren, die wiederum jeweils durch Multiplikation mit identischer Bezugsgröße des Bewertungsobjektes zu dessen Wert führen, wobei der Zugriff auf unterschiedliche Bezugsgrößen zu einer Bandbreite für den Unternehmenswert führt (vgl. Abbildung 5).

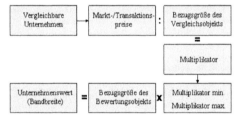

Abbildung 5: Funktionsweise von Multiplikatoren
Quelle: in Anlehnung an Schultze (2003), S. 158

Multiplikatorverfahren haben mithin wenig Bedeutung für die interne Unternehmenssteuerung, können aber sowohl intern, als auch seitens der Kapitalmarktakteure zum Vergleich von Unternehmen herangezogen werden. Unter Bezugnahme von Börsenwerten können Investoren somit Fehlbewertungen, bspw. innerhalb einer Branche, identifizieren und Arbitragegewinne realisieren.[97]

Insbesondere in Bezug auf die Ermittlung des Vergleichswertes aus Transaktionen ist jedoch Sorgfalt geboten. Im Rahmen von Unternehmensübernahmen oder dem Erwerb von Mehrheitsbeteiligungen kommt es oftmals zu einer Prämienzahlung. Studien aus den USA zufolge, wurden in einer Reihe von untersuchten Transaktionen Kaufpreise von 35% bis 49% über den Börsenwerten der Unternehmen gezahlt.[98] Gaughan erklärt in seinen Aus-

---

[96] Vgl. Ballwieser (2003), S. 22
[97] Vgl. Schultze (2003), S. 165
[98] Vgl. Ballwieser (2007), S. 200, Ballwieser (2003), S. 19

führungen jedoch, dass es sich hierbei eben nicht um den Unternehmenswert handelt, sondern der Aufschlag eine Art „control premium" beherbergt. Er verdeutlicht, dass "There is a major difference between a single share [...] and the price of a 51% block of stock that will give the buyer effective control of the company."[99] Die Kontrollmöglichkeit über das akquirierte Unternehmen erfordert die Zahlung eines Aufschlages. Seiler verdeutlicht, dass der Käufer einen Investitionswert ermittelt, dem der individuelle Nutzen zu Grunde liegt, während der Verkäufer einen „fairen" Marktwert unter der „Going concern" Prämisse ermittelt. Die Differenz bezeichnet er als Akquisitionsprämie anstatt Kontrollprämie, da die werterhöhenden Faktoren die Synergien sind und nicht die Kontrolle.[100] Nach Meinung des Verfassers wäre von einer Kontrollprämie zu sprechen, sofern eine beherrschende Stellung erreicht wird, durch die sich ggf. Synergiepotenziale erzielen lassen. Synergien lassen sich jedoch u.U. auch bei geringeren Beteiligungen, wie z.B. bei einem Joint Venture realisieren.

3.3.3 Ertragswertansatz

Im Gegensatz zum Substanzwertansatz geht es bei dem Ertragswertansatz um die Bewertung des Unternehmens als Ganzes und nicht um die Bewertung einzelner Vermögensgegenstände. Das Unternehmen wird als Bewertungseinheit betrachtet, bei dem das Zusammenspiel der Vermögensgegenstände zur Erzielung zukünftiger Erträge bzw. Cash Flows beiträgt, die mit einem Kapitalisierungszins diskontiert werden.[101]

3.4 Der Unternehmenswert aus Managementperspektive

3.4.1 Die Bedeutung von Steuerungsgrößen

Sofern das Unternehmensziel auf die Steigerung des Shareholder Value ausgerichtet ist, ist es notwendig Steuerungsgrößen zu implementieren, um diesem Ziel Rechnung zu tragen. Steuerungsgrößen fungieren in diesem Zusammenhang einerseits als Steuerungsinstrument der Strategie, andererseits ermöglichen sie auch die retrospektive Erfolgskontrolle.[102] Bei der Auswahl der entsprechenden Größe, auch Spitzenkennzahl genannt, ist es ausschlaggebend, dass sich diese an der Entscheidungslogik von Management und Investoren orientiert. Es muss eine Unterstützung des Entscheidungsverhaltens und der Kontrolle der Ergebnisse ermöglicht werden. Die Spitzenkennzahl sollte dabei einen

---

[99] Gaughan (2007), S. 555
[100] Vgl. Seiler (2004), S. 4
[101] Vgl. Born (2003), S. 9, der Ansatz wird in den Ausführungen unter 3.4 genauer betrachtet
[102] Vgl. Ewert/Wagenhofer (2000), S. 4

Zusammenhang zur fundamentalen Wertschaffung des Unternehmens herstellen, welche bei informationseffizienten Märkten (vgl. 3.5) auch zu einer externen Wertschaffung beiträgt.[103]

Die Effektivität eines Shareholder Value Ansatzes ist darüber hinaus von dessen Akzeptanz und Realisierbarkeit im Unternehmen abhängig. Es ist daher notwendig, Entscheidungen auf strategischer und operativer Ebene ganzheitlich wertorientiert auszurichten. Eine erfolgreiche Spitzenkennzahl zeichnet sich in diesem Zusammenhang durch eine verständliche Operationalisierbarkeit aus. Eine Kopplung der Ergebnisgrößen der Spitzenkennzahl an das Anreiz- bzw. Vergütungssystem verstärken zumeist die Wertorientierung.[104] Da Investoren i.d.R. nicht unmittelbar ins operative Geschäft involviert sind, müssen wertorientierte Ergebnisse darüber hinaus nach außen kommuniziert werden, da sich diese unmittelbar im Aktienkurs und somit im Shareholder Value widerspiegeln sollten.[105]

Der Zusammenhang aus interner Steuerungsgröße und dem Investoreninteresse lässt sich durch folgende Beziehung beschreiben. Die Interessen der Eigenkapitalgeber an der Maximierung des Unternehmenswertes ergeben sich aus der folgenden Indifferenzgleichung (1):

$$(1) \quad K \cdot i = E - A$$

mit:

K = Eigenkapital (Fremdkapital = 0), i = Verzinsung aus optimaler Alternativanlage des Kapitals,
E = Erträge/Einzahlung des Unternehmens, A = Aufwand/Auszahlung des Unternehmens

Die Indifferenzgleichung vergleicht das Ergebnis des Unternehmens (E-A) mit der Verzinsung einer risikoadäquaten Eigenkapitalanlage außerhalb des Unternehmens. Der Kapitalgeber wird sich folglich für ein Investment in das Unternehmen entscheiden, sofern die erwartete Rendite aus der Anlage in das Unternehmen die Rendite der Alternativanlage übersteigt. Das Produkt des eingesetzten Kapitals mit den Kapitalkosten entspricht der gewünschten Mindestverzinsung der Kapitalgeber. Die entgangenen Erlöse aus der Alternativanlage sind Kosten im Sinne des Opportunitätskostenprinzips.[106]

In der Praxis können sowohl mehrperiodische, als auch einperiodische Spitzenkennzahlen des Wertmanagements zum Einsatz kommen. Mehrperiodische Konzepte basieren auf der Diskontierung zukünftiger Erfolgsgrößen. Der Unternehmenswert ist folglich ein

---

[103] Vgl. Jung/Xhonneux (2003), S. 476
[104] Vgl. Michel (2004), S. 13 ff.
[105] Vgl. Michel (2004), S. 16
[106] Vgl. Wöhe/Döring (2008), S. 196 ff.

Zukunftserfolgswert. Kapitalgeber und Management sind jedoch ebenfalls an der Quantifizierung der Wertentstehung in einer Periode sowohl retrospektiv, als auch prognostiziert interessiert. Dem Management eröffnet sich hierdurch die Möglichkeit, den Erfolg ihrer Investitionen zu quantifizieren und bei Bedarf Anpassungen vorzunehmen. Kapitalgeber nutzen einperiodische Modelle um das Management zu kontrollieren. Realisierbar wäre die periodische Kontrolle z.B. durch den Vergleich des Unternehmenswertes eines Mehrperiodenmodells, wie er bspw. im Rahmen des DCF Modells (vgl. 3.4.2) ermittelt wird, zum Ende der Periode mit dem zu Beginn einer Periode. Die Differenz gibt Auskunft über die Wertentwicklung. Im Hinblick auf die zukünftige Entwicklung ergibt sich als praktische Problematik, dass der Zukunftserfolgswert durch Annahmen über zukünftige Cash Flows oder Ertragsgrößen determiniert wird. Bei bestehender Prinzipal-Agenten Problematik (vgl. 2.1.1) werden diese Prognosen von subjektiven Einschätzungen der Agenten bzw. des Managements determiniert. Da die Kapitalgeber vornehmlich an einer objektiven Messung des Wertbeitrags interessiert sind, wird dieser zumeist auf Basis von vergangenheitsorientierten Daten des Rechnungswesens bemessen.[107]

Einperiodische und mehrperiodische Modelle stehen jedoch in einem unmittelbaren Zusammenhang, wie sich an folgender Rechnung erkennen lässt. Zur Vereinfachung wird hierbei in Bezug auf das Mehrperiodenmodell auf die Methodik der ewigen Rente zurückgegriffen.

Damit ein Kapitalgeber in ein Unternehmen investiert, erwartet er gemäß obiger Indifferenzgleichung, dass die Differenz von Ein- und Auszahlungen die Mindestverzinsung der Alternativanlage seines Kapitals übersteigt.

$$(2)\, K \cdot i < E - A$$

Durch Division mit dem Kapitalkostensatz i ergibt sich:

$$(3)\ K < \frac{E-A}{i}$$

Der Unternehmenswert wird durch Diskontierung der Ertragsgröße (E-A) mit dem Kapitalkostensatz (i) im Modell der ewigen Rente (Mehrperiodenmodell) berechnet. Aus der Perspektive des Investors bedeutet dies, dass er höchstens einen Kaufpreis K in Höhe des Unternehmenswertes zu bezahlen bereit ist, wobei sich die Größe auf einen beliebigen Teil des Unternehmens (z.B. einzelne Aktien) beziehen kann, sofern der Unternehmenswert durch die Anzahl der Aktien dividiert wird.

---

[107] Vgl. Franz/Winkler (2006), S. 40 f.

Durch Multiplikation mit i und Division durch k ergibt sich:

$$(4) \quad i < \frac{E - A}{K}$$

Die Division der Ertragsgröße (E-A) mit dem eingesetzten Kapital (K) führt zu einer Renditegröße, im Folgenden r benannt. Diese Renditegröße des Kapitals im Unternehmen muss folglich den Kapitalkostensatz übertreffen, um Wert zu generieren:

$$(5) \quad i < r$$

Die angegebenen Renditekennzahlen sind Prozentgrößen. Durch Multiplikation mit dem eingesetzten Kapital ergeben sich wiederum monetäre Größen:

$$(6) \quad i \cdot K < r \cdot K$$

Durch Subtraktion von $(i \cdot K)$ ergibt sich:

$$(7) \quad 0 < r \cdot K - i \cdot K$$

Das Ergebnis des eingesetzten Kapitals $(r \cdot K)$ vor Zinsen muss hiernach die Kosten des Kapitals übersteigen, um einen Mehrwert zu schaffen. Wird K in der obigen Formel ausgeklammert, führt dies zum einperiodischen Residualgewinnkonzept. Die Differenz von Rendite und Kapitalkosten multipliziert mit dem eingesetzten Kapital ergibt hierbei den sog. Residual- oder Übergewinn:

$$(8) \quad 0 < (r - i) \cdot K$$

Verallgemeinert setzen sich sowohl einperiodische, als auch mehrperiodische Steuerungsgrößen aus einer Ergebnisgröße, dem gebundenen Vermögen und den Kosten der Finanzierung des Vermögens zusammen. Eine Steigerung des Unternehmenswertes kann somit regelmäßig durch die Erhöhung der Gewinngröße (E-A), einer Minderung der Kapitalkosten (i) oder einer Minderung des eingesetzten Kapitals (K) erreicht werden. In puncto Gewinngröße wird dabei regelmäßig auf Cash Flows oder Ertragsgrößen zurückgegriffen, wobei modellabhängige Anpassungen der entsprechenden Größe eine Differenzierung zwischen Cash Flow und Ertragsgröße erschwert, wie dies bspw. im Rahmen des EVA Konzeptes der Fall ist (vgl. 3.4.3). Der Vorteilhaftigkeit einer der beiden Größen wird sich detaillierter in 3.4.4 gewidmet.[108]

Die Maximierung des Shareholder Value bildet somit gemeinsame Zielvorstellung des Managements und der Investoren, die sich durch die Zielfunktion der Steuerungsgröße beschreiben lässt. Die Ergebnisgröße, der Kapitalisierungszins und das eingesetzte Kapital sind in diesem Fall die Zielvariablen, die auf die gemeinsame Zielvorstellung, der

---

[108] Vgl. Franz/Winkler (2006), S. 42

Maximierung des Shareholder Value ausgerichtet werden müssen.[109]

Zur Ausrichtung der Variablen wird sich im Rahmen des Controllings der Planung und Kontrolle bedient, um einerseits die Handlungsalternative mit bestmöglichem Zielerreichungs-grad zu wählen und den Grad der Zielerreichung zu kontrollieren. Hierbei spielt insbesondere bei der Zielvorstellung auch der Zeitbezug eine wesentliche Rolle, sodass die wertorientierte Unternehmensführung in der langen Frist als Planungsinstrument und in der kurzen Frist als Planungs- und Kontrollinstrument genutzt werden kann.[110] In der Wissenschaft und Praxis existiert eine Vielzahl an Beiträgen, die Konzepte für Steuerungsgrößen bzw. Spitzenkennzahlen vorstellen oder unterschiedliche Konzepte miteinander vergleichen. Hierbei fällt wiederum auf, dass insbesondere Beratungsunternehmen zumeist Konzepte entwickeln und sich diese markenrechtlich auch schützen lassen, um anschließend die Implementierung des Konzeptes als Dienstleistung anbieten zu können.[111] Bis dato konnte sich jedoch keine Steuerungsgröße als überlegen gegenüber den Übrigen etablieren. Vielmehr müssen Unternehmen die Kennzahlen in Abhängigkeit ihres Geschäftsmodells auswählen, da insbesondere der Zusammenhang zwischen interner Wertgenerierung und entsprechender Reaktion am Kapitalmarkt von Bedeutung ist[112]

	Absolute Kennzahlen	Relative Kennzahlen
Traditionelle Kennzahlen	•Jahresüberschuss •Betriebsergebnis •(Operative) Cash Flow	•Eigenkapitalrentabilität •Gesamtkapitalrentabilität •Vermögensrentabilität
Wertorientierte Kennzahlen	•Cash Value Added (CVA) •Economic Value Added (EVA) •Discounted Cash Flow (DCF)	•Cash Flow Return on Investment (CFRoI) • Return on Capital Employed (RoCE) •Return on Invested Capital (RoIC) •Return on Risk Adjusted Capital (RoRAC)

Abbildung 6: Kennzahlen der Unternehmenssteuerung

Quelle: eigene Darstellung

---

[109] Vgl. Franz/Winkler (2006), S. 42 f., Kahle (2001), S. 27 f.
[110] Vgl. Wöhe/Döring (2008), S. 193 ff.
[111] Exemplarisch für die Bedeutung der Konzepte für die Unternehmensberatung sei an dieser Stelle bspw. auf das Anfang der Neunzigerjahre von der New Yorker Unternehmensberatung Stern Stewart & Company konzipierte Modell des Economic Value Added (EVA) verwiesen. In der Folgezeit wurde eine Varietät weiterer Modelle entwickelt, die sich mehr oder weniger stark voneinander unterscheiden, wie z.B. der Shareholder Value Added von McKinsey oder der Cash Flow Return on Investment (CFROI) von der Boston Consulting Group. Vgl. Stern (2007), S. 88; Zur Diskussion über finanztheoretische Annahmen, empirische Analysen sowie der Stärken und Schwächen der Modelle wird exemplarisch auf Groll (2003) verwiesen.
[112] Vgl. Ewert/Wagenhofer (2000), S. 5

Neben den bereits erläuterten wertorientierten Kennzahlen, werden auch traditionelle Kennzahlen zur Steuerung genutzt, auch wenn diesen eine abnehmende Bedeutung beigemessen wird (vgl. Abbildung 6). Traditionelle Kennzahlen, absolut und relativ, können problemlos dem Jahresabschluss entnommen oder aus diesem berechnet werden. Wertorientierte Kennzahlen hingegen beziehen explizit die Kapitalkosten mit in ihre Berechnung ein. Dementsprechend basieren die wertorientierten, absoluten Kennzahlen auf einem Residualgewinn, der sich durch die Verminderung der absoluten Erfolgsgröße um die Kapitalkosten ergibt. Der Residualgewinn weist anschließend bei positivem (negativem) Vorzeichen auf eine Steigerung (Minderung) des Unternehmenswertes hin. Identisch ist die Herangehensweise bei wertorientierten relativen Kennzahlen, wobei die sich aus dem Verhältnis von Erfolg zu Kapital ergebende Renditegröße mit den Kapitalkosten verglichen wird.[113] Die verwendeten Kennzahlen sind darüber hinaus den flussorientierten oder den kombinativen Ansätzen zuzuordnen. Erstere basieren auf der Diskontierung prognostizierter zukünftiger Zahlungsüberschüsse, u.a. in der Berechnung nach dem DCF-Ansatz. Kombinative Ansätze ermitteln den betrieblichen Übergewinn zumeist aus buchhalterischen Größen. Zu ihnen gehört beispielsweise der EVA-Ansatz.[114]
Im Folgenden werden das DCF- und das EVA Modell stellvertretend für die mehr- bzw. einperiodischen Steuerungskennzahlen beschrieben. Die Auswahl der Modelle stützt sich auf die ausgeprägte Popularität der Modelle in Vergleich zu anderen Herangehensweisen.[115] Dabei geht es nicht darum, die finanztheoretischen Grundüberlegungen und Eignungsüberprüfungen zu untersuchen, sondern die Methodik zu veranschaulichen, um deren Bedeutung für die interne Steuerung aber auch für den Kapitalmarkt aufzuzeigen, wodurch sich auch die Relevanz für das Value Reporting ergibt.

3.4.2 Mehrperiodische Steuerungsgrößen am Beispiel des DCF

Der auf Rappaport zurückzuführende DCF Ansatz gehört zu den Ertragswert- oder Kapitalwertansätzen, die auf der Diskontierung zukünftiger Erträge oder, im Falle des DCF, Cash Flows beruhen. Allgemein lässt sich der Unternehmenswert danach durch die folgende Formel berechnen.

---

[113] Vgl. Pellens/Tomaszewski/Weber (2000), S. 1829
[114] Vgl. Banzhaf (2006), S. 111
[115] Vgl. Stührenberg/Streich/Henke (2003), S. 66

31

$$UW = \sum_{t=1}^{n} \frac{EG_t}{(1+i)^t} + \frac{\overline{EG}}{i \cdot (1+i)^n} = SHV + FK_{Markt}$$

mit:

UW = Unternehmenswert, EG = Erfolgsgröße (Detailplanung), $\overline{EG}$ = nachhaltig erzielbare Erfolgsgröße (außerhalb der Detailplanung), i= Diskontierungszinssatz, n = Planungszeitraum, t = Periode, SHV = Shareholder Value, FK = Fremdkapital

Die Unterschiede zwischen einzelnen Methoden der Ertragswertansätze resultieren aus unterschiedlichen Erfolgsgrößen, unterschiedlicher Ermittlung des Diskontzinssatzes sowie unterschiedlichem Planungszeiträumen der Detailplanung.

Das DCF Verfahren ermittelt den Unternehmenswert durch Abzinsung einer mehrjährigen, prognostizierten Cash Flow Reihe[116], der sog. Free Cash Flows, mit einem gewichteten Kapitalisierungszinssatz auf den Betrachtungszeitpunkt. Die Limitierung auf den Cash Flow stellt den Unterschied zu anderen Ertragswertverfahren dar, die andere Ergebnisgrößen auf den Betrachtungszeitpunkt diskontieren. Das DCF Verfahren selbst kann ebenfalls in verschiedene Ansätze unterteilt werden, wobei die Unterschiede wiederum einerseits in der Ermittlung der FCFs und des Kapitalisierungszinses, andererseits in der Anwendung des Equity- (Netto-) bzw. Entityansatzes[117] (Bruttoansatzes) liegen. Im Folgenden wird deskriptiv auf die Bestandteile des WACC Ansatzes (Bruttoverfahren) zurückgegriffen[118], der unter Investmentbanken, Investoren und Hedge Fonds am weitesten verbreitet ist.[119]

Free Cash Flow

Der Cash Flow ist die zahlungsstromorientierte Differenz zwischen Ein- und Auszahlungen. Die Ermittlung des Cash Flow erfolgt entweder direkt aus den tatsächlichen Ein- und Auszahlungen oder indirekt durch die Herausrechnung nicht zahlungswirksamer Erträge und Aufwendungen aus dem Betriebsergebnis, sodass z.B. das Betriebsergebnis

---

[116] Die Prognose der zukünftigen Cash Flows stellt den komplexesten Teil des DCF Verfahrens dar. In diesem Zusammenhang ist insbesondere darauf zu achten, dass im Rahmen der Planung nicht zu optimistische Größen herangezogen werden, was zum sog. „Hockey Stick Effect" führt. Auch die zu pessimistische Planung („Slacks"), durch die ein späteres Übertreffen der Zielgröße in Zusammenhang mit einem Anreizsystem gefördert wird, ist zu vermeiden.

[117] Der Equity Ansatz ermittelt direkt den Wert des Eigenkapitals (SHV) des Unternehmens, während der Entity Ansatz den Gesamtwert des Unternehmens ermittelt und anschließend den Marktwert des Fremdkapitals subtrahiert, um den Marktwert des Eigenkapitals zu erhalten.

[118] Bei der Analyse wird lediglich das Modell der Wertermittlung vorgestellt. So wird z.B. auf die Ermittlung zukünftiger Cash Flows verzichtet. Hierzu wird auf die Literatur zur Unternehmensbewertung verwiesen. Siehe u.a. Born (2003), Ballwieser (2007)

[119] Vgl. Paiusco/Riffner (2007), S. 329

um die Höhe der Abschreibungen zu erhöhen ist, da diese nicht zahlungswirksam sind.[120] Rappaport greift in seinen Ausführungen auf den betrieblichen Cash Flow als Ertragsgröße zurück. Der betriebliche Cash Flow ergibt sich aus der Differenz von betrieblichen Einzahlungen und Auszahlungen. Die Residualgröße, der betriebliche Cash Flow, steht zur Befriedigung der Zahlungsansprüche von Fremd- und Eigenkapitalgebern zur Verfügung.[121]

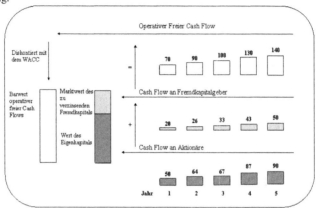

Abbildung 7: Unternehmenswertermittlung auf Basis von Cash Flows

Quelle: in Anlehnung an Copeland/Koller/Murrin (2002), S. 172

Der nach Rappaport beschriebene betriebliche Cash Flow wird auch operativer freier Cash Flow oder Free Cash Flow bezeichnet und nach dem folgenden Schema ermittelt[122]:

Betriebsergebnis vor Zinsen und Steuern (EBIT)
- Unternehmenssteuern
= Betriebsergebnis vor Zinsen
+ (-) Abschreibungen (Zuschreibungen)
+ (-) Bildung (Auflösung) langfristiger Rückstellungen
+ (-) sonstige zahlungsunwirksame Aufwendungen (Erträge)
= Brutto Cash Flow
- (+) Erhöhung (Minderung) des Anlagevermögens
- (+) Erhöhung (Minderung) des Umlaufvermögens
= Free Cash Flow

Abbildung 8: Konzept zur indirekten Ermittlung des Free Cash Flows

Quelle: in Anlehnung an Wöhe/Döring (2008), S. 572

---

[120] Vgl. Stührenberg/Streich/Henke (2003), S. 10 ff.
[121] Vgl. Rappaport (1999), S. 40, Rappaport (1995), S. 54
[122] Vgl. Copeland/Koller/Murrin (2002), S. 174, Wöhe/Döring (2008), S. 572

Auf Basis der Annahme der Unternehmensfortführung (Going Concern) und der Vermögenserhaltung sind ebenfalls die Investitionen in das Anlage- und Umlaufvermögen zu berücksichtigen, um die Ertragskraft des Unternehmens aufrecht zu erhalten.[123] Cash Flows, die von nicht betriebsnotwendigem Vermögen generiert werden, finden regelmäßig keine Berücksichtigung in den antizipierten Cash Flows. Daher ist ex post der Marktwert des nicht betriebsnotwendigen Vermögens dem bis dato ermittelten Unternehmenswert hinzuzurechnen.[124]

Kapitalkosten

Zur Ermittlung der Kapitalkosten muss ex ante festgelegt werden, ob der Wert des Eigenkapitals (Nettomethode) oder der Wert des gesamten Unternehmens (Bruttomethode) festgestellt wird, um bei letzterem Vorgehen durch Subtraktion des Marktwertes des Fremdkapitals zu dem Wert des Eigenkapitals bzw. zum Shareholder Value zu gelangen. In jedem Fall gilt es, die Eigenkapitalkosten separat zu ermitteln, im Falle der Bruttomethode muss jedoch eine Gewichtung der Kosten erfolgen.

In der hier dargestellten Bruttomethode erfolgt die Gewichtung von Eigen- und Fremdkapital in der Regel unter Einsatz des WACC (Weighted Average Cost of Capital). Der WACC beschreibt demnach die Mindestrendite, die ein Unternehmen erzielen muss, um die Kapitalkosten zu decken. Anders formuliert, spiegeln sich im WACC die Opportunitätskosten des eingesetzten Kapitals wider. Gelingt es dem Unternehmen nicht eine Rendite größer dem WACC zu generieren, werden die Investoren geneigt sein, ihre Kapitalanlagen in Alternativinvestitionen einzusetzen. Der WACC errechnet sich aus den im Folgenden beschriebenen Kosten des Eigenkapitals (Fremdkapitals) gewichtet mit dem Anteil des Eigenkapitals (Fremdkapitals) am Gesamtkapital, wobei die Kapitalwerte zu Marktwerten angesetzt werden. Die Fremdkapitalkosten werden darüber hinaus durch das sog. Tax Shield um die Unternehmenssteuern gesenkt, da Fremdkapitalzinsen als Aufwand steuerlich abzugsfähig sind.[125]

Es ergibt sich:

$$WACC = r_i \frac{EK_m}{GK_m} + f_i \frac{FK_m}{GK_m} \times (1 - s)$$

mit: WACC = Weighted Average Cost of Capital; r_i = Eigenkapitalzins; EK = Eigenkapital; FK = Fremdkapital; GK = Gesamtkapital; f_i = Fremdkapitalzins; m = Marktwert; s = Steuerquote des Unternehmens

---

[123] Vgl. Brühl (2004), S. 378
[124] Vgl. Born (2003), S. 131
[125] Vgl. Stührenberg/Streich/Henke (2003), S. 23 f.

Eigenkapital

Investoren stellen ihr Kapital den Unternehmen zur Verfügung, erwarten jedoch eine entsprechende Rendite, da sie das Kapital unter Bezugnahme der Opportunitätskostentheorie auch für ihren eigenen Konsum oder für eine renditeträchtigere Anlage hätten nutzen können. Die Rendite aus der Investition in ein Unternehmen wird als Total Shareholder Return bezeichnet und setzt sich aus den Dividendenzahlungen und Kurssteigerungen zusammen.[126]

Populärstes Instrument zur Ermittlung der Eigenkapitalkosten ist das CAPM (Capital Asset Pricing Model).[127] Das Modell geht dabei von der Risikoadversität des Anlegers aus, der seine Investitionsentscheidung auf Basis des Erwartungswertes über die Rendite und der Volatilität trifft. Der Anleger wird infolgedessen eine risikoreichere Anlage nur vor dem Hintergrund einer erwarteten höheren Rendite einer Alternative vorziehen. Hieraus ergibt sich, dass die geforderte Rendite in zwei Komponenten, die Rendite einer risikolosen Anlage (r_f) und einer mit dem Beta-Faktor (ß) gewichteten Marktrisikoprämie (r_m-r_f) für die Aufnahme des Risikos unterteilt werden kann. Durch die Marktrisikoprämie wird jedoch nur das systematische Risiko, d.h. das Risiko des Gesamtmarktes, vergütet. Unsystematisches Risiko, das ausschließlich im Investitionsobjekt begründet ist, kann hingegen durch Anlagestreuung diversifiziert werden, weshalb es auch z.T. als diversifizierbares Risiko bezeichnet wird.[128]

$$r_i = r_f + \beta \cdot (r_m - r_f)$$

mit:

r_i = erwartete Rendite für ein einzelnes Wertpapier, r_f = risikofreie Rendite; r_m = Marktpreis des Risikos, β = systematisches Risiko (Beta-Faktor)

Der risikolose Zinssatz repräsentiert eine risikolose Alternativanlage am Kapitalmarkt. In der Praxis wird zumeist auf eine Anlage in Staatsanleihen mit guter Bonität und langer Laufzeit abgestellt, auch wenn dies unter der Prämisse der Unternehmensfortführung (Going Concern) lediglich eine Approximation darstellt. Die Marktrisikoprämie ergibt sich aus der Differenz einer durchschnittlichen, länderspezifischen Marktrendite und dem risikolosen Zinssatz. Die Marktrendite orientiert sich dabei an einem Portfolio aller handelbarer Aktien, wobei aus praktischen Gründen in der Regel auf Renditen eines Index

---

[126] Vgl. Stührenberg/Streich/Henke (2003), S. 16 f.
[127] Alternativ kann auf die Arbitrage Pricing Theory zurückgegriffen werden. Das Modell beruht auf dem „Law of one Price" nachdem zwei homogene Güter keine unterschiedlichen Preise haben können, da sich sonst risikolose Arbitragemöglichkeiten ergeben würden. Vgl. hierzu z.B. Schultze (2003), S. 276
[128] Vgl. Schacht/Fackler (2005), S. 192 f.

abgestellt wird. Der Beta Faktor beschreibt, wie sich die Unternehmensrendite in Abhängigkeit von der Kursentwicklung zur Wertentwicklung des Gesamtmarktes entwickelt. Ein Beta Faktor von 1,5 indiziert bspw., dass die Unternehmensrendite um 15% steigt (fällt), sofern der Gesamtmarkt sich um 10% verändert. Dies liegt in der Annahme eines linearen Zusammenhangs zwischen dem Beta Faktor und dem Risiko einer Aktie begründet. Der Beta Faktor des Gesamtmarktes liegt demnach immer bei eins.[129] Wie sich dem Kalkül entnehmen lässt, führt ein höheres Volatilitätsrisiko zu einem erhöhten Betafaktor und letztendlich zu einer höheren Renditeforderung seitens der Investoren.[130] Kritisch zu betrachten ist die schwere Ermittelbarkeit des Beta Faktors insbesondere in Deutschland. Während in den USA die Beta-Faktoren für ca. 7.000 Unternehmen der NYSE, der American Stock Exchange und des NASDAQ veröffentlicht werden, beschränken sich Publikationen in Deutschland auf die DAX Mandate und den Euro Stoxx, sodass die Identifikation von Vergleichsunternehmen sich auf wenige beschränkt.[131]

Fremdkapital

Fremdkapitalkosten werden aus dem Fremdkapitalzinssatz abzüglich abzugsfähiger Ertragssteuern ermittelt. Der Fremdkapitalzinssatz entspricht dem Zinssatz für erstklassige Kreditnehmer, dem ein Aufschlag bei höherem Leverage Risiko zugerechnet wird. Es wird folglich nicht auf die unternehmensindividuellen Fremdkapitalkosten, sondern auf die am Markt zu zahlenden abgestellt.[132] Nimmt das Unternehmen jedoch neben der Kreditverschuldung andere Fremdkapitalinstrumente, wie z.B. Anleihen, in Anspruch, müssen die Kosten dieser separat ermittelt und die Fremdkapitalkosten unter Berücksichtigung einer Gewichtung der einzelnen Faktoren ermittelt werden.[133]

Würdigung

Das DCF Verfahren gilt als theoretisch korrekt, wobei sowohl das Entscheidungsverhalten von Eigentümern als auch von Investoren widergespiegelt wird. Darüber hinaus kann es bei sämtlichen strategischen und operativen Fragestellungen einbezogen werden. So können Strategien miteinander verglichen oder wertsteigernde und wertvernichtende Einheiten retrospektiv identifiziert werden.[134]

---

[129] Vgl. Born (2003), S. 112
[130] Vgl. Stührenberg/Streich/Henke (2003), S. 19
[131] Vgl. Born (2003), S. 113 f.
[132] Vgl. Born (2003), S. 111
[133] Vgl. Michel (2004), S. 18, Copeland/Koller/Murrin (2002), S. 259 ff.
[134] Vgl. Michel (2004), S. 20

Die Diskontierungs- bzw. Abzinsungsmethoden gelten dabei allgemein als „State of the Art" der Bewertungslehre. Es herrscht Einigkeit in der Ansicht, dass sich der Wert eines Unternehmens aus dem zukünftigen Nutzen von Überschüssen ergibt. Laut Peemöller dienen Ertragswerte, zu denen er auch das DCF-Verfahren zählt, am besten der Unternehmensbewertung, da anhand dieser die Anforderungen der Zukunftsbezogenheit, der Nutzenbewertung, der Berücksichtigung von Chancen und Risiken sowie ein Investorenbezug berücksichtigt wird.[135]

3.4.3 Einperiodische Steuerungsgrößen am Beispiel des EVA

Der Economic Value Added (EVA) ist eine von der Beratungsgesellschaft Stern Stewart & Co. entwickelte Spitzenkennzahl, die den Residualgewinnkonzepten[136] bzw. Equity Spread Modells zuzuordnen ist. Der Economic Value Added, auch als Residual- oder Übergewinn bezeichnet, setzt sich aus der Gewinngröße NOPAT, dem investierten Kapital und dem Kapitalkostensatz zusammen.[137] Der Economic Value Added gibt den zusätzlich geschaffenen Wert einer Periode an. Die Diskontierung zukünftiger EVAs ergibt den Market Value Added (MVA), eine mehrperiodische Größe, deren Maximierung im Vordergrund steht, da die nachhaltige langfristige Unternehmenswertsteigerung im Sinne des Shareholder Value Konzeptes ist.[138]

$$RG_t = NOPAT_t - WACC_t \cdot K$$

mit: RG = Residualgewinn (hier: EVA), NOPAT = Net Operating Profit after Tax, WACC = Weighted Average Cost of Capital, K = investiertes Kapital, t = Periode

Die o.g. Formel beschreibt den Entity- (Brutto-) Ansatz des Residualgewinnkonzeptes. Der NOPAT definiert den Gewinn zzgl. der steuerbereinigten Zinsaufwendungen. Der WACC ist der durchschnittliche Kapitalkostensatz. Das investierte Kapital K berücksichtigt das Eigenkapital sowie das verzinsliche Fremdkapital zu Buchwerten.[139]

Der sich ergebende Residualwert weist bei positivem (negativem) Vorzeichen auf Wertzuwachs (Wertvernichtung) hin.

Zur Verbesserung des EVA Ergebnisses bieten sich demnach drei Strategien an. Zum einen kann das Betriebsergebnis (NOPAT) bei unveränderten Kapitalkosten verbessert

---

[135] Vgl. Peemöller (2005), S. 3
[136] Das Grundkonzept kann dabei auch auf andere Modelle, wie bspw. dem Cash Value Added der Boston Consulting Group übertragen werden. Wesentliche Unterschiede ergeben sich zumeist lediglich in der Bestimmung der Komponenten zur Berechnung, d.h. ob bspw. Cash Flow oder Gewinngrößen einbezogen werden. Vgl. Stern (2007), S. 88, Jung (2006), S. 19
[137] Vgl. Groll (2003), S. 55
[138] Vgl. Hinne (2001), S. 39
[139] Vgl. Ewert /Wagenhofer (2000), S. 9 f.

werden. Des Weiteren kann der Kapitaleinsatz erhöht werden, sofern die hierdurch generierten zusätzlichen Erträge die Kosten des zusätzlichen Kapitals decken bzw. vice versa der Kapitaleinsatz kann gemindert werden, sofern die verlorenen Erträge geringer sind, als die eingesparten Kapitalkosten. Abschließend könnten auch die Kapitalkosten beispielsweise durch Ermittlung des optimalen Verschuldungsgrades und entsprechender Substitution von Eigen- und Fremdkapital vermindert werden, allerdings wird speziell bei der Berechnung des EVA nicht von der aktuellen, sondern bereits von der optimalen Kapitalstruktur ausgegangen.[140]

Die Ermittlung der einzelnen Größen zur Berechnung des EVA setzt beim externen Rechnungswesen an, wobei durch approximativ 160 vorgeschlagenen Anpassungen die Größen dem Charakter eines Cash Flows näher gebracht werden. Die Anpassungen betreffen dabei vorwiegend die Beseitigung von bilanzpolitischen Maßnahmen.[141]

Das Kapital setzt sich aus dem Anlagevermögen, dem Umlaufvermögen, gemindert um kurzfristige unverzinsliche Verbindlichkeiten (Net Working Capital), und einigen Anpassungen zusammen. Demzufolge sind bspw. nicht betrieblich genutzte Vermögensgegenstände vom Capital zu subtrahieren, während Miet- und Leasingaufwendungen kapitalisiert werden.[142]

Das NOPAT wird ausgehend vom Betriebsergebnis vor Steuern und Zinsen ermittelt. Nach einigen Anpassungen auf das Betriebsergebnis ergibt sich letztendlich eine Gewinngröße, die weder eindeutig der Kategorie Cash Flow noch der Kategorie Betriebsergebnis zuzuordnen ist. Einerseits werden beispielsweise dem Betriebsergebnis die Abschreibungen auf den Goodwill und kurzfristige Rückstellungen zugerechnet, was eine Annäherung an einen Cash Flow bedeutet, andererseits werden Abschreibungen auf das abnutzbare Anlagevermögen und aktivierte Eigenleistungen berücksichtigt.[143]

Die Kapitalkosten werden gemäß dem WACC-Ansatz (siehe 3.4.2) aus gewichtetem Durchschnitt von Eigen- und Fremdkapitalkosten ermittelt. Hierbei wird, wie angeführt, nicht von dem tatsächlichen, stattdessen von dem optimalen Verhältnis von Eigen- und Fremdkapital ausgegangen. Fremdkapitalkosten werden auf Basis von Anleihen mit gutem Rating angesetzt. Eigenkapitalkosten werden mithilfe des CAPM ermittelt.[144]

Eine Wertschaffung ist nur möglich, wenn der Ertrag aus einer Investition die mit den

---

[140] Vgl. Groll (2003), S. 3, 56, 61
[141] Vgl. Gebhardt/Mansch (2005), S. 39
[142] Vgl. Groll (2003), S. 57
[143] Vgl. Groll (2003), S. 58 ff.
[144] Vgl. Groll (2003), S. 61 f.

Kapitalkosten gewichteten Aufwendungen übersteigt.[145]

Würdigung

Das EVA Konzept bietet entscheidungsunterstützende Informationen auf strategischer und operativer Ebene. Die Umsetzung auf operativer Ebene ist durch eine dezentrale Unternehmensstruktur zu unterstützen, wobei EVA-Werttreiberbäume zu erstellen sind, die den Einfluss einzelner Faktoren auf die Spitzenkennzahl bestimmen.[146] Problematisch bei der Umsetzung ist die Vielzahl an Anpassungen zu sehen, die sowohl die Operationalisierung, als auch die Transparenz für Externe erschweren. Untersuchungen in der Praxis ergaben, dass Unternehmen nur einen Teil der Adjustierungen auch tatsächlich umsetzen. Die Hybridität zwischen buchwertorientierter und zahlungsorientierter Messgröße ist als inkonsistent anzusehen. Ein weiterer Kritikpunkt steht in Zusammenhang mit der Ermittlung des eingesetzten Kapitals, das regelmäßig auf Restbuchwerte aus der Bilanz zurückgreift, was zu einer Verfälschung der Aussagekraft des EVA führt. Werden beispielsweise zwei identische Unternehmen im Hinblick auf deren Umsätze und Betriebsaufwendungen verglichen, wobei eines der Unternehmen zu einem früheren Zeitpunkt die Geschäftstätigkeit aufgenommen hat, so wird dieses Unternehmen auf Basis eines geringeren, da bereits verstärkt abgeschriebenen Vermögens, ein besseres EVA erzielen, als ein jüngeres Unternehmen. Ebenso würde sich das EVA eines Unternehmens im Zeitverlauf verbessern, ohne dass die Ertragslage sich verbessert hätte.[147]

Das EVA Konzept empfiehlt bei der Umsetzung auch die Vergütungssysteme auf die Kennzahl auszurichten. Demnach ist das Top-Management am Konzern-EVA, das operative Management am EVA auf entsprechender Ebene zu evaluieren. Mithin ergeben sich hierdurch auf operativer Ebene Anreize, die Kennzahl zu beeinflussen, um kurzfristig die eigene Entlohnung zu maximieren, ohne die strategische Gesamtausrichtung vor Augen zu haben. Aus diesem Grund wurde das Modell um den mehrperiodischen Market Value Added (MVA) erweitert, der dem Barwert zukünftiger EVA-Beiträge entspricht. Allerdings sind Anreizsysteme in der Praxis zumeist auf den einperiodischen EVA ausgerichtet. Die Diskontierung zukünftiger EVAs führt dabei grundsätzlich zum selben Ergebnis für den Unternehmenswert, wie die Diskontierung von Cash Flows, wie sich am

---

[145] Vgl. Rappaport (1999), S. 44
[146] Vgl. Michel (2004), S. 24 ff.
[147] Vgl. Groll (2003), S. 65 ff.

folgenden Beispiel verdeutlichen lässt.[148]

Laut Definition ergibt sich der EVA aus der Differenz zwischen Kapitalrendite und Kapitalkosten multipliziert mit dem eingesetzten Kapital. Erwirtschaftet ein Unternehmen bspw. eine Rendite von 10% bei einem Kapitaleinsatz von 1000€ und Kapitalkosten i.H.v. 5%, ergibt sich ein Residualgewinn (EVA) von 50€. Wird des Weiteren erleichternd festgelegt, dass keine Nettoinvestitionen vorgenommen werden, ergibt sich ein Free Cash Flow von 100€, der diskontiert mit den Kapitalkosten von 5% zu einem Unternehmenswert von 2000€ führt. Dasselbe Ergebnis lässt sich durch Diskontierung des Residualgewinns von 50€ mit dem Kapitalkostensatz und Addition des investierten Kapitals ermitteln. Die Addition des investierten Kapitals folgt dabei der Logik, dass ein Unternehmen, welches regelmäßig eine Rendite in Höhe der Kapitalkosten erwirtschaftet (hier: 50€ bzw. 5%), einen Unternehmenswert in Höhe des investierten Kapitals aufweist.

Vorteilhaft ist neben der Verständlichkeit und Kommunizierbarkeit auch die theoretisch recht unkomplizierte Ermittelbarkeit des EVA, die in Abhängigkeit von den zu vollziehenden Adjustierungen, jedoch massiv erschwert werden kann. Darüber hinaus werden lt. Jung die wesentlichen Wertsteigerungshebel berücksichtigt. Während das Wachstum und die operative Exzellenz im NOPAT berücksichtigt werden, finden sich die Finanzstruktur und die Portfoliosteuerung im WACC wieder.[149]

3.4.4 Cash Flow versus Ertragsgrößen

Eine Bewertung der einzelnen ein- und mehrperiodischen Modelle sowie die Identifikation ihrer Bedeutung und Feinheiten kann, dem Umfang dieser Arbeit Rechnung tragend, an dieser Stelle nicht erfolgen. Dessen ungeachtet erfolgt an dieser Stelle ein Vergleich von Cash Flows und Ertragsgrößen aus der Bilanz und deren Bedeutung für die wertorientierte Unternehmenssteuerung und die verwendeten Spitzenkennzahlen. Auf diese Weise wird verdeutlicht, dass die Bewertung auf Basis von Cash Flows dem Entscheidungsprinzip der Investoren näher kommt, und daher auch bei der internen Steuerung vorzuziehen ist. „Cash is fact, profit an opinion."[150] Diese Aussage aggregiert in diesem Zusammenhang die Problematik von Ertragsgrößen, die auf Basis von Rechnungslegungsvorschriften großen Manipulationsmöglichkeiten ausgesetzt sind, und folglich nicht als Grundlage für die wertorientierte Unternehmenssteuerung heranzuziehen sind.[151]

---

[148] Vgl. Copeland/Koller/Murrin (2002), S. 185
[149] Vgl. Jung (2006), S. 16 f.
[150] Rappaport (1999), S. 15
[151] Vgl. Stührenberg/Streich/Henke (2003), S. 13

In Abhängigkeit angewandter Rechnungslegungsnormen kann somit auf Basis der Ausübung von Bilanzierungs- und Bewertungswahlrechten der Gewinnausweis sehr unterschiedlich ausfallen. Während bspw. beim deutschen Rechnungslegungssystem der Gläubigerschutz und die Zahlungsbemessung im Vordergrund stehen, legen andere Systeme im Sinne der Informationsfunktion an die Investoren Rechnung, wobei letzterer Ansatz tendenziell zu einem höheren bzw. frühzeitigeren Gewinnausweis führt.[152] Bisherige Rechnungslegungswerke genügen daher nicht den Informationen zur Wertschaffung. Auch die Tatsache, dass diese zumeist auf fortgeführten Anschaffungskosten oder Zeitwerten basieren, unterstützt zwar den Zweck der Zahlungsbemessung, bietet jedoch wenig Informationen über die Wertschaffung, da z.B. bedeutende immaterielle Werte, wie bspw. selbst geschaffene Marken nicht bilanziert werden dürfen, aber entscheidenden Einfluss auf die zukünftige Performance haben können.[153]

Vor diesem Hintergrund sind u.a. auch Rentabilitätsmaßstäbe wie der ROI oder ROE nicht zur Unternehmenssteuerung geeignet. Sie erfüllen nicht die Entscheidungslogik von Investoren, da ihre Vergangenheitsorientierung sowie die unzureichende Berücksichtigung von Risiken und Renditeforderungen nicht die Wertbestimmung durch den Kapitalmarkt wiedergibt.[154]

Das IDW weist zwar darauf hin, dass auf Erträgen beruhende Verfahren und das DCF Verfahren zu denselben Ergebnissen führen, dies ist jedoch nur bei gleichen Annahmen, insbesondere hinsichtlich der Finanzierung, der Fall.[155] Die Überlegung des IDW folgt dabei dem Kongruenzprinzip. Demzufolge muss die Differenz aller erfolgswirksamen Einnahmen und Ausgaben über die gesamte Lebensdauer des Unternehmens der Summe aus allen Gewinnen und Verlusten entsprechen. Bei Einhaltung des Kongruenzprinzips ist entsprechend des Lücke-Theorems der Gegenwartswert des zukünftigen Zahlungsstroms identisch zu dem Gegenwartwerts des Ergebnisstroms. Voraussetzung gemäß dem Kongruenzprinzip ist, dass es sich bei den zu diskontierenden Periodengewinnen um Residualgewinne abzüglich kalkulatorischer Zinsen auf das eingesetzte Eigenkapital handelt.[156] Beide Ansätze führen folglich in der langen Frist zum selben Ergebnis, können jedoch, insbesondere im Hinblick auf die einperiodischen Modelle, kurzfristig manipuliert werden. Dieser Umstand führt zu einer Favorisierung von Cash Flows, wobei bspw. Born

---

[152] Vgl. Stührenberg/Streich/Henke (2003), S. 3
[153] Vgl. DiPiazza/Eccles (2002), S. 34
[154] Vgl. Michel (2004), S. 27
[155] Vgl. IDW (2007), IDW ES 1, Abs. 7.1
[156] Vgl. Franz/Winkler (2006), S. 8 f., Gebhardt/Mansch (2005), S. 9, 11

das DCF Verfahren als „einzig richtige Art der Unternehmensbewertung"[157] beschreibt. Ein weiterer Kritikpunkt des buchhalterischen Gewinns als Erfolgsgröße entstammt dem sog. Earnings Game. Demnach kann ein Unternehmen durch Ausübung von Bilanzierungs- und Bewertungswahlrechten auf den bilanziellen Gewinn und ebenso auf den Aktienkurs einwirken, sofern es ihm gelingt, den buchhalterischen Gewinn sukzessiv zu steigern und die antizipierten Gewinne leicht zu übertreffen, was entsprechend am Kapitalmarkt honoriert würde.[158] Gewinngrößen dienen folglich nicht mehr der Steuerung des Unternehmenswertes, sondern der Befriedigung von Marktanforderungen. „They're [Anm. d. Verfassers: Companies are] not using earnings to manage the business; they are using earnings to manage the market."[159] Eccles kritisiert des Weiteren, dass in der Praxis nicht die eine Gewinngröße existiert. Zuzüglich zu nicht direkt vergleichbaren Gewinngrößen, die sich bei Anwendung verschiedener Rechnungslegungswerke ergeben, kommt eine Vielfalt weiterer Ergebnisgrößen. Während sich Größen wie bspw. EBIT und EBITDA etabliert haben, beobachtete Eccles ein Unternehmen, welches eine Gewinngröße vor Marketingausgaben mit dem Hinweis auswies, dass diese ein Investment für die Zukunft darstellen. Zwar wird im Handelsrecht gem. § 275 HGB ein Mindestgliederungsschema für die Gewinn- und Verlustrechnung im Jahresabschluss gefordert, Unternehmen nutzen aber oftmals andere Erfolgsgrößen für die externe Kommunikation.[160]

Der vermeintlichen Schwäche von Ergebnisgrößen im Zusammenhang mit der Wertsteuerung folgen auch die Konzepte der Spitzenkennzahlen. Bezugnehmend zum vorgestellten EVA wird daher empfohlen, Adjustierungen am Betriebsergebnis vorzunehmen, um den bilanzpolitischen Spielraum einzugrenzen und somit keine Aussagekraft einzubüßen. Ohne die empfohlenen Anpassungen würden vergangenheitsorientierte Daten in die Wertorientierung gelangen, die jedoch auf zu erwartenden freien Cash Flows (Free Cash Flow) basiert.[161]

Auf der anderen Seite kann jedoch auch der Cash Flow nicht unkritisch betrachtet werden. Durch die Verschiebung von Ein- und Auszahlungen ist dieser sehr leicht zu beeinflussen. Darüber hinaus sind Cash Flows größeren Schwankungen als Gewinngrößen ausgesetzt, sodass die Prognose erschwert wird. So führen z.B. Investitionen zu einem niedrigeren Cash Flow, obwohl diese die Basis für nachhaltiges Wachstum bilden. Cash Flows werden darüber hinaus oftmals asynchron zu ihrer Verursachung verbucht. Dieser Umstand trug

---

[157] Born (2003), S. 9
[158] Vgl. Eccles (2001), S. 71, DiPiazza/Eccles (2002), S. 37
[159] Eccles (2001), S. 90
[160] Vgl. Eccles (2001), S. 92
[161] Vgl. Hirsch (2007), S. 165 f.

letztendlich dazu bei, überhaupt ein Rechnungswesen auf Basis periodisierter Größen zu entwickeln. In der Praxis bedienen sich die Konzepte der Spitzenkennzahlen daher oftmals eines „best of both worlds" Prinzip, nachdem sie entweder auf periodisierte Cash Flows zurückgreifen, sodass hierdurch eine Anlehnung an Ertragsgrößen erfolgt, oder aber Ertragsgrößen durch Adjustierungen den Cash Flows angeglichen werden.[162]

3.5 Anlageentscheidungen der Investoren

Die bisherigen Ausführungen zur wertorientierten Unternehmenssteuerung sowie der Konzeptionen und Verfahren zur Unternehmensbewertung fokussieren sich primär auf die Unternehmen als Bewertende, die auf diese Weise Unterstützung für ihre Entscheidungen im Hinblick auf die Steigerung des Unternehmenswertes erlangen.

Investoren bewerten die Unternehmen ebenfalls, um Informationen für die Selektion von Investitionsobjekten im Sinne ihrer Anlagestrategie zu erhalten. Der Definition des Homo Oeconomicus im Sinne der neoklassischen Kapitalmarkttheorie folgend, versuchen Anleger dabei ihren Nutzen aus ihrer Anlage zu maximieren.[163] Hierzu wählt ein Anleger analog des ökonomischen Prinzips bei gleichem Risiko, die Anlage, von der er einen höheren Ertrag erwartet bzw. bei gleichem Ertrag ein geringeres Risiko.[164] Die Auswahl des Investitionsobjektes ist eine Entscheidung unter Unsicherheit, da sich tatsächliche Kursentwicklungen konträr zur erwarteten entwickeln können. Mithin besteht die Möglichkeit, Konsequenzen der Auswahl zu determinieren, deren Eintrittswahrscheinlichkeit kann jedoch nur geschätzt werden.[165]

Um Aussagen über die Funktionsweise des Kapitalmarktes und der Lageparameter zu treffen, müssen jedoch einige Voraussetzungen erfüllt sein. Modelltheoretische Erklärungsversuche der neoklassischen Kapitalmarkttheorie implizieren regelmäßig die Annahmen der Vollständigkeit, Vollkommenheit und der Effizienz des Kapitalmarktes. Vollständigkeit und Vollkommenheit zielen auf die Allokationseffizienz des Marktes ab. Der Kapitalmarkt gilt als vollständig, wenn unabhängig von der Höhe und der zeitlichen Struktur eines Zahlungsstromes ein handelbarer Finanztitel existiert. Vollkommenheit wird durch identische Preise für die Marktteilnehmer im Hinblick auf einen Finanztitel

---

[162] Vgl. Ewert/Wagenhofer (2000), S. 8, Gebhardt/Mansch (2005), S. 24 f.
[163] Die individuelle Nutzenfunktion des Investors wird entscheidend von dessen Einstellungen zum Risiko von Anlagen geprägt. Mit Hilfe einer Risiko-Nutzen Funktion kann daher die Risikoeinstellung des Investors in die Kategorien Risikovorliebe, Risikoneutralität und Risikoaversion eingeteilt werden. Vgl. Garz/Günther/Moriabadi (2006), S. 47 ff.
[164] Vgl. Erlei/Leschke/Sauerland (2007), S. 4
[165] Vgl. Garz/Günther/Moriabadi (2006), S. 24, Kahle (2001), S. 119

determiniert.[166] Die Effizienz des Marktes steuert die Kapitalallokation in Abhängigkeit der besten Verwendungsmöglichkeiten. Eine wichtige Bedeutung nimmt in diesem Zusammenhang die Signalwirkung der Preise ein. Die Effizienz wird hierbei durch ein hierarchisches Konzept strukturiert. Wichtigstes Prinzip ist demnach die Anforderung, dass Marktpreise den fundamentalen Werten entsprechen, was mit dem Begriff der Bewertungseffizienz umschrieben wird. Ein effizienter Markt spiegelt darüber hinaus, der Informationseffizienz folgend, unverzüglich sämtliche relevante Informationen in den Marktpreisen wider. Die operationale Effizienz zielt auf mögliche Marktpreisverzerrungen durch Transaktionskosten o.ä. ab.[167] In der Realität sind diese Annahmen in der Regel nicht anzutreffen, was zur Weiterentwicklung der Neoklassik hin zur neoinstitutionalistischen Finanztheorie führte. Insbesondere die unzureichende Informationseffizienz und sich daher ergebende Abweichungen zwischen Fundamentalwert und Börsenwert (vgl. 3.6) fordern das im Verlauf dieser Arbeit untersuchte Value Reporting.[168]

Ein Markt gilt als vollkommen informationseffizient, wenn sämtliche Informationen in den Marktpreisen berücksichtigt sind und es daher für keinen Marktteilnehmer möglich ist, Informationsvorsprünge Gewinn bringend umzusetzen. „A market in which prices always "fully reflect" available information is called "efficient."[169] Auf Basis der in der Realität nicht anzutreffenden vollkommenen Reflektion sämtlicher Informationen, wurde die Informationseffizienz in die Ausprägungen schwach, mittelstreng und streng unterteilt.[170] In schwach effizienten Märkten bilden sich Marktpreise lediglich aus Kurshistorien, d.h. es werden nur historisch relevante Informationen reflektiert. Die Effizienz bezüglich der historischen Kurse und Umsätze führt dazu, dass die Chartanalyse (vgl. 3.5.2) keine Generierung von Überrenditen ermöglicht.[171] Mittelstrenge Informationseffizienz liegt vor, wenn öffentlich verfügbare Informationen unmittelbar im Kurs reflektiert werden. Dessen zufolge gelingt es mit Hilfe der Fundamentalwertanalyse (vgl. 3.5.1) nicht, Überrenditen am Markt zu erwirtschaften, da sich der Markt effizient bezogen auf sämtliche öffentliche Informationen verhält.[172] Die strenge Form der Informationseffizienz berücksichtigt sämtliche erhältliche Informationen zuzüglich sog. Insider-Informationen. Ein Markt gilt als streng informationseffizient, wenn auch die Berücksichtigung dieser Daten nicht Gewinn

---

[166] Vgl. Müller (2007), S. 44 f.
[167] Vgl. Garz/Günther/Moriabadi (2006), S. 81 f.
[168] Vgl. Labhart (1999), S. 21 f.
[169] Vgl. Fama (1970), S. 383
[170] Vgl. Garz/Günther/Moriabadi (2006), S. 84 f.
[171] Vgl. Garz/Günther/Moriabadi (2006), S. 85, Fama (1970), S. 388
[172] Vgl. Garz/Günther/Moriabadi (2006), S. 92 f., Fama (1970), S. 404

bringend genutzt werden kann bzw. die Nutzung zu keinen Preisanpassungen führt.[173] Märkte mit strenger Informationseffizienz verfügen demnach auch über sämtliche Informationen, die zur internen Steuerung der Unternehmung genutzt werden. In der Wissenschaft wurden Studien zur Ausprägung der Informationseffizienz durchgeführt. Mittels Renditeanalysen wurde versucht, abnormale Renditen zu identifizieren. Renditen werden in diesem Zusammenhang als abnormal bezeichnet, sofern die tatsächliche Rendite signifikant von der erwarteten abweicht. In der Theorie würde das Vorhandensein abnormaler Renditen auf Marktineffizienzen hinweisen, da der Aktienkurs in diesen Fällen noch nicht sämtliche Informationen, z.b. über tatsächliche Renditen, inkludiert hat. Die Untersuchungen zeigen kein einheitliches Ergebnis,[174] jedoch wird davon ausgegangen, dass strenge Informationseffizienz nur in der Theorie vorliegt, praktisch wird maximal von mittelstrenger Effizienz ausgegangen.[175] Dieses Ergebnis ist elementar für die Bedeutung des Value Reporting, denn würde strenge Informationseffizienz vorliegen, dürfte keine Diskrepanz zwischen innerem Wert und Börsenwert eines Unternehmens vorliegen, d.h. es wäre kein Value Reporting zum Abbau von Informationsasymmetrien notwendig.[176]

Die unterschiedliche Einschätzung im Hinblick auf die Ausprägung der Markteffizienz geht mit verschiedenen Methodiken und Theorien der Finanzanalyse einher, die sich Investoren und Anleger bei der Auswahl des Investitionsobjektes zu Nutze machen. Am weitesten verbreitet sind die Fundamentalwertanalyse, die technische Analyse und die „Random Walk" Theorie.

3.5.1 Fundamentalwertansatz

In Anlehnung an 3.3 kann neben dem Substanzwert- und Liquidationswert auch auf Ertragswertverfahren und Multiplikatorverfahren zurückgegriffen werden. Insbesondere bei börsennotierten Unternehmen kann hierzu der Wert der Börsen- oder Marktkapitalisierung herangezogen werden.[177]

Die Marktkapitalisierung bzw. der Börsenwert eines Unternehmens ergibt sich aus dem

---

[173] Vgl. Garz/Günther/Moriabadi (2006), S. 93, Fama (1970), S. 409
[174] Untersuchungen zur Markteffizienz unterliegen regelmäßig dem sog. Joint-Hypothesis Problem, was die Aussagekraft der Studien beeinflusst. Um das Vorhandensein von Überrenditen zu überprüfen muss mit Hilfe eines adäquaten Preisbildungsmodells festgestellt werden, was eine risikoadäquate Verzinsung wäre, um folglich Überrenditen zu identifizieren. Preisbildungsmodelle sind jedoch wiederum von der Markteffizienz abhängig, die jedoch Gegenstand der eigentlichen Untersuchung ist. Festgestellte Anomalien können somit auch Ergebnis des Preisbildungsmodells sein. Vgl. Banzhaf (2006), S. 85 f.
[175] Vgl. Weber (2004), S. 145, Hinne (2001), S. 44, Labhart (1999), S. 60
[176] Vgl. Pape (2003), S. 178
[177] Vgl. Ballwieser (2007), S. 200

Produkt aller ausgegebenen Aktien und dem Kurs der Aktien zu einem Zeitpunkt.[178] Während das Management den Börsenwert ihres Unternehmens in erster Linie als Vergleichsgröße zum inneren Wert heranzieht, wird aus Anlegerperspektive der durch die Fundamentalwertanalyse ermittelte innere Wert der Aktie dem aktuellen Marktpreis gegenübergestellt um Unter- bzw. Überbewertungen zu identifizieren.[179] Die Ermittlung des inneren Wertes der Aktie aus Anlegerperspektive orientiert sich an dem Dividend Discount Model.[180] Der Aktienkurs wird demnach durch die Annahme über die zukünftigen Dividendenzahlungen, den erwarteten Rückzahlungspreis bei Verkauf der Aktie sowie den Kapitalkostensatz bestimmt. Der erwartete Rückzahlungspreis an sich ist dabei selbst das Ergebnis der Annahmen über zukünftige Dividenden und ist daher bereits in der folgenden Berechnung inkludiert.[181]

$$P_0 = \sum_{t=1}^{t=\infty} \frac{D_t}{(1+k_s)^t}$$

mit:

P_0 = Aktienkurs zum Zeitpunkt t=0, D_t = Dividendenzahlung pro Aktie zum Zeitpunkt t, k_s = Kapitalkostensatz

Die Differenz des Börsenkurses zwischen zwei Zeitpunkten t_1 und t_0 zuzüglich der Dividendenzahlung wird auch als Total Shareholder Return bezeichnet und gilt als Determinante des Börsenkurses. „Total Shareholder Return [...] is the most comprehensive and most widely accepted measure of value creation. TSR measures the change in a company's stock price, plus its dividend yield, over a given period of time."[182] Prospektiv ergibt sich der Total Shareholder Return aus den Erwartungen der Investoren, die sich aus einer Fundamentalwert-Komponente und einer Erwartungsprämie zusammensetzt. Die Fundamentalwert-Komponente zielt, wie angeführt, auf die Diskontierung zukünftiger Cash Flows ab, während sich die Erwartungsprämie auf Ertragsmöglichkeiten fokussiert, die über die bis dato publizierten und bereits in den Kursen verarbeiteten Informationen

---

[178] Vgl. Büschgen (1998), S. 151
[179] Vgl. Fama (1995), S. 75
[180] Vgl. Gaughan (2002), S. 496; Bei der Ermittlung der zu diskontierenden Dividenden kommt es nicht darauf an, ob diese tatsächlich ausgeschüttet werden, stattdessen steht die Ermittlung der frei verfügbaren Einnahmeüberschüsse im Vordergrund, die theoretisch ausgeschüttet werden könnten. Bisweilen ist eine Reinvestition der Überschüsse in rentable Bereiche angebrachter, als deren Ausschüttung, um nachhaltig den SHV zu steigern, was ebenso im Interesse der Kapitalgeber ist. Vgl. Volkart (1998), S. 37
[181] Vgl. Damodaran (1994), S. 98, Grundsätzlich sind Zahlungen aller Art zu berücksichtigen. Positive Komponente aus Sicht der Anleger ist bspw. auch eine Rückzahlung bei Aktienrückkauf, während eine Kapitalerhöhung durch Zahlung der Investoren negativ zu berücksichtigen wäre. Vgl. Gebhardt/Mansch (2005), S. 4
[182] Vgl. Boston Consulting Group (2006), S. 7, Rappaport (1999), S. 39

hinausgeht und folglich spekulativen Charakter hat. Langfristig werden sich bei informationseffizienten Märkten Marktkapitalisierungen an die Fundamentalwerte angleichen. Erwartungsprämien sind daher nur in der kurzen Frist präsent. Ist ihre Ausprägung negativ, weisen sie oftmals auf mangelndes Investorenvertrauen oder unzureichende Kommunikation der wertschaffenden Strategie hin.[183]

3.5.2 Technische Analyse

Technische- oder Chartanalysen beruhen auf der Annahme, dass Aktienkursentwicklungen einem Muster folgen, welches sich in regelmäßigen Abständen wiederholt. Gelingt es dem Analysten folglich die Muster eines Verlaufs zu identifizieren, kann er den „idealen" Zeitpunkt zum Kauf oder Verkauf bestimmen. Die Entwicklung eines Kurses zu einem bestimmten Tag ist demnach entscheidend von der Sequenz der Kursschwankungen im Vorfeld abhängig.[184]

Die technische Analyse ist umstritten. Bisher konnte wissenschaftlich nicht nachgewiesen werden, dass sich mit ihr Überrenditen erzielen lassen. Bisweilen kann kurzfristig ein guter Zeitpunkt zum Aktienkauf bestimmt werden, für die Shareholder Value Orientierung oder das Value Reporting ist der Ansatz aufgrund der Kurzfristigkeit jedoch irrelevant.[185]

3.5.3 Random Walk Theorie

Die Random Walk Theorie stellt die in 3.5.1 und 3.5.2 vorgestellten Möglichkeiten zur Prognostizierung von Kursentwicklungen in Frage. Die Zweifel entstanden durch eine Vielzahl an wissenschaftlichen Tests, die das Kursverhalten untersuchten. Beispielhaft konnte der amerikanische Ökonom Alfred Cowles bereits Anfang der 30er Jahre feststellen, dass die Chance auf eine höhere Performance durch die Berücksichtigung von Analystenempfehlungen gegenüber einer zufälligen Aktienauswahl nicht gegeben war.[186]

Die Random Walk Theorie geht von der Prämisse eines effizienten Marktes aus, in dem sämtliche Informationen für die Investoren erhältlich sind, und somit der Marktpreis regelmäßig ein guter Richtwert des inneren Wertes ist. Sobald neue Informationen den Markt erreichen, werden diese unmittelbar in Preiseffekten reflektiert. Dieser Effekt führt jedoch anfänglich zu einer Überreaktion, da neue Informationen mit Unsicherheit über Glaubwürdigkeit, Zeitpunkt und Wahrscheinlichkeit der Information behaftet sind. Die

---

[183] Vgl. Jung/Xhonneux (2003), S. 469 ff.
[184] Vgl. Fama (1995), S. 75
[185] Vgl. Heumann (2005), S. 26
[186] Vgl. Garz/Günther/Moriabadi (2006), S. 20

Differenz zwischen dem der Überreaktion zu Grunde liegendem Wert und dem „neuen" Fundamentalwert ist eine „independent random variable", deren Anpassung zeitlichen Schwankungen unterliegt. Ein Markt indem sich Preise wiederum sukzessiv und unabhängig anpassen, ist ein „random walk market".[187] Wesentliches Kriterium des random walk markets ist die Unabhängigkeit der sukzessiven Preisänderung. Die Unabhängigkeit der Preisänderung wurde mittels Korrelationsanalysen aufeinander folgender Serien von Preisänderungen getestet. Den Aussagen Famas folgend, „I know of no study in which standard statistical tools have produced evidence of important dependence in series of successive price changes."[188], sind Chartanalysen daher nicht tragbar, da sie explizit zukünftige Entwicklungen auf Basis historischer Tendenzen analysieren.

Unter Berücksichtigung der Fundamentalwertanalyse versuchen Analysten Über- bzw. Unterbewertungen von Aktienpreisen zu identifizieren. Gelingt es dem Investor diese Tendenzen frühzeitig, d.h. bevor sämtliche Informationen in den Marktpreisen impliziert sind, zu erkennen, erhöhen sich die Möglichkeiten der Gewinnerzielung. Fama argumentiert jedoch, dass die Vielzahl der erfahrenen Analysten diese Wertabweichungen nahezu gegen null gehen lassen. Der Markt wird sich folglich vielmehr willkürlich entwickeln, was einer beliebigen Anlage eines durchschnittlichen Anlegers gleiche Chancen wie dem Professionellen eröffnet, dessen Anlagen auf der Fundamentalwertanalyse basieren. Lediglich das regelmäßig bessere Abschneiden der Anlagenwahl des Professionellen gegenüber einer frei gewählten Aktie oder einem Portfolio kann Fama folgend diese Theorie widerlegen. Obgleich die Fundamentalwertanalyse keinen Einfluss hat, bleibt dem Investor automatisch eine 50%-ige Chance des besseren Abschneidens, wobei er streng genommen eine Performance erzielen müsste, die zusätzlich seine Kosten an Analysen deckt.[189] Der Vergleich der Aktien oder des Portfolios erfolgt nach folgendem Prinzip: „Every time the analyst recommends a security for purchase (or sale), another security for the same general riskiness is chosen randomly."[190] Der Vergleich der Anlage mit einer willkürlich gewählten Aktie desselben Risikos beinhaltet jedoch schon die fundamentale Analyse des Investitionsobjektes. Die Identifikation des Risikos ist nach Ansicht des Verfassers elementarer Bestandteil der Fundamentalwertanalyse, die sich sowohl in der Prognose

---

[187] Vgl. Fama (1995), S. 76
[188] Fama (1995), S. 77
[189] Vgl. Fama (1995), S. 78 f.
[190] Fama (1995), S. 79

zukünftiger Mittelflüsse, als auch im Beta Faktor widerspiegelt. Aus diesem Grunde, ergänzend zu der angeführten, in der Praxis jedoch nicht tragbaren Prämisse des effizienten Marktes, wird der Überlegung gefolgt, dass die Fundamentalwertanalyse adäquatestes Mittel zur Identifikation eines Investitionsobjektes ist, die auch in der Praxis als am weitesten verbreitet gilt.[191]

3.6 Entstehung und Relevanz der Wertlücke

Börsennotierte Unternehmen sind am Kapitalmarkt einem ständigen Prozess des Signalisierens und Überwachens ausgesetzt. Die Unternehmen stellen Informationen zur Bewertung bereit und der Markt spiegelt auf Basis dieser und ergänzender Informationen seine Erwartungen wider. Während sich Unternehmen bzw. das Management die Methodik der Unternehmensbewertung zu Nutze machen, um das Unternehmen wertorientiert zu steuern, wird die Bewertung seitens der Investoren vorgenommen, um Investitionsobjekte zu identifizieren. In diesem Zusammenhang wird beiderseitig in Bezug auf die Kapitalisierungsbasis auf künftige Zahlungen zwischen Investor und Unternehmen abgestellt, sofern auf die als überlegen geltenden Ertragswertverfahren bzw. Fundamentalwertverfahren abgestellt wird. Es ist in diesem Zusammenhang dabei unerheblich, ob der Bewertende das DCF-Verfahren, ein Übergewinnverfahren oder das Dividend Discount Model zur Bewertung verwendet, da die Methoden zu äquivalenten Ergebnissen führen.[192] Nichtsdestotrotz gelangen die beteiligten Parteien nicht zu identischen Ergebnissen, was zur sog. Wertlücke zwischen intrinsischem Unternehmenswert und der Bewertung am Kapitalmarkt führt.[193]

Die Ursachen der Wertlücke ergeben sich aus unterschiedlichen Gründen. Zum einen kann die unterschiedliche Ermittlung der Komponenten zur Unternehmensbewertung zu abweichenden Ergebnissen führen, wie im Folgenden exemplarisch am DCF-Ansatz beschrieben wird. Ein wichtiger Aspekt im Hinblick auf das Value Reporting sind darüber hinaus Informationsasymmetrien, die einen Wertunterschied hervorrufen können. Auch können unterschiedliche Zukunftserwartungen und spekulative Einflüsse genauso zu einer Diskrepanz führen wie politische und wirtschaftliche Einflussfaktoren.

Die DCF Methode ist mithin das gebräuchlichste Mittel zur Ermittlung des

---

[191] Vgl. Ruhnke (2003), S. 83
[192] Vgl. Labhart (1999), S. 114
[193] Vgl. Rappaport (1999), S. 120, 122; Neben der beschriebenen Wertlücke wird in der Wissenschaft noch eine Wertlücke zwischen dem Wert der Marktkapitalisierung und dem potenziell erreichbaren Soll-Unternehmungswert benannt. Diese Wertlücke kann durch ein effizientes Wertmanagement geschlossen werden, was im zweiten Schritt wieder extern zu kommunizieren ist. Vgl. Banzhaf (2006), S. 103 f.

Eigenkapitalwertes von Unternehmen. Sowohl das Management, als auch Investoren bedienen sich der Methodik des Verfahrens, zumal im Rahmen einer Studie von Copeland/Koller/Murrin eine Korrelation (R^2) von 0,92 zwischen dem mittels der DCF-Methodik ermitteltem Eigenkapitalwert und dem Börsenwert festgestellt wurde.[194] Unabhängig davon ist die DCF Methode mit einigen Unsicherheiten behaftet und die Ermittlung eines richtigen Unternehmenswertes ist nicht möglich. Zum einen sind zukünftige Zahlungen zu prognostizieren, die auf Erwartungen über die zukünftige Entwicklung beruhen. Diese Erwartungen sind keinesfalls gesichert und die Sicherheit nimmt mit zunehmendem Abstand des Prognosezeitraums vom Bewertungszeitpunkt ab. Vor dem Hintergrund der zunehmenden Unsicherheit muss auch berücksichtigt werden, dass die Detailplanungsphase regelmäßig nur einige Jahre ausmacht und die darüber hinausgehende Entwicklung mit Hilfe eines Terminal Value (Ewige Rente) ermittelt wird, der jedoch regelmäßig einen Großteil des ermittelten Wertes der Unternehmung darstellt. Auch die Ermittlung der Kapitalkosten ist nicht unproblematisch. So wird im Rahmen des WACC auf den Marktwert des Eigen- und Fremdkapitals abgestellt, wobei ersterer doch gerade das zu ermittelnde Ziel darstellt. Dieses unter dem Namen des Zirkularitätsproblems bekannte Umstand führt ebenso zu Schwierigkeiten, wie der in die Kritik geratene Beta-Faktor im Rahmen des CAPM, der einerseits nicht ausreichend das unternehmensspezifische Risiko widerspiegelt, aber auch laut einer Studie[195] keinen Zusammenhang zur Aktienrendite herstellen konnte. Die Ausführungen verdeutlichen, dass unterschiedliche Annahmen von dem Management und den Investoren unmittelbar zu einer Wertlücke führen würden.[196] Investoren sind darüber hinaus nicht regelmäßig mit den Modelltheorien der Unternehmensbewertung vertraut. Vielmehr geben daher die Meinungen von Analysten den Ausschlag für Investitionsentscheidungen. Analysten greifen jedoch ebenfalls auf unterschiedliche Methoden zurück. Neben Chartanalysen wird vielfach dem Bilanzgewinn und dem KGV eine besondere Bedeutung beigemessen. Im Rahmen einer Studie[197] konnte immerhin eine Korrelation von $R^2=0,85$ zwischen Bilanzgewinn und Kursentwicklung des DAX festgestellt werden, jedoch ist der Bilanzgewinn vor dem Hintergrund der Beeinflussbarkeit des bilanzierenden Unternehmens nicht als unproblematisch einzustufen. Die daraus resultierende wachsende Bedeutung von Cash Flows für Analysten ist wiederum den Prognoseproblematiken

---

[194] Vgl. Copeland/Koller/Murrin (2002), S. 112
[195] Vgl. Fama/French (1992), S. 428
[196] Vgl. Hinne (2001), S. 50 ff.
[197] Vgl. Preis (1996), S. 241

ausgesetzt.[198]

Die Ursache einer Wertlücke liegt darüber hinaus in der ungleichen Informationsverteilung zwischen Kapitalgeber und – nehmer begründet. Der Kapitalgeber ist folglich nicht nur mit dem Risiko über zukünftige Kapitalflüsse, sondern auch mit Risiken in Zusammenhang mit dem Verhalten des Kapitalnehmers konfrontiert. Informationsasymmetrien entstehen durch qualitative Unsicherheit, die sich zumeist im Vorfeld der Vertragsgestaltung ergibt. Die Unsicherheit liegt zumeist im Verhalten der Kapitalnehmer während der Vertragslaufzeit sowie mangelnder Verifizierbarkeit, d.h. die Erträge können nicht einwandfrei beobachtet und Zahlungsansprüche der Investoren können gesetzlich nicht durchgesetzt werden, begründet. Verpflichtende Regelungen zur Rechnungslegung können diese Asymmetrien bisweilen nicht abbauen, da beispielsweise die deutsche Rechnungslegung vom Gläubigerschutz und dem Vorsichtsprinzip dominiert wird. Internationale Rechnungslegungsstandards bemühen sich bereits im Rahmen der „fair presentation" um eine kapitalmarktorientierte Rechnungslegung, jedoch ist eine aktive Informationspolitik notwendig, da ansonsten der Markt zu eigenen Einschätzungen und Erwartungen gezwungen ist, was wiederum zwangsläufig zu unterschiedlichen Wertansätzen führen würde.[199]

Auch wenn die Kapitalmarktakteure über identische Informationen verfügen, kann es zu Diskrepanzen zwischen innerem Wert und Börsenwert kommen. Die Begründung kann hierfür beispielsweise in unterschiedlicher Interpretation der Informationen liegen. Ebenso führen die geringere Anzahl an Langfristanlegern und die hohe Spekulationsbereitschaft zu Volatilitäten, die nicht mit rationalen Erwartungen zu erklären sind. Modelltheoretisch werden die Anleger daher mittels verhaltensorientierter Erklärungsansätze in Arbitrageure und Noise Trader unterteilt. Während erstere auf Basis rationaler Erwartungen agieren, setzen Noise Trader auf Noise Signals, wie Gerüchte. Dies führt letztendlich zu Verzerrungen im Preisbildungsprozess, wodurch vom fundamentalen Wert abgewichen wird. Der Aktienkurs spiegelt hierbei einen Durchschnittspreis vielfältiger und von unterschiedlichen Wahrscheinlichkeitsempfindungen beeinflusste subjektive Erwartungen wider und wird durch Angebot und Nachfrage determiniert. Abschließend kann die gemäß der neoklassischen Kapitalmarkttheorie angenommene Vollkommenheit der Märkte in der Praxis nicht gehalten werden. Unvollkommenheiten, wie Illiquidität der Märkte oder Hemmnisse behindern die Preisbildung.[200]

---

[198] Vgl. Hinne (2001), S. 54 ff.
[199] Vgl. Hartmann-Wendels (2001), S. 119, Hinne (2001), S. 59 ff.
[200] Vgl. Hinne (2001), S. 65 ff., Ruhnke (2003), S. 84

Ein weiterer Bestandteil der Wertlücke ist die Erkenntnis über die Wertermittlung des Unternehmens aus dem individuellen Nutzen, der sich für den Bewertenden ergibt. Aufgrund der Tatsache, dass Anteilseigner einen anderen Nutzen aus dem Unternehmen ziehen, als dies durch die Geschäftsleitung oder Interessenten an dem Unternehmen der Fall ist, ist die Ermittlung unterschiedlicher Unternehmenswerte die logische Konsequenz. Die Wertlücke wird in Abbildung 9 graphisch dargestellt. Investoren können zur Wertanalyse vorerst nur auf den Wert des bilanziellen Eigenkapitals und den Kapitalmarktwert zurückgreifen (grau hinterlegt). Der Zukunftserfolgswert kann ohne die Bereitstellung von Informationen nicht zuverlässig ermittelt werden.[201] Die beschriebenen Umstände betreffen dabei vorwiegend die Wertlücke, die sich zwischen dem Fundamentalwert und dem Börsenwert ergibt. Die Wertlücke zwischen dem Fundamentalwert und dem Bilanzwert ergibt sich durch Regulierungsvorschriften, die bspw. zur Bildung von stillen Reserven führen.[202]

Eine vorliegende Wertlücke hat unterschiedliche Konsequenzen für das Unternehmen. Zum einen führt sie unmittelbar zu Schwierigkeiten bei der Maximierung des Shareholder Value, da zur Ermittlung des inneren Wertes insbesondere in puncto Kapitalkosten (CAPM) regelmäßig auf Marktdaten zurückgegriffen wird. Zum anderen wird der Shareholder Value nur gesteigert, wenn sich dies auch am Kapitalmarkt widergespiegelt.[203] Neben der Steuerungsproblematik ergeben sich für ein am Markt zu gering bewertetes Unternehmen insbesondere Übernahmerisiken und mithin höhere Kapitalkosten.

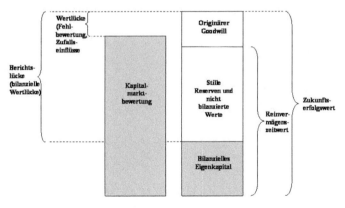

Abbildung 9: Wertlücke bei einer Unterbewertung des Unternehmens am Kapitalmarkt

Quelle: in Anlehnung an Heumann (2005), S. 49

---

[201] Vgl. Born (2003), S. 6
[202] Vgl. Steinhauer (2007), S. 37
[203] Vgl. Banzhaf (2006), S. 143

Die identifizierte Wertlücke wird sich der Kapitalmarkttheorie folgend in der langen Frist minimieren, wodurch sich der Fundamentalwert des Unternehmens und der Börsenwert angleichen, sofern die Märkte effizient sind. Die Kapitalmarkteffizienz erreicht bisweilen jedoch nur eine mittelstrenge Ausprägung.[204] Das Value Reporting setzt daher bei der Wertlücke zwischen dem Unternehmenswert laut Marktkapitalisierung und dem objektivierten Unternehmenswert an, um die Effizienz zu erhöhen.

---

[204] Vgl. Helbing (2005), S. 418

4 Value Reporting

4.1 Erweiterung der Berichterstattung

Die Internationalisierung der Finanzmärkte führt zu einem verstärkten Wettbewerb um das Kapital der Investoren. Nur wenn es einem Unternehmen gelingt, den Kapitalgebern eine risikoadäquate Verzinsung zu gewährleisten, die sich gegenüber Alternativanlagen behauptet, kann es sich dem Wettbewerb stellen. Grundvoraussetzung zur Identifikation der Chancen und des Risikos und folglich zur Ermittlung der adäquaten Verzinsung ist die Informationsgenerierung über das Investitionsobjekt seitens des Kapitalmarktes. In diesem Zusammenhang spielen die Komponenten der externen Unternehmenskommunikation, wie Geschäfts- und Zwischenberichte eine entscheidende Rolle. Um die Informationslage für die Investoren zu verbessern, wird daher die Erweiterung der gesetzlich vorgeschriebenen Berichterstattung (Financial Reporting) zu einem unternehmensspezifischen Business Reporting empfohlen. Die ergänzenden Angaben umfassen hierbei sowohl monetäre und nicht monetäre Größen als auch vergangenheits- und zukunftsorientierte Daten (vgl. Abbildung 10). Im Vordergrund steht der Abbau von Informationsasymmetrien zwischen Unternehmensleitung und Kapitalgebern, sowie, speziell durch die Bereitstellung zukunftsorientierter Informationen, die Prognose des Unternehmenswertes und des Rendite-Risiko Verhältnisses.[205]

Abbildung 10: Business Reporting Modell
Quelle: in Anlehnung an Ruhwedel/Schulze (2002), S. 607

4.1.1 Begriff und Zielsetzung des Value Reporting

Die eingangs beschriebene Erweiterung der Berichterstattung wird verbreitet unter dem Begriff des Value Reporting, der im Rahmen dieser Arbeit auch synonym für die

---

[205] Vgl. Fischer/Klöpfer (2006), S. 4

wertorientierte Berichterstattung[206] genutzt wird, geführt. Im Schrifttum konnte sich bis dato keine einheitliche Definition etablieren.[207] Die Herleitung der Definition orientiert sich daher am leichtesten an den mit dem Value Reporting verbundenen Zielen. In diesem Zusammenhang treten insbesondere zwei Zielsetzungen fortwährend in Erscheinung. Einerseits sollen bestehende Informationsasymmetrien zwischen dem Management und den Investoren abgebaut, andererseits die Ermittlung des Unternehmenswertes durch die Bereitstellung wertorientierter Größen erleichtert werden. Beide Zielsetzungen sollen sich u.a. in einer Verringerung der Kapitalkosten und einer effizienteren Bewertung des Unternehmens widerspiegeln.

Diese zwei Aspekte lassen sich durch eine Kombination der Begriffsbestimmungen von Heumann und Labhart abbilden, wonach sich folgende Definition ergibt: Value Reporting ist die regelmäßige, strukturierte externe Berichterstattung eines Unternehmens, die geeignet ist, die Informationsasymmetrien zwischen interner und externer Sicht des Unternehmens zu verringern und die Ermittlung des Unternehmenswerts durch die (potenziellen) Investoren zu ermöglichen bzw. zu verbessern und selbst Teil des Value Based Managements ist.[208] Das Value Reporting ist dabei unabhängig von der normierten Finanzberichterstattung anzusiedeln und bezeichnet vielmehr einen umfassenderen Begriff, der die gesetzlich vorgeschriebene Berichterstattung einschließt.[209] Baetge weist jedoch darauf hin, dass insbesondere der oftmals verwendete Zusatz der „Freiwilligkeit" im Rahmen von Definitionen des Value Reporting auf Basis zunehmender Rechnungslegungsstandardisierung, insbesondere der Änderung des § 315 HGB und der Umsetzung des DRS 15 und DRS 5[210] heutzutage nicht mehr zweckmäßig ist.[211]

Abbildung 11: Financial Reporting und Business Reporting

Quelle: eigene Darstellung

---

[206] Weitere Bezeichnungen sind u.a. Shareholder Value Reporting, Business Reporting oder ValueReporting™, wobei letztere von PriceWaterhouseCoopers markenrechtlich geschützt wurde. Vgl. Heumann (2005), S 1 ff. PWC (2005), S. 27
[207] Vgl. Fischer (2003), S. 25
[208] Vgl. Heumann (2005), S. 7, Labhart (1999), S. 30 f.,
[209] Vg. Pellens/Hillebrandt/Tomaszewski (2000), S. 180
[210] Siehe auch Abschnitt 6.2
[211] Vgl. Baetge/Solmecke (2006), S. 17

4.1.2 Aufgaben des Value Reporting

Die Bewertung der einzelnen Vermögensgegenstände, wie sie im Rahmen des Jahresabschlusses umgesetzt wird, bildet keine vernünftige Grundlage zur Bewertung eines Unternehmens. Stattdessen ist es das Zusammenspiel des Vermögens, was nachhaltig Mittelzuflüsse generiert, welche wiederum die Basis der bereits vorgestellten Steuerungskennzahlen bilden. Das Value Reporting setzt folglich eben an diesen Steuerungskennzahlen und ihren Komponenten an.[212] Neben den in der Definition identifizierten Zielen ist es demzufolge Aufgabe des Value Reporting die interne Wertgenerierung nach außen zu kommunizieren. Hierdurch wird gewährleistet, dass die externe Kursentwicklung die internen Tendenzen widerspiegelt.[213]

Weitere Aufgaben ergeben sich aus der engen Anbindung zu den Investor Relations und orientieren sich an deren Zielsetzung. Diese können in finanzpolitische und kommunikationspolitische Ziele untergliedert werden. Finanzpolitische Ziele zielen einerseits direkt auf die Performance der Aktie ab. In diesem Zusammenhang ist die Steigerung des Aktienkurses, die Verbesserung des KGV bzw. KCV sowie eine Reduzierung der Kursvolatilität zu nennen. Indirekt in Zusammenhang mit der Performance der Aktie stehen die finanzpolitischen Ziele der Verringerung der Kapitalkosten, der Erleichterung des Zugangs zu neuem Kapital und die Bindung langfristiger Investoren. Die kommunikationspolitischen Ziele streben, neben der Erfüllung der Informationspflichten, die Erhöhung des Bekanntheitsgrades und der Analystenabdeckung an. Darüber hinaus soll das Value Reporting, kongruent zu den IR, die Glaubwürdigkeit des Managements verbessern.[214]

Umfragen zur Bedeutung der einzelnen Elemente ergaben, dass bis dato die Erfüllung der Informationspflicht als wichtigstes Ziel angesehen wird. Darauf folgend wurde die Wertsteigerung der Aktie, die Bindung der Langfristinvestoren und die Erhöhung der Glaubwürdigkeit genannt. Der Verbesserung des KGV und KCV wird eine geringere Bedeutung beigemessen. Zusammenfassend kommt somit den langfristigen Zielen eine höhere Relevanz zu, als der kurzfristigen Verbesserung der Performance.[215]

Auch der Gesetzgeber hat sich mit dem Thema des Value Reporting auseinandergesetzt, wobei das Interesse für mehr Transparenz im Vordergrund steht. In diesem Zusammenhang wird insbesondere auf die Änderungen durch das KapAEG, das KonTraG,

---

[212] Vgl. Baetge/Solmecke (2006), S. 16
[213] Vgl. Labhart (1999), S. 30
[214] Vgl. PWC (2005), S. 12 f.
[215] Vgl. PWC (2005), S. 12 f.

das TransPuG und das Bilanzrechtsreformgesetz hingewiesen.

Neben der hier untersuchten externen wertorientierten Berichterstattung ist auch das interne Berichtswesen zu berücksichtigen, welches z.b. die interne Kommunikation der wertorientierten Kennzahlen zur Steuerung des Unternehmens betrifft. Dieses wird im Rahmen der Analyse jedoch nicht betrachtet.[216]

4.1.3 Entstehung des Value Reporting

Die Erkenntnisse aus der Studie „Special Committee on Financial Reporting" des AICPA aus dem Jahre 1991 legten den Grundstein für das Value Reporting, auch wenn dieses zu diesem Zeitpunkt noch nicht als solches bezeichnet wurde.[217] Es wurde festgestellt, dass die retrospektive Berichterstattung nur unzulängliche Informationen für die rationale, der Zukunft zugewandten Entscheidungsfindung der Investoren liefert. Der AICPA war es dann auch, der im Rahmen des sog. Jenkins Reports „Improving Business Reporting" die Erweiterung des traditionellen Financial Reporting um die in ihrem „Model of Business Reporting" enthaltenen Angaben suggerierte.[218]

Auslöser war die Erkenntnis, dass wachsender Wettbewerb die Unternehmen zwar dazu gebracht hat, ihre Unternehmenssteuerung durch nachhaltige und nicht-finanzielle Messgrößen zu erweitern, die Berichterstattung jedoch davon unberührt blieb.[219] Das Ergebnis des Reports war die Vorstellung des Business Reporting Model des AICPA, anhand dessen insbesondere nachhaltig wertschaffende Faktoren extern kommuniziert werden sollten. Die inhaltliche Komponente des Modells wurde in fünf Kategorien eingeteilt, über die der Informationsgeber idealtypisch berichtet, welche wiederum durch Subkategorien spezifiziert werden.[220] Bei den Kategorien handelt es sich um die Bereitstellung (1) finanzieller und nicht-finanzieller Daten und (2) deren Analyse durch das Management, (3) zukunftsgerichtete Informationen, (4) Angaben zum derzeitigen Management, den Shareholdern und Verbundbeziehungen sowie (5) Hintergründe zum Unternehmen.[221] Von Seiten des FASB wurde das Modell um eine Kategorie zu den immateriellen Vermögenswerten ergänzt.[222] Das Business Reporting Model war seiner Zeit jedoch voraus. Unternehmen kritisierten die aufkommenden Kosten für eine erweiterte

---

[216] Vgl. Hirsch (2007), S. 163, Gebhardt/Mansch (2005), S. 159 f., Weber (2002), S. 51

[217] Erste Ansätze zur Erweiterung der Berichterstattung um bspw. strategische Aspekte bestehen schon länger, jedoch fehlte es zumeist an einem strukturierten Konzept. „Strong performance is fine, but having others know that it is strong […] is even better." Diffenbach/Higgins (1987), S. 16

[218] Vgl. AICPA (1994), Ch. 1; Vgl. Fischer/Klöpfer (2006), S. 5

[219] Vgl. AICPA (1994), Ch. 1

[220] Eine Abbildung des Modells ist im Anhang II zu finden.

[221] Vgl. Eccles (2001), S. 106

[222] Vgl. Heumann (2005), S. 4

Berichterstattung sowie mögliche rechtliche Risiken speziell im Hinblick auf zukunftsbezogene Prognosen. Hinter dem Modell vermuteten Zyniker daher vielmehr weitere Regulierungen und daher erweiterte Aufgabenbereiche für die Wirtschaftsprüfer.[223] In Europa wuchs die Bedeutung einer wertorientierten Berichterstattung mit steigender Akzeptanz des Shareholder Value Konzeptes. Das erste Konzept unter expliziter Benennung des Value Reporting stammt von Müller aus dem Jahr 1998 und wird im Verlauf näher erläutert.

4.1.4 Einordnung des Value Reporting

Eine erfolgreiche Wertorientierung wird durch langfristige und nachhaltige Wertsteigerung des Unternehmens determiniert. Diese Wertsteigerungen werden erzielt, wenn Strategien verfolgt werden, die den Unternehmenswert erhöhen bzw. Strategien verworfen werden, die zu einer Wertvernichtung führen würden. Elementare Bedeutung hat hierbei die ganzheitliche Ausrichtung des Unternehmens auf Basis des Shareholder Value Ansatzes. Nur wenn Faktoren der Wertschaffung bzw. – vernichtung im Vorfeld identifiziert und quantifiziert werden, können Auswirkungen auf den Unternehmenswert frühzeitig bemessen werden. Die rechtzeitige Identifikation der Werttreiber impliziert eine konsequente Wertorientierung im Denken der Führungskräfte und Mitarbeiter. Das Bewusstsein über die Bedeutung der Wertorientierung wird dabei durch die interne wertorientierte Kommunikation geschaffen.[224]

Die ausschließliche intern fokussierte Wertorientierung muss darüber hinaus für die Anteilseigner publik gemacht werden, um den Wert des Eigenkapitals, den Shareholder Value, zu steigern, wie sich durch Einordnung des Value Reporting in den Prozess des Value Managements erkennen lässt. (vgl. Abbildung 12) Die Implementierung der wertorientierten Unternehmenssteuerung lässt sich gemäß Stührenberg et al. in fünf Gebiete unterteilen. Zu Beginn des Prozesses steht die Definition der Ziele und der darauf auszurichtenden Strategien. Die Zielformulierung ist hierbei anhand der bereits dargestellten Steuerungsgrößen zu quantifizieren und den Investoren Anhaltspunkte über mögliche Renditen zu liefern. Die Strategie wird durch einzelne Maßnahmen der Planung und anschließender Kontrolle umgesetzt, wobei bei den einzelnen Maßnahmen im Vorfeld eine Wirtschaftlichkeitskontrolle durchgeführt wird. Der Unternehmenserfolg wird kontinuierlich auf die Zielsetzung des Unternehmens hin kontrolliert und bewertet. Insbesondere die Wirkung einzelner Werttreiber (vgl. 4.2.2.2.3) auf die übergeordnete

[223] Vgl. Eccles (2001), S. 107
[224] Vgl. Stührenberg/Streich/Henke (2003), S. 73

Zielgröße ist von Bedeutung, da sich somit Kausalitäten bemessen lassen und folglich eine zukünftige Ausprägung der Zielgröße veranschlagt werden kann bzw. die Werttreiber zielkonform verändert werden können. Ein weiteres Element stellt die wertorientierte Vergütung dar. Diese setzt sich aus einer festen Vergütung, einem erfolgsabhängigen an einer Zielgröße gekoppelten Bestandteil und einem Bestandteil, der unmittelbar an den Unternehmenswert gebunden ist wie z.b. Stock Options, zusammen. Einzelne Implementierungsschritte werden dabei nicht separat eingebettet, sondern es findet ein regelmäßiger Austausch zwischen den Ebenen und ggf. Anpassungen statt. Eine wesentliche Position kommt in diesem Zusammenhang der Kommunikation zu. Sowohl intern, durch Top-Down und Bottom-Up Berichterstattung, als auch extern ist regelmäßig über die Wertorientierung zu berichten.[225]

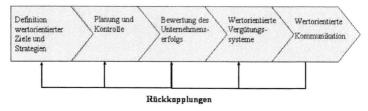

Rückkopplungen

Abbildung 12: Einordnung der wertorientierten Kommunikation

Quelle: in Anlehnung an Stührenberg/Streich/Henke (2003), S. 82

Darüber hinaus ist die externe wertorientierte Berichterstattung in die Unternehmenskommunikation einzuordnen. Die gesamte Kommunikation mit sämtlichen Teilöffentlichkeiten mit dem Ziel des Vertrauens- und Verständnisaufbaus wird als Public Relations (Öffentlichkeitsarbeit) bezeichnet (vgl. Abbildung 13). Diese umfassen u.a. auch die Kommunikation mit der Teilöffentlichkeit des Kapitalmarktes, den Investor Relations. IR setzen sich aus der normierten Finanzberichterstattung und dem Value Reporting zusammen. Schnittbereiche ergeben sich, wenn wie bspw. im Fall der Segmentberichterstattung gem. § 297 Abs. 1 HGB sowohl eine gesetzliche Vorschrift vorliegt, das geforderte Instrument aber ebenfalls gemäß der Zielsetzung des Value Reporting zum Abbau von Informationsasymmetrien geeignet ist.[226] Im Unterschied zu den Investor Relations wird das Value Reporting dabei nicht nur als Instrument zur Kommunikation verstanden, sondern ist ein eigenständiger Bereich, der zur Wertschaffung beitragen kann, wie die weiteren Ausführungen in 4.2.2.2.3 verdeutlichen.[227]

---

[225] Vgl. Stührenberg/Streich/Henke (2003), S. 82 ff.
[226] Vgl. Heumann (2005), S. 9 ff.
[227] Vgl. Fischer (2003), S. 30

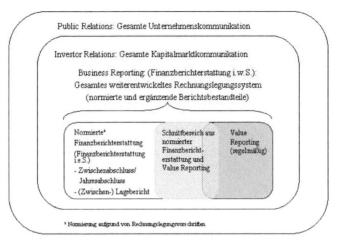

Abbildung 13: Einordnung des Value Reporting in die Unternehmenskommunikation
Quelle: in Anlehnung an Heumann (2005), S. 9

4.2 Value Reporting Kommunikationsprozess

Value Reporting ist ein Bestandteil der Kapitalmarktkommunikation. Der Kommunikationsprozess wird daher im Folgenden anhand Lasswells Kommunikationsmodell analysiert, da dieses Modell im Speziellen auch die Wirkung der gesendeten Botschaften einbezieht.

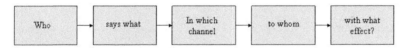

Abbildung 14: Kommunikationsprozess nach Lasswell
Quelle: eigene Darstellung basierend auf den Ausführungen von Lasswell (1964), S. 37

Im ersten Schritt wird der Personenkreis identifiziert, der für die externe Berichterstattung verantwortlich ist. Anschließend wird im Rahmen der Inhaltsanalyse definiert, welche Informationen durch das Value Reporting zu übermitteln sind, um nachfolgend im dritten Schritt, die Kommunikationskanäle zu determinieren. Abschließend werden die wesentlichen Adressaten des Value Reporting identifiziert.

Die Analyse der Auswirkungen des Value Reporting erfolgt gesondert in Abschnitt 5.

4.2.1 Informationsgeber

Jeder Kaufmann ist nach § 242 Abs. 1 HGB verpflichtet einen Jahresabschluss zu erstellen. Kapitalgesellschaften, d.h. Aktiengesellschaften, GmbHs, Kommanditgesellschaften auf

Aktien und Personengesellschaften im Sinne des §264a HGB sind darüber hinaus verpflichtet, den Jahresabschluss grundsätzlich um einen Anhang und Lagebericht zu ergänzen (§ 264 Abs. 1 HGB). Das Value Reporting dient, wie unter 4.1.1 beschrieben, dem Abbau der Informationsasymmetrien zwischen Prinzipal und Agent, d.h. zwischen dem Management und dem Kapitalmarkt. Folglich spielt das Value Reporting in erster Linie für an Kapitalmärkten notierte Gesellschaften eine Rolle. Die Verantwortung für das Reporting liegt bei dem durch die Kapitalgeber eingesetzten Management bzw. der Geschäftsführung, z.B. gem. § 76 Abs. 1 AktG dem Vorstand bei deutschen Aktiengesellschaften. Dies spiegelt sich auch in der Zuordnung der Investor Relations in der Unternehmensorganisation wider. Demzufolge wird die Pflege der Investor Relations in 81% der Unternehmen direkt beim Vorstand, entweder dem CEO oder dem CFO, angesiedelt. Lediglich 8% delegieren diese Aufgaben an die Kommunikationsabteilung. Eine Zuordnung an die oberste Führungsebene suggeriert eine hohe Bedeutung für die Unternehmen, verspricht aber auch aktuelle und unverzerrte Information für die Investoren.[228]

Wenn auch nicht unmittelbar als Herausgeber, so nehmen Aufsichtsräte und unabhängige Prüfungsgesellschaften ebenso eine bedeutende Rolle ein, da Investoren sich auf veröffentlichte Informationen verlassen können müssen und daher die Qualitätssicherung der Informationen durch diese Institutionen unterstützt wird.[229]

Abschließend ist anzumerken, dass Value Reporting in erster Linie für private Unternehmungen in Frage kommt, da öffentliche Unternehmungen zumeist als primäres Ziel eine Ressourcenallokation für das Kollektiv haben, anstatt den Shareholder Value zu maximieren. Private Unternehmen, die nicht an der Börse notiert sind, können ebenfalls vom Value Reporting profitieren, da auch bei ihnen oftmals Externe beteiligt sind, die keinen Einblick in die Geschäftsführung haben. Darüber hinaus wirkt ein Value Reporting auch im Rahmen von Ratings und der Fremdkapitalbeschaffung unterstützend, was für Gesellschaften aller Rechtformen relevant sein könnte.[230] Im Folgenden wird sich jedoch vorwiegend kapitalmarktorientierten Aktiengesellschaften zugewendet.

4.2.2 Praktische und inhaltliche Umsetzung des Value Reporting

Eine erfolgreiche Implementierung eines Value Reporting orientiert sich in erster Linie an den Informationsinteressen der Adressaten. Neben dem vom AICPA vorgestellten

---

[228] Vgl. PWC (2005), S. 14
[229] Vgl. DiPiazza/Eccles (2002), S. 9
[230] Vgl. Banzhaf (2006), S. 223 f.

Business Reporting Modell wurden neben allgemeinen Empfehlungen weitere Modelle zur praktischen Umsetzung entwickelt. Einen Überblick über einige Ansätze ist dem Anhang III zu entnehmen, indem deren einzelne Bestandteile sowie Beispiele benannt sind.[231] Analog zur wertorientierten Unternehmenssteuerung spezialisieren sich einige Beiträge zum Value Reporting auf einzelne Angaben und deren Ausgestaltung, wie z.b. Intellectual Capital, Human Resource Management, Innovationsreporting oder Customer Capital.[232] Eine detaillierte Darlegung spezifischer Aspekte kann im Rahmen dieser Arbeit nicht erfolgen, da eine solche Ausgestaltung trotz allgemeiner Prämissen zumeist branchenspezifisch auszugestalten ist. Der Fokus liegt daher im Folgenden auf einer übergeordneten Ebene der inhaltlichen Analyse.

4.2.2.1 Grundsätze des Value Reporting

Eine der Problematiken des Value Reporting ergibt sich aus dem Spannungsverhältnis zwischen der Standardisierung bzw. gesetzlichen Verankerung (vgl. 6.2) der Mindestanforderungen und den unternehmensindividuellen Gegebenheiten der Art und Branche. Normierungen wären demnach als nutzbringend einzustufen, insofern diese die Vergleichbarkeit erhöhen. Kontraproduktiv sind sie hingegen, wenn sie das Management binden würden, über Sachverhalte zu berichten, die für die interne Steuerung jedoch irrelevant sind.[233] Nichtsdestotrotz sind gewisse Mindeststandards einzuhalten. Baetge rät daher zu einer Implementierung allgemeiner Grundsätze, die auch vom Abschlussprüfer kontrolliert werden können, um die Aussagekraft und Glaubwürdigkeit der Informationen zu steigern. Seiner Theorie folgend, werden Unternehmen „mit guten Qualitätseigenschaften" zur Signalisierung dieser bereit sein, während Investoren durch nicht vorhandene wertorientierte Informationen auf „ein Unternehmen geringerer Qualität" hingewiesen werden.[234] Die Argumentation klingt plausibel, jedoch gelang es empirisch bis dato nicht, das Zurückhalten von Informationen in einen Zusammenhang mit negativen Daten zu bringen. Mithin konnte festgestellt werden, dass Informationen mit besserer Qualität eher freiwillig veröffentlicht werden, jedoch können negative Daten auch zur Abschreckung (potenzieller) Konkurrenten publiziert werden. Ob mit positivem oder negativem Hintergrund, die Informationsbereitstellung ist auch unter Kostenaspekten zu überprüfen, was eben auch die Vorenthaltung guter Nachrichten zur Folge haben kann.[235]

---

[231] Die Auflistung erhebt keinen Anspruch auf Vollständigkeit.
[232] Vgl. Schmid/Kuhnle/Sonnabend (2005), S. 151 ff.
[233] Vgl. Ballwieser (2002), S. 300
[234] Vgl. Baetge/Solmecke (2006), S. 18
[235] Vgl. Labhart (1999), S. 204

Auch Pellens/Hillebrandt/Tomaszewski formulieren allgemeine Grundsätze zur Ausgestaltung. Analog zu Baetge orientieren sich diese Grundsätze an denen der Buchführung. Bestandteil ist daher das Vollständigkeitsgebot, das die Bereitstellung aller zur Beurteilung des Unternehmens notwendigen Informationen fordert und im Spannungsverhältnis zum Wesentlichkeitsgebot[236] steht, das die Fokussierung auf die tatsächlich entscheidungsrelevanten minimiert. Das Stetigkeitsgebot sichert die konsistente Bereitstellung der Informationen, auch in Jahren schlechterer Performance. Hierdurch wird auch dem Vergleichbarkeitsgebot Rechnung getragen, das sowohl Entwicklungen im Zeitverlauf, als auch zu Wettbewerbern gegenüberstellen lässt. Sämtliche Informationen sollten darüber hinaus in Anlehnung an das Verlässlichkeitsgebot den tatsächlichen Verhältnissen entsprechen. Letzterer Aspekt ist jedoch insbesondere bei der Bereitstellung von Informationen über die zukünftige Performance zu relativieren. Nichtsdestotrotz kann auch hier durch realistische Annahmen und der Erläuterung dieser das Vertrauen gestärkt werden.[237]

Die Richtlinien werden an anderer Stelle um den Grundsatz der Schnelligkeit, der Verständlichkeit und der Gleichzeitigkeit erweitert. Informationen über neue Entwicklungen sind demnach zeitnah zu publizieren, da die Informationsgewinnung der Interessenten über Dritte das Vertrauen in das Unternehmen mindert. Bei der Publikation sollte darauf geachtet werden, die Informationen weder zu komplex noch zu versteckt darzustellen. Abschließend sind alle Anleger gleich zu behandeln und daher auch die gleichen Informationen zum gleichen Zeitpunkt bereitzustellen. Dieser Grundsatz schützt darüber hinaus vor der Gefahr des Insiderhandels gem. §14 Abs.2 WpHG.[238]

4.2.2.2 Komponenten des Inhalts

Beim Value Reporting handelt es sich um einen interdisziplinären Themenkomplex, der Schnittstellen zu diversen Bereichen der Betriebswirtschaftslehre als auch übergreifenden Feldern hat. Die Implementierung des Value Reporting erfordert von den Unternehmen daher die Angleichung der externen Berichterstattung an das interne Berichtssystem, die Analyse der spezifischen Informationsbedürfnisse der Stakeholder, die Offenlegung relevanter Informationen sowie die Abwägung von Risiken und Kosten mit den

---

[236] Mit der Wesentlichkeit geht auch die Forderung nach der Relevanz der Informationen einher. In Bezug auf die Relevanz wird die Entscheidungs-, Prognose- und Bewertungsrelevanz gefordert. Demnach sind Informationen nur bereitzustellen, wenn diese den Entscheidungsprozess durch die Bereitstellung von Informationen unterstützen, die eine bessere Beurteilung zukünftiger Ereignisse zulässt und somit die Unternehmensbewertung erleichtert. Vgl. Steinhauer (2007), S. 20 ff.
[237] Vgl. Pellens/Hillebrandt/Tomaszewski (2000), S. 182
[238] Vgl. Leven (1998), S. 59

Vorteilen.[239]

Während in der Betriebswirtschaftslehre bspw. Berührungen zu den Bereichen der Unternehmensführung, dem Rechnungswesen und Controlling, aber auch der Finanzierung und dem Marketing vorliegen, liegen darüber hinaus auch Schnittpunkte zur Informatik, der Psychologie oder den Kommunikationswissenschaften vor. Demzufolge gibt es keine einheitliche Theorie und eine Vielzahl unterschiedlicher Konzepte zur Gestaltung des Value Reporting, die sich unterschiedlich stark unterscheiden.[240] Banzhaf teilt die unterschiedlichen Ansätze, die die betriebswirtschaftliche Komponente in den Vordergrund stellen, in drei Kategorien ein, wobei es auch zwischen diesen zu Überschneidungen kommt. Ein Teil der Ansätze versteht sich demnach als Ergänzung der traditionellen Rechnungslegung. Die Rechnungslegung wird hierbei um qualitative und quantitative Informationen erweitert, um das Ziel einer verbesserten Entscheidungsbasis für Investoren herbeizuführen. Der Ansatz von Müller mit den Erweiterungskategorien Total Return Reporting, Strategic Advantage Reporting und Value Added Reporting ist in diese Kategorie einzuordnen. Banzhaf grenzt diese Ansätze zu Konzepten ab, die Value Reporting als Erweiterung des traditionellen Berichtswesens verstehen. Diesen Ansätzen zufolge wird das Financial Reporting zum Business Reporting erweitert, in dem wiederum quantitative und qualitative sowie prospektive Informationen zusätzlich bereitgestellt werden. Als Zielsetzung wird die effektive Kapitalallokation genannt. Exemplarisch gelten die Ansätze des AICPA oder von PWC.[241]

Während der Unterschied zwischen den ersten zwei Kategorien nach Ansicht des Verfassers als gering einzustufen ist[242], beschreibt die dritte Kategorie, die sich am Ansatz von Labhart orientiert, Konzepte, die auch die ökonomische Wirkung des Value Reporting einbeziehen. Neben der Kommunikation über die betriebliche Wertgenerierung, um die externe Aktienkursbildung der tatsächlichen Wertentwicklung anzunähern, hat das Value Reporting auch eine Wertdimension. Die kommunikativ-inhaltliche Komponente, die auf die Verringerung der Informationsasymmetrien abzielt, wird durch das Value Reporting als Werttreiber erweitert, das bspw. im Rahmen der Senkung der Kapitalkosten (vgl. 4.2.2.2.3) direkt als Wertgenerator fungiert.[243]

Nachdem das Modell des AICPA bereits kurz im Rahmen der Entstehung des Value

[239] Vgl. DiPiazza/Eccles (2002), S. 105
[240] Vgl. Banzhaf (2006), S. 126 f.
[241] Vgl. Banzhaf (2006), S. 127 f.
[242] Auch Fischer sieht in diesen Modellen „vor allem eine inhaltliche Ergänzung" zur traditionellen Berichterstattung. Vgl. Fischer (2003), S. 26
[243] Vgl. Banzhaf (2006), S. 129 f., 183 f.

Reporting vorgestellt wurde, jedoch in der Praxis wenig Anerkennung fand, wird im Folgenden das Modell von PWC, stellvertretend für die Erweiterung des Berichtwesens abgebildet, da dieses Modell eine strukturierte Übersicht über die unterschiedlichen Perspektiven eines Unternehmens und deren Illustration im Rahmens des Value Reporting gibt. Darüber hinaus wird sich dem Ansatz von Müller gewidmet, der weniger auf die inhaltlichen Perspektiven abstellt, stattdessen die Wertentwicklung sowohl aus Investoren- als auch aus Unternehmensperspektive in den Vordergrund stellt, indem er eine Dreiteilung vornimmt, die zum einen die retrospektive Wertgenerierung des Unternehmens (Value Added Reporting), zum anderen dessen zukünftige Perspektive (Strategic Advantage Reporting) und abschließend auch den Nutzen dieser Entwicklungen für den Investor (Total Shareholder Return) darstellt.

Der Ansatz von Labhart wird nicht weiter vorgestellt, da die sich an der Balance Scorecard orientieren Bestandteile seines Frameworks[244], eine finanzielle sowie eine nicht-finanzielle Perspektive zum Management, Kunden, Prozessen und Entwicklung, keinen inhaltlichen Mehrwert liefern würden, da diese Aspekte im Rahmen des Modells von PWC abgedeckt werden.[245] Labharts Identifikation des Value Reporting als eigenständiger Werttreiber wird jedoch in 4.2.2.2.3 analysiert.

4.2.2.2.1 Value Reporting Framework nach PWC

Eine strukturierte Vorgehensweise zum Aufbau des Value Reporting bietet das von PriceWaterhouseCoopers entwickelte Modell des Value Reporting Framework.

Ausgangspunkt der Entwicklung waren Marktanalysen über das Informationsinteresse von Analysten und Investoren, sowie die Bedeutung der Inhaltsbestandteile für das Management. Die Identifikation der wesentlichen Inhalte sollte dabei branchenspezifisch erfolgen. Im Rahmen der Analyse von Technologieunternehmen konnte somit festgestellt werden, dass sieben der zehn bedeutendsten Größen, wie z.B. Marktanteil, nicht-finanzielle Größen waren, während die 13 Größen die von geringerer Bedeutung waren allesamt finanziell waren. Insgesamt konnte festgestellt werden, dass Manager, Analysten und Investoren dieselben zehn Faktoren in die Kategorie „von hoher Bedeutung" einstuften, auch wenn die Reihenfolge leicht unterschiedlich war. Werden diese zehn Kenngrößen in Abhängigkeit ihrer Bedeutung für die jeweilig befragte Gruppe gewichtet (10 Punkte = wichtigster Faktor, 1 Punkt = unwichtigster Faktor) ergibt sich in Summe die folgende Reihenfolge: 1. strategische Ausrichtung, 2. Marktwachstum, 3. Qualität des

---

[244] Vgl. Labhart (1999), S. 268 ff.
[245] Vgl. Steinhauer (2007), S. 104

Managements, 4. Cash Flow, 5. Gewinn, 6. Wettbewerbsumfeld, 7. Bruttohandelsspanne, 8. Marktgröße, 9. Marktanteil und 10. Markteintrittsgeschwindigkeit, wobei wiederum nur drei dieser Kenngrößen (4., 5., 7.) finanzieller Art sind.[246]

Im nächsten Schritt wurde untersucht, in welcher Qualität die identifizierten Größen aus Sicht des Managements und der externen Adressaten in der Praxis kommuniziert werden. Bei dieser Analyse trat in Erscheinung, dass Unternehmen ihrem Verständnis nach aktiv die Informationen, insbesondere finanzielle Kennzahlen, bereitstellen, die Adressaten sich jedoch nicht ausreichend informiert fühlen. Die Diskrepanzen wurden in fünf Kommunikationslücken eingeteilt, die metaphorisch gesprochen in Summe die in 3.6 dargelegte Wertlücke zwischen innerem Unternehmenswert und Börsenwert ergeben:

1. Informationslücke: In diesem Fall werden Informationen seitens des Unternehmens bereitgestellt, die hinsichtlich des Umfangs, der Qualität oder der Bedeutung aus Kapitalmarktperspektive jedoch nicht hinreichend sind. Einer Analyse zufolge betrifft die Lücke insbesondere Angaben zum Marktwachstum, dem Marktanteil und der Marktgröße.[247]

2. Berichterstattungslücke: Diese ergibt sich aus der Differenz der Wertschätzung des Managements ggü. einer Wertgröße und deren Anstrengung, diese Größe extern zu kommunizieren. Hierunter fallen insbesondere Angaben zur Personalfluktuation, Kundenumsätzen und dem Produktentwicklungszyklus, die demnach eine hohe Bedeutung für das Management haben, über die jedoch kaum berichtet wird.[248]

3. Qualitätslücke: Diese ergibt sich aus der Wertschätzung des Managements und der verlässlichen Ermittelbarkeit der Größe. Während Manager gewisse Spannbreiten einer Kennzahl zu deuten wissen, eignen diese sich nicht zur Kommunikation. Werden Daten hingegen sogar falsch kommuniziert oder revidiert, kann dies zu erheblichem Vertrauensverlust führen. Die größten Qualitätslücken bestehen in Bezug auf Angaben zum Marktwachstum, der Marktgröße und dem Wettbewerbsumfeld.[249]

4. Verständnislücke: Differenz der Wertschätzung bestimmter Informationen aus Sicht der Investoren/Analysten im Vergleich zum Management. Diese Lücke besteht vor allem gegenüber Angaben zu segmentbezogenen Leistungsdaten, Erlösen aus Patenten und Lizenzen und Bartergeschäften.[250]

---

[246] Vgl. Eccles (2001), S. 123 ff.
[247] Vgl. Schmid/Kuhnle/Sonnabend (2005), S. 118
[248] Vgl. Schmid/Kuhnle/Sonnabend (2005), S. 119
[249] Vgl. Schmid/Kuhnle/Sonnabend (2005), S. 120 f.
[250] Vgl. Schmid/Kuhnle/Sonnabend (2005), S. 121

5. Auffassungslücke: Bezieht sich auf die subjektive Einschätzung der Informations-
und Kommunikationsaktivitäten seitens des Unternehmens und der Adressaten.
Eine positive (negative) Lücke entsteht, wenn das Management Informationen
unterhalb (oberhalb) den Erwartungen der Adressaten bereitstellt, somit also seine
Kommunikationspolitik überschätzt (unterschätzt). Die Auffassungslücke tritt
insbesondere bei Angaben über Patenterlöse, Umsatzerlöse pro Mitarbeiter und
Abwertungen des Vorratsvermögens in Erscheinung.[251]

Das PWC-Konzept bekennt sich insgesamt zwar zum Shareholder Value Ansatz, jedoch
werden auch die Stakeholder nicht aus dem Blick verloren. „It [Anm. d. Verfassers: The
value reporting framework] assumes that shareholder interests are primary, but recognizes
that long term sustainable value is realized only if the interests of all stakeholders are
understood and addressed."[252]

Die Implementierung in die internen Prozesse erfolgt mit Hilfe eines Frameworks, der aus
vier miteinander verbundenen Kategorien besteht.[253]

Markt-übersicht	Wert-strategie	Wert (-orientiertes) Management	Werttreiber
• Wettbewerbs-umfeld • Regulatives Umfeld • Makro-ökonomisches Umfeld	• Ziele und Zielsetzung • Auf- und Ablauf Organisation • Unternehmens-führung	• (finanzielle) Geschäfts-entwicklung • Finanzlage • Risiko-management • Segment-bericht-erstattung	• Innovationen • Marken • Kunden • Wertschöpfungs-kette • Mitarbeiter • Reputation
Extern		Intern	

Abbildung 15: Rahmenplan des Value Reporting nach PWC
Quelle: übersetzt und angelehnt an DiPiazza/Eccles (2002), S. 121

In der Marktübersicht gibt das Management Einschätzungen und Bewertungen über die
konjunkturelle Entwicklung generell, sowie über die Rahmenbedingungen und dem
Wettbewerb in der spezifischen Branche ab. Die veröffentlichten Informationen stammen
primär aus externen Quellen, wie z.B. Einschätzungen zum Wirtschaftswachstum

---

[251] Vgl. Schmid/Kuhnle/Sonnabend (2005), S. 123
[252] DiPiazza/Eccles (2002), S. 122
[253] Vgl. DiPiazza/Eccles (2002), S. 122

unabhängiger Institute. Es ist daher von Bedeutung, dass das Management seinerseits die Angaben kommentiert und Annahmen für die Adressaten herleitet. Die Wertstrategie beschreibt, wie das Unternehmen auf die Marktgegebenheiten eingeht und sich dem Wettbewerb stellt. Neben der Analyse von Stärken und Schwächen sollen auch Ziele und Planungen kommuniziert werden. In der Informationsbereitstellung zum Wertmanagement steht die Darlegung der finanziellen Performance im Vordergrund. Erzielte Ergebnisse sind in Relation zu vorherigen Plangrößen und dem Wettbewerb zu setzen. Abschließend geht es darum, Informationen über die relevanten Werttreiber und deren Management zu publizieren.[254]

Im Anschluss wurde in einer Studie unter Analysten und Investoren untersucht, welche Vorteile sich aus einer besseren Berichterstattung ergeben können. 75% der Investoren und 80% der Analysten sind der Ansicht, dass hierdurch die Glaubwürdigkeit des Managements gestärkt und Vertrauen gegenüber dem Umfeld aufgebaut werden kann. Dieses Ergebnis ist insbesondere bedeutsam, wenn Maßnahmen seitens des Managements ergriffen werden, die kurzfristig Investitionen erfordern, langfristig aber zur Steigerung des Shareholder Value beitragen sollen. Analog hierzu die Erwartung, dass durch die Bereitstellung, insbesondere nachhaltiger Informationen, mehr langfristige Investoren gebunden werden können. Als weitere Vorteile werden die zunehmende Anzahl von Analystenbewertungen und ein erleichterter Zugang zu neuem Kapital gesehen. Die vier genannten Vorteile führen letzten Endes zum fünften Vorteil: höheren Aktienkursen bzw. einem gesteigerten Shareholder Value.[255] Dies wird durch die von PWC eigens zu ihrem Framework durchgeführte Studie belegt. Demnach schätzen Unternehmen, dass 31% des Aktienkurses durch die Kommunikation beeinflusst werden. Ausführungen zu der tatsächlichen Wirkungsweise des Value Reporting bleibt das Modell jedoch schuldig.

Ungeachtet der erkannten Möglichkeiten kann die derzeitige wertorientierte Berichterstattung laut der Studie noch stark verbessert werden. Die Problematik liegt demnach einerseits darin begründet, dass finanzielle und nicht-finanzielle Größen sowie Finanzkennzahlen z.T. nicht ausreichend für die interne Steuerung genutzt und kommuniziert werden. Andererseits werden Kennzahlen wie Eigenkapitalrentabilität und Umsatzrendite extern kommuniziert, aber nicht im Rahmen der internen Steuerung verwendet.[256]

---

[254] Vgl. Eccles (2001), S. 212 f.
[255] Vgl. Eccles (2001), S. 189 ff.
[256] Vgl. PWC (2005), S. 26, 28 ff.

4.2.2.2.2 Value Reporting nach Müller

Die inhaltliche Ausgestaltung des Value Reporting nach Müller, auf die sich auch zahlreiche weitere Publikationen beziehen,[257] untergliedert sich in drei Teilbereiche. Im Value Added Reporting wird über die in der Berichtsperiode erzielten Wertbeiträge informiert. Die aus der Sicht der Kapitalgeber erreichte Wertschaffung wird dem Total Return Reporting entnommen und das Strategic Advantage Reporting konzentriert sich auf die Bereitstellung von Angaben über zukünftige Wertschaffungspotenziale.[258]

4.2.2.2.2.1 Value Added Reporting

Eine erfolgreiche Umsetzung des Shareholder Value Ansatzes wird in der Praxis durch die Fokussierung auf den Unternehmenswert unterstützt. In diesem Zusammenhang spielen insbesondere Steuerungskennzahlen wie z.B. EVA, CVA oder die Überrendite eine entscheidende Rolle, da diese einerseits über die Entwicklung des Unternehmenswertes zwischen zwei Perioden, andererseits über die Wertpotenziale zukünftiger Investitionen in das Unternehmen informieren.

Im Rahmen des Value Added Reporting sind die Unternehmen angehalten, die von ihnen genutzte Spitzenkennzahl zu benennen, die einzelnen Bestandteile zu erläutern und über unternehmensspezifische Anpassungen, wie z.B. die Bereinigung von Abschlussposten von außerordentlichen Effekten, zu informieren. Abschließend wird über das Residualergebnis der Kennzahl für die korrespondierende Periode berichtet.[259]

Im Hinblick auf die Bestandteile stehen gemäß DRS 15, der die Lageberichterstattung regelt, in Tz. 96 insbesondere Informationen über die Kapitalkosten und die Wertbeiträge im Vordergrund, da diese das Gerüst für die Ermittlung der Spitzenkennzahl bilden. Angaben über die Kapitalkosten sollten speziell auf die Renditeforderungen der Eigen- und Fremdkapitalgeber und deren Gewichtung (WACC) sowie auf die Marktrisikoprämie (Beta-Faktor) eingehen. Die Wertbeiträge sind im Zeitverlauf darzustellen. In Abhängigkeit des Geschäftsmodells empfiehlt es sich darüber hinaus segmentbezogene Kennzahlen oder in der Dienstleistungsbranche eine Kennzahl pro Mitarbeiter darzulegen.[260]

Durch die bereitgestellten Informationen ergibt sich folglich ein Einblick in die Wertschaffung des Unternehmens sowie eine Überprüfung der zuvor angestellten

---

[257] Vgl. Müller (1998), S. 125, Gebhardt/Mansch (2005), S. 163 ff.
[258] Vgl. Fischer/Klöpfer (2006), S. 4 f.
[259] Vgl. Fischer/Klöpfer (2006), S. 8
[260] Vgl. Müller (1998), S. 131 ff., Fischer/Klöpfer (2006), S. 8 f., Gebhardt/Mansch (2005), S. 163 ff.

Prognosen. Der Vergleich des rechnerischen Unternehmenswertes mit der Börsenkapitalisierung lässt Wertlücken identifizieren, die wiederum als Signal einer Über- oder Unterbewertung die Investitionsentscheidung unterstützen.[261] Ergänzend ist auch der Zusammenhang zwischen dem extern kommunizierten Steuerungskonzept und der leistungsabhängigen Vergütung zu erläutern.[262]

4.2.2.2.2.2 Total Return Reporting

Der Total Shareholder Return setzt sich aus Sicht der Investoren aus realisierten Kursgewinnen, gezahlten Dividenden und gewährten Bezugsrechten zusammen. Aus diesen Aspekten ergeben sich folglich die Anforderungen an das Reporting. Retrospektiv wird sowohl die Kurs- als auch die Dividendenentwicklung aufgezeigt. Bezüglich des Aktienkurses sind dessen Volatilität, der Wert und die Entwicklung der Marktkapitalisierung und eines langfristigen Musterdepots sowie die jeweiligen Relationen im Vergleich zur Branche und Indizes, wie dem DAX relevant. Darüber hinaus ist die Kursentwicklung auch über längere Zeiträume darzustellen und Kursausschläge zu kommentieren. Das Musterdepot dient zur Veranschaulichung der Wertentwicklung eines fiktiven Anlagebetrages über verschiedene Zeiträume. Essentiell ist hierbei, die Berechnungsmethoden offen zu legen, wenn bspw. der Wert des Musterdepots unter der Prämisse der Reinvestition erhaltener Dividenden berechnet wird. Bei der Dividendenrendite kommt es sowohl auf die zeitliche Entwicklung, als auch auf den relativen Wert im Vergleich zur Branche an. Die Aussagekraft sämtlicher Informationen kann durch das Bereitstellen von Kennzahlen, wie KCV oder EPS, veranschaulicht werden. Dabei sind sämtliche Informationen für jede Aktiengattung separat anzugeben, da z.B. Vorzugsaktien häufig mit einer höheren Dividende ausgestattet sind. Prospektiv empfiehlt es sich, über das Rating, Analysteninformationen und das Risiko des Investments sowie Zielwerte der Kennzahlen und den angestrebten Erfüllungszeitraum zu informieren. Teilweise können die bereitgestellten Informationen auch bei anderen Quellen, wie dem Onlineportal der Deutschen Börse, eingeholt werden. Den Unternehmen bietet sich jedoch die Möglichkeit, die Information gebündelt bereitzustellen. Gelingt es dem Unternehmen, jährlich Zuwachsraten im Total Shareholder Return zu generieren, so können hierdurch Anleger zum Festhalten an der Anlage auch bei unterjährigen Kursschwankungen bewegt werden.[263]

---

[261] Vgl. Wenzel (2005), S. 214
[262] Vgl. Gebhardt/Mansch (2005), S. 167
[263] Vgl. Müller (1998), S. 129 ff., Fischer/Klöpfer (2006), S. 9, Gebhardt/Mansch (2005), S. 167 f.

4.2.2.2.2.3 Strategic Advantage Reporting

Die Analyse eines Unternehmens stützt sich sowohl auf die Vergangenheit als auch auf die zukünftige Entwicklung. Das Strategic Advantage Reporting umfasst in diesem Zusammenhang weniger konkrete Informationen, als dies bei den zwei vorangegangenen Bestandteilen der Fall war. Stattdessen geht es in diesem Abschnitt um die Minimierung der Prognoseunsicherheit. Hierbei steht nicht die möglichst konkrete Benennung der zukünftigen Dividenden und Gewinne im Vordergrund, sondern vielmehr ein Ausblick über einen mittel- bis langfristigen Horizont.[264]

Aus Sicht der Investoren kommt der zukünftigen Ausrichtung des Unternehmens eine ausschlaggebende Bedeutung zu, da sich hieraus die Wertsteigerungspotenziale identifizieren lassen. Es werden daher Informationen über die strategische Ausrichtung und die Kernkompetenzen des Unternehmens benötigt, um dessen Bedeutung im Markt abschätzen zu können.[265]

Das Strategic Advantage Reporting kann in drei Bereiche eingeteilt werden. Zuerst wird über Zielsetzungen berichtet, als auch rückwirkend Ziele auf ihre Erreichung überprüft. Die Ziele können sich dabei u.a. auf den Umsatz, die Rendite und Marktanteile beziehen. Darüber hinaus erfolgt eine Umfeldanalyse. Den Investoren wird die Branche transparent dargestellt und auf mögliche Chancen und Risiken hingewiesen. Die wichtigste Säule sind die Informationen über Strategien und Maßnahmen, die zur Zielerreichung im spezifischen Umfeld ergriffen werden sollen. Hierzu gehören Angaben über die Geschäftsfeldplanung, Produkt-, Service-, Personalplanung, Forschung und Entwicklung, sowie zu Marketingmaßnahmen und Investitionen.[266]

Des Weiteren sind Informationen über Akquisitionen von hoher Bedeutung. Die Marktposition wird insbesondere durch Zu- und Verkäufe von Unternehmensteilen stark beeinflusst. Spekulationen über mögliche Übernahmen tragen regelmäßig zu starken Börsenkursentwicklungen bei, da sich Anleger höhere Gewinne aus Synergieeffekten und folglich einen höheren Unternehmenswert erhoffen. Demzufolge sind Informationen zu diesem Bereich nicht vorzuenthalten, sofern dies möglich ist und z.B. nicht den Abschluss eines Mergers gefährdet.

Weitere Informationen betreffen das Risikomanagement, wobei die Wege der Identifikation, die anschließende Quantifizierung und die geplanten Steuerungsmaßnahmen von Bedeutung sind.

---

[264] Vgl. Müller (1998), S. 136 f.
[265] Vgl. Fischer/Klöpfer (2006), S. 9 f.
[266] Vgl. Müller (1998), S. 137 f.

Der zunehmenden Bedeutung der gesellschaftlichen Verantwortung von Unternehmen (Corporate Citizenship) ist durch Angaben zum wirtschaftlich/rechtlichen, sozialen und ökologischen Umfeld Rechnung zu tragen (sog. triple-bottom-line-reporting).[267] Einen zunehmenden Einfluss auf den Unternehmenswert hat darüber hinaus das Intellectual Capital, welches in einer sog. Wissensbilanz oder den Intellectual Capitals Statements publik gemacht werden kann. Intellectual Capital zielt auf stakeholder-bezogene Informationen wie z.b. Liefer- und Kundenbeziehungen ab.[268] Es kann wiederum in weitere Bereiche wie z.b. Innovation Capital (Patente, Forschung) und Human Capital (Knowledge Management, Zufriedenheit) unterteilt werden. Unternehmen sind angehalten zu den jeweiligen Bereichen Informationen zum Management dieser bereitstellen, als auch die Bedeutung und den Einfluss der Kategorie für das Unternehmen zu erläutern.[269]

In jedem Fall sind insbesondere prospektiv Daten bereitzustellen, die die Ermittlung des Fundamentalwertes ermöglichen. Hierunter fallen insbesondere Informationen über zukünftige Erträge und die Kapitalkosten, auch wenn diese mit einem Prognoserisiko behaftet sind.[270]

Die Publikation des Strategic Advantage Reporting wird teilweise im Hinblick auf die Veröffentlichung von Wettbewerbsinformationen und aus juristischer Perspektive kritisiert, was in Abschnitt 7 aufgegriffen wird.

4.2.2.2.3 Die Bedeutung von Werttreibern

Ziel des Value Managements ist die langfristige und nachhaltige Steigerung des Unternehmenswertes. Unterstützend dienen Steuerungsgrößen (vgl. 3.4.1) dazu, die Wertsteuerung zu quantifizieren, um somit Entwicklungen und Tendenzen intern und extern frühzeitig aufzeigen zu können. Die Auswahl der richtigen Kennzahl auf Basis von Korrelationen zwischen Unternehmenswert und Steuerungskennzahl ist dabei nicht unproblematisch. Studien, die den Zusammenhang zwischen wertorientierter Kennzahl und Marktrendite maßen, kamen bspw. für die Kennzahl EVA zu einer Erklärungskraft zwischen 2% und 56%. Entwicklungen am Markt sind des Weiteren noch zusätzlichen Einflussfaktoren ausgesetzt, die sich in einer fundamentalen Analyse nicht abbilden lassen. Nichtsdestotrotz sollte die Identifikation derjenigen Kennzahl angestrebt werden, die das

---

[267] Vgl. Gebhardt/Mansch (2005), S. 169
[268] Vgl. Fischer/Klöpfer (2006), S. 10
[269] Vgl. Gebhardt/Mansch (2005), S. 170
[270] Vgl. Steinhauer (2007), S. 110

eigene Geschäftsmodell am ehesten widerspiegeln zu vermag.[271] Eine wichtige Rolle spielen in diesem Zusammenhang Werttreiber, die die Bestandteile der Steuerungskennzahlen determinieren bzw. diese beeinflussen.[272] Werttreiber sind z.T. Kennzahlen aber auch andere Messgrößen, überwiegend aus Erfolgrechnung und Bilanz, wie z.b. der Umsatz oder Margen, welche den Value Added und damit den Marktwert stark beeinflussen.[273]

Werttreiber werden in Früh- und Spätindikatoren unterschieden. Ein Frühindikator korreliert mit einer Messgröße, die erst anschließend auftritt, während ein Spätindikator das Resultat einer vorgelagerten Stufe ist, z.b. ist die Kundenzufriedenheit einerseits ein Frühindikator des Marktanteils, andererseits ein Spätindikator der Produktqualität.[274] Rappaport hat in diesem Zusammenhang ein sog. Werttreiber Netzwerk erstellt. (vgl. Abbildung 16) Aus dem dominierenden Ziel, der Erhöhung des Shareholder Value, ergibt sich die Identifikation der einzelnen nachgelagerten Werttreiber, sowie die Möglichkeiten des Managements auf diese einzuwirken. Entscheidend ist dabei die Konzentration auf die Werttreiber, die einen wesentlichen Einfluss auf den Unternehmenswert haben.[275]

Die Identifikation der Werttreiber führt in der Regel zu ähnlichen Ergebnissen, unabhängig davon, ob das DCF Verfahren oder ein Residualgewinnverfahren (z.B. EVA) verwendet wird, da die Methoden auf ähnlichen Annahmen beruhen. Werttreiber werden somit auf den ersten Ebenen rechentechnisch verknüpft. Mit zunehmender Detailliertheit eines Werttreiber-Netzwerks ergeben sich jedoch branchenspezifische Unterschiede.[276]

Während beispielsweise höhere Lagerumschlagsgeschwindigkeiten die Lagerbestände und somit das Umlaufvermögen reduzieren können und folglich das investierte Kapital abnimmt, haben diese Zusammenhänge für Dienstleistungsbetriebe wenig Bedeutung.

Es ist daher notwendig, Werttreiber-Netzwerke unternehmensindividuell auszugestalten und die Interdependenzen einzelner Werte zu identifizieren und diese zu priorisieren. Nützliche Werttreiber zeichnen sich dadurch aus, dass der Zusammenhang zur Zielgröße hergestellt werden kann, der Wert im Rahmen einer Fehlertoleranz ermittelbar ist und dieser als Element einer Ursachen-Wirkungskette beeinflusst werden kann. Praktische Umsetzungsunterstützung bietet in diesem Zusammenhang u.a. die von Kaplan und Norton entwickelte Balance Scorecard, der im Rahmen dieser Arbeit jedoch keine weitere

---

[271] Vgl. Gebhardt/Mansch (2005), S. 22
[272] Vgl. Stührenberg/Streich/Henke (2003), S. 73
[273] Vgl. Stern (2007), S. 55
[274] Vgl. Eccles (2001), S. 16
[275] Vgl. Michel (2004), S. 60, Eccles (2001), S. 19
[276] Vgl. Michel (2004), S. 61

Berücksichtigung zukommt.[277]

Die Identifikation von Werttreibern ergibt sich durch die retrograde Prozessanalyse. Ausgehend vom Ziel der Unternehmenswertsteigerung werden die Makrowerttreiber identifiziert, die direkt auf den Unternehmenswert Einfluss nehmen. Der Umsatz ist beispielsweise ein Makrowerttreiber, der unmittelbar über den Free Cash Flow seinen Einfluss auf den Shareholder Value ausübt. Ähnlich der Differenzierung zwischen Spät- und Frühindikatoren, werden Makrowerttreiber wiederum durch Mikrowerttreiber, wie z.B. dem Marktanteil konsistent zum Beispiel des Umsatzes, beeinflusst.[278]

Das Value Reporting, als eigenständiger Werttreiber, nimmt modelltheoretisch an drei Stellen aktiv auf den Shareholder Value Einfluss. Einerseits wird durch die erweiterte Berichterstattung Vertrauen zum Kapitalmarkt aufgebaut, was zu einer geringeren Renditeforderung bzw. Zinsforderung seitens der Eigen- und Fremdkapitalgeber und somit zu geringeren Kapitalkosten führt, die unmittelbar den inneren Unternehmenswert erhöhen. Darüber hinaus führt das Value Reporting c.p. zu bewertungseffizienteren Aktienkursen durch die Reduzierung der Informationsasymmetrien und zu einem höheren externen Shareholder Value.[279]

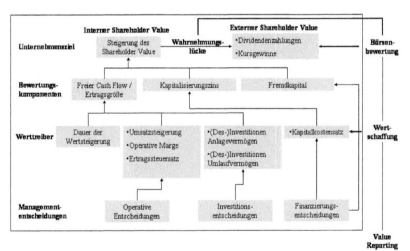

Abbildung 16: Shareholder Value Network erweitert um das Value Reporting

Quelle: in Anlehnung an Rappaport (1986), S. 76, Fischer (2003), S. 24

---

[277] Vgl. Eccles (2001), S. 20 f.
[278] Vgl. Stührenberg/Streich/Henke (2003), S. 74 ff.
[279] Vgl. Fischer (2003), S. 60

Die Ausführungen verdeutlichen, dass neben den rein finanziellen Werttreibern auch qualitative Größen als Werttreiber fungieren, wie am Beispiel der Kundenzufriedenheit verdeutlicht wurde. Infolgedessen wächst das Bedürfnis der Publikation dieser Daten. Die Studie „In the dark: What boards and executives don't know about the health of their business" von Deloitte Touche Tohmatsu aus 2004 zeigt jedoch auf, dass Vorstände sich in erster Linie mit den gesetzlich vorgeschriebenen Berichten an die Kapitalgeber beschäftigen, wobei der Fokus auf den „short-term financial results" liegt. So waren 86% der befragten Vorstandsmitglieder der Meinung, dass ihr Unternehmen exzellent bzw. gut in der Verfolgung und Publikation der finanziellen Ergebnisse sei, bei den nicht-finanziellen Performance-Kennzahlen, wie Kundenzufriedenheit, Produkt- und Servicequalität, zukünftige Entwicklungen und Mitarbeiterbindung lag dieser Wert bei nur 34%, obwohl es sich auch hierbei um „leading indicators of future performance" handelt. Im Rahmen einer Neuauflage der Studie nahm letzter Wert gar nur eine Größe von 29% an, obwohl 87% der Befragten den „non-financial performance measures" eine höhere Bedeutung beimaßen.[280]

Eine Schwierigkeit bei der Berichterstattung der nicht finanziellen Kennzahlen liegt in der Quantifizierung dieser. Ihre Korrelation mit dem Unternehmenserfolg steht jedoch außer Frage.[281]

4.2.3 Kommunikationskanäle

Die identifizierten relevanten Informationen müssen an die Investoren und die Öffentlichkeit publiziert werden. Neben dem gesetzlich vorgeschriebenen Jahresabschluss, Anhang und Lagebericht[282] gemäß § 264 Abs. 1 HGB, sowie der oftmals für börsennotierte Gesellschaften geforderten Zwischenberichterstattung und der Ad-hoc Publizität für Kapitalgesellschaften (§ 15 WpGH), kommen hierfür vor allem Presse- und Analystenkonferenzen, Unternehmensbroschüren, das Internet und Road Shows in Frage. (vgl. Tabelle 2)

---

[280] Vgl. Parrett (2008), S. 25
[281] Vgl. Grewe (2008), S. 50 f.
[282] Mit Ausnahme kleiner Kapitalgesellschaften gemäß § 267 Abs. 1 HGB

Hansmann/Kehl (2000) Gesamt	Hansmann/Kehl (2000) Börsennotierte Unternehmen	PWC (2005)
1. Pressekonferenzen	1. Geschäftsbericht	1. Einzelgespräche
2. Geschäftsbericht	2. Pressekonferenz	2. Road Shows
3. Unternehmensbroschüren	3. Hauptversammlungen	3. Analystentreffen
4. Internet	4. Internet	4. Internet
5. Hauptversammlungen	5. Road Shows / Analystentreffen	5. Unternehmenspräsentationen
6. Road Shows/ Analystentreffen	6. Unternehmensbroschüren	6. Telefon-/ Videokonferenzen
7. Unternehmens-/ Finanzanzeigen	7. Unternehmens-/ Finanzanzeigen	7. Geschäfts-/ Quartalsbericht
8. Telefon-/ Videokonferenzen	8. Telefon-/ Videokonferenzen	8. Pressemitteilungen
9. Fernsehen/ Radio	9. Fernsehen/ Radio	9. Pressekonferenz
10. Gespräche	10. Gespräche	10. Hauptversammlungen

Tabelle 2: Bedeutung der Kommunikationsinstrumente
Quelle: eigene Darstellung basierend auf den Daten von Hansmann/Kehl (2000), S. 23, 51 und PWC (2005), S. 17

Die den einzelnen Kommunikationsmedien beigemessene Bedeutung in 2000 und 2005 verdeutlicht, dass im Laufe der Zeit insbesondere persönliche Instrumente an Bedeutung gewonnen haben. Traditionelle Medien werden als Standardrepertoire angesehen, während die persönlichen Instrumente den Vorteil haben, die spezifischen Informationsbedürfnisse zu befriedigen.

Auch wenn der Geschäftsbericht der PWC-Studie zufolge an Bedeutung verloren hat, bekräftigen Aussagen in der Praxis seine Bedeutung, wie sich der Aussage des ehemaligen Vorstandsvorsitzenden der Deutschen Post Klaus Zumwinkel entnehmen lässt, der den Geschäftsbericht als „Mutter aller Kommunikationsinstrumente"[283] bezeichnet. Hervorzuheben ist vor allem die Vielfalt an Information, die mit dem Geschäftsbericht kommuniziert werden kann.[284] Eine zunehmende Bedeutung kommt des Weiteren dem Internet zu Gute. In diesem Zusammenhang entwickelt die auf dem AICPA begründete Non-Profit Organisation XBRL-International die Programmiersprache XBRL (eXtensible Business Reporting Language). Die Mitglieder, hauptsächliche aus den Bereichen der Softwarehersteller, Wirtschaftsprüfer, Finanzdienstleister und Regulierungsbehörden, verfolgen die Umsetzung eines XBRL Reports, der sich insbesondere durch den Vorteil der Kostenersparnis auszeichnet. Ohne die einzelnen Bestandteile des XBRL genauer zu

---

[283] Zitiert nach Döhle (2006), S. 120
[284] Vgl. Pellens/Hillebrandt/Tomaszewski (2000), S. 180

76

betrachten, sollen Informationen schneller erhältlich sein, da Konsolidierungsschritte automatisiert werden und keine Daten aus unterschiedlichen Systemen zusammengeführt werden müssen. Darüber hinaus ermöglicht eine einfachere Übertragung der Informationen eine schnellere Entscheidungsfindung der Investoren, da Informationen direkt auf andere Geräte transferiert und analysiert werden können, wobei das System auch intern zur Bündelung der Berichterstattung dienen kann.[285] "There are a number of users of the financial statements prepared by businesses. These users include internal users, auditors, banks, analysts and the investment markets. Each of these users is seeking different information, and using that information for different purposes."[286] Die Organisation XBRL-International weist darauf hin, dass zusätzlich zum Erfolg des Unternehmens das Ansehen und die Kommunikation entscheidende Faktoren der Kapitalkosten sind. Die individuelle Gestaltung des XBRL-Reports unterstützt dabei das Unternehmen in seiner Kommunikation nach innen und außen.[287]

Die Auswahl der Kommunikationskanäle sollte sich an der zu informierenden Zielgruppe orientieren. Generell kann, wie eingangs erwähnt, zwischen persönlichen und unpersönlichen Instrumenten unterschieden werden. Zu den persönlichen Instrumenten gehören beispielsweise die Hauptversammlung, Roadshows, Analystengespräche und Conference Calls. Kennzeichnend für diese Instrumente ist ein verhältnismäßig hoher Aufwand und hohe Kosten, allerdings kann über den direkten Kontakt eine bessere Wirkung erzielt werden. Zu den unpersönlichen Instrumenten gehören der Geschäftsbericht, das Internet, TV-Spots und Pressemitteilungen. Hierbei steht die Massenkommunikation im Vordergrund. Aus der Charakteristik der Instrumente ergibt sich, dass die in 4.2.4. genannten Zielgruppen in unterschiedlicher Art anzusprechen sind. Während die breite Masse der privaten Investoren grundsätzlich einfacher und vor allem kostengünstiger über Massenmedien anzusprechen ist, kommt für die Kommunikation mit den institutionellen Investoren und Analysten auch die Kommunikation über Einzelgespräche in Betracht. Der persönliche Kontakt zum Privatanleger erfolgt vielmehr über die Hauptversammlung oder in erforderlichen Situationen auch per Aktionärsbrief.[288]

---

[285] Vgl. Fischer/Klöpfer (2006), S. 11 ff.
[286] Roberts (2004), S. 5
[287] Vgl. Roberts (2004), S. 3 ff., sowie zur weiteren Information die Website der Organisation www.xbrl.org
[288] Vgl. Weber (2004), S. 304

4.2.4 Adressaten des Value Reporting

Institutionelle Anleger, Mitarbeiter, die allgemeine Öffentlichkeit und Finanzanalysten gelten als die wichtigsten Zielgruppen der Informationspolitik von Unternehmen (s. Abbildung 17). Eine differenzierte Betrachtung der Ergebnisse ergibt weiterhin, dass die im Rahmen dieser Arbeit analysierten börsennotierten Unternehmen ihre Priorität vornehmlich auf institutionelle und private Anleger sowie Finanzanalysten legen und die Bedeutung der Mitarbeiter in Zusammenhang mit der Kommunikationspolitik etwas in den Hintergrund stellen.[289] Gemäß den Erläuterungen in 4.1.4 lässt sich die Unternehmenskommunikation in Public Relations, die eine Kommunikation ggü. sämtlichen Anspruchsgruppen beinhaltet und der Kapitalmarktkommunikation, die sich an private und institutionelle Investoren und Informationsintermediäre, wie Analysten wendet, unterscheiden. Zusammengefasst werden die Adressaten der Kapitalmarktkommunikation auch als „Financial Community" oder „Investor Relations Community" bezeichnet und bilden ebenfalls die Kernzielgruppe des Value Reporting, wobei die Meinungsbildung und -verbreitung durch weitere Gruppen nicht zu unterschätzen ist. Die Bedeutung der institutionellen Investoren ergibt sich aus den gehandelten Volumina dieser Gruppe, welche gravierende Kursschwankungen auslösen können. Private Anleger sind tendenziell eher an einer langfristigen Anlage, z.B. zur Alterssicherung interessiert. Hierdurch können sie zu einer Stabilität des Wertes beitragen und sind damit ebenso wichtige Adressaten. Die Kommunikation mit Privatanlegern ist dabei nicht unproblematisch. Einerseits wird seitens dieser das Unternehmen nicht bis in das kleinste Detail analysiert, andererseits wird die Kommunikation durch mangelndes Know How erschwert. Deswegen müssen Informationen ansprechend und verständlich aufbereitet werden.[290] In der Wissenschaft wird die Bedeutung der privaten Anleger hingegen unterschiedlich stark eingeschätzt. Neben den geringen Anlagevolumina im Vergleich zu institutionellen Investoren sinkt ihre Bedeutung auch dadurch, dass es sich im Falle von Inhaberaktien um einen anonymen Kreis handelt, der folglich nur schwer gezielt anzusprechen ist.[291]

Unter Informationsintermediäre sind in erster Linie buy-side und sell-side Analysten sowie die Wirtschaftspresse zu subsumieren. Insbesondere den sell-side Analysten, die ihre Empfehlungen an private und institutionelle Investoren verkaufen, kommt als Meinungsbildner durch den Multiplikatoreffekt eine entscheidende Rolle zu.[292]

---

[289] Vgl. Hansmann/Kehl (2000), S. 22
[290] Vgl. Leven (1998), S. 56 f.
[291] Vgl. Banzhaf (2006), S. 230
[292] Vgl. Weber (2004), S. 287

Investor Relations zielen darüber hinaus auch verstärkt auf institutionelle Anleger im internationalen Umfeld ab. Die globale Suche nach Kapitalgebern verspricht eine Senkung der Kapitalkosten und somit eine Steigerung des Unternehmenswertes.[293]

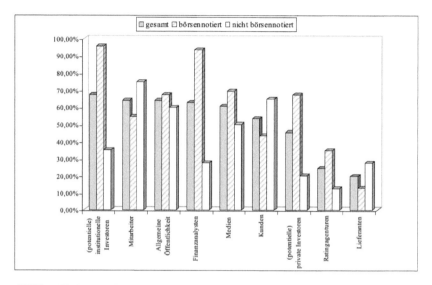

Abbildung 17: Angesprochene Zielgruppen der Informationspolitik
Quelle: eigene Darstellung basierend auf Daten von Hansmann/Kehl (2000), S. 22, 50

Die Identifikation der Zielgruppe des Value Reporting im Gegensatz zu der Zielgruppe der Kapitalmarktkommunikation (Investor Relations) erfolgt dabei in der Wissenschaft nicht einheitlich. Die Adressatendimensionen können daher in eine unilaterale, eine bilaterale und eine multilaterale eingeteilt werden.[294]

Die unilaterale Dimension fokussiert sich ausschließlich auf die Eigenkapitalgeber als Adressaten des Value Reporting. Ausschlaggebend ist hierfür, dass sich das Value Reporting Konzept stark am Shareholder Value orientiert, der im Sinne der Kapitalgeber zu maximieren ist. Exemplarisch kann in diesem Zusammenhang die Eingrenzung nach Müller herangezogen werden. Er besagt, dass „[...] die Ergänzung und Erweiterung der Berichterstattung[...]eine bessere Entscheidungsbasis für alle Investoren (d.h. sowohl institutionelle als auch private Anleger) bedeutet."[295]

Erweitert wird diese Sichtweise in der bilateralen Dimension um die Fremdkapitalgeber als

---

[293] Vgl. PWC (2005), S. 18
[294] Vgl. Banzhaf (2006), S. 245 ff.
[295] Müller (1998), S. 125 f.

Adressaten.[296] Da Unternehmen bspw. regelmäßig Ratings ausgesetzt sind, können durch ein positives Reporting auch die Fremdkapitalkosten gesenkt werden, was zu einem höheren Shareholder Value führen würde. Es ist daher nur konsequent, auch diese als Adressaten zu berücksichtigen. „Ebenso wenig bleiben die Wirkungsweisen des SVR auf den Wert des Eigenkapitals bzw. die Eigenkapitalkosten beschränkt, sondern betreffen analog auch das Fremdkapital bzw. die Fremdkapitalkosten."[297]

Die multilaterale Dimension konzentriert sich neben den zwei angesprochenen Zielgruppen auch auf weitere Stakeholder. Demnach erscheinen Rechnungslegungsinformationen auch für andere Gruppen im Sinne ihrer Interessenrealisierung als nützlich. Die pauschale Berücksichtigung sämtlicher Stakeholder ist hierbei nicht angebracht. Unter Berücksichtigung der Zielsetzung, d.h. dem Abbau der Informationsasymmetrien und der Kapitalkostensenkung, ist daher regelmäßig der Nutzen der Einbeziehung einer Zielgruppe zu kontrollieren, da Kommunikationsmaßnahmen auch mit Kosten verbunden sind. Hiernach erscheint es sinnvoll, die Mitarbeiter in die Kommunikation einzuschließen, da diese an der Wertgenerierung maßgeblich beteiligt sind und daher ein Bewusstsein geschaffen werden muss. Der Einbezug von Kunden und Lieferanten hingegen muss differenziert betrachtet werden. Während bspw. in der Konsumgüterindustrie in der Regel andere Kriterien den Ausschlag für geschäftliche Beziehungen, z.B. die Lieferantenauswahl geben, können wertorientierte Informationen im Rahmen von Kapitalanlagen oder langlebigen Geschäftskontakten, z.B. in der Investitionsgüterbranche das Vertrauen stärken und ein Kriterium der Auswahl von Geschäftspartnern sein. Ein Einbezug weiterer Gruppen, insbesondere des gesellschaftspolitischen Umfeldes, erscheint auf Basis von Opportunitätskostenüberlegungen als nicht angebracht.[298]

Dies ist jedoch keine Absage an die Informationsbereitstellung für weitere Stakeholder generell, denn schließlich erscheint das isolierte Handeln eines Unternehmens von seinem Umfeld als unmöglich. Dieses Bewusstsein scheint sich auch bei Unternehmen verstärkt durchzusetzen, jedoch sind Informationen, wie sie bspw. in Umweltberichterstattungen oder Nachhaltigkeitsberichten publiziert werden, in erster Linie kein Bestandteil des Value Reporting, auch wenn hierdurch über Imagesteigerung und Vertrauensaufbau ebenfalls nachhaltig der Unternehmenswert gesteigert werden kann.[299]

---

[296] Vgl. Pape (2003), S. 181
[297] Fischer (2003), S. 31
[298] Vgl. Banzhaf (2006), S. 310, 348
[299] Vgl. Herzig/Schaltegger (2006), S. 301 f.

5 Wirkungszusammenhänge des Value Reporting

5.1 Untersuchungsdesign

Die Zielsetzungen an das Value Reporting sind mit der Verringerung der Wertlücke, der Erleichterung der Unternehmenswertermittlung sowie dem Abbau von Informationsasymmetrien klar gesteckt. Nicht eindeutig geklärt ist jedoch, welche Wirkungen von einem Value Reporting in der Praxis ausgehen, d.h. ob die Umsetzung eines Value Reporting den Anforderungen gerecht wird, da diese Betrachtung in den Konzepten der inhaltlichen Gestaltung zumeist ausgespart bleibt. Aus diesem Grund wurden in der Wissenschaft separat Untersuchungen durchgeführt, die einerseits die Publizitätsqualität messen und versuchen diese zu erklären, andererseits die Wirkung der Qualität auf externe Variablen quantifizieren. Der überwiegende Teil der Untersuchungen konzentriert sich dabei auf den Geschäftsbericht als wichtigstes Kommunikationsmedium im Hinblick auf die Inhaltsvielfalt. Die Analyse der Wirkungszusammenhänge kann jedoch selbstverständlich auch mit anderen Medien durchgeführt werden, wobei insbesondere die Quantifizierung der Wirkung unterschiedlicher Medien zu aufschlussreichen Ergebnissen führen kann.

Abbildung 18: Analyse der Kausalitäten in Zusammenhang mit dem Value Reporting
Quelle: eigene Darstellung

Die Vorgehensweise zur Analyse der Kausalitäten wird in Abbildung 18 aufgezeigt.

Die Untersuchung der Wirkungsweise von Unternehmenscharakteristika auf das Value Reporting als auch die Wirkung des Value Reporting auf externe Größen erfordert im Vorfeld die Quantifizierung der Qualität des Value Reporting sowie der abhängigen Variablen.

Die Qualität des Value Reporting kann u.a. durch sog. Scoring Modelle ermittelt werden. Hierzu erfolgt im ersten Schritt eine Ermittlung der Informationsbedürfnisse der Adressaten mittels eines empirisch-induktiven[300] Befragungsansatzes. Im Vorfeld werden

---

[300] Die empirisch-induktive Analyse kann einerseits genutzt werden, um den Informationsbedarf der Adressaten zu messen und die Ergebnisse ex ante in die Gestaltung eines Rahmenkonzeptes zur Implementierung des Value Reporting einzubeziehen, wie dies bei Fischer umgesetzt wurde. Ex post können die Ergebnisse genutzt werden, um die Qualität des Value Reporting zu quantifizieren. Neben

daher in der Regel einerseits die Adressaten, wie Analysten und Investoren, auf der anderen Seite weitere Personen, die unmittelbar mit der Berichterstattung in Berührung kommen, wie bspw. Wirtschaftsprüfer, im Hinblick auf die inhaltlichen Anforderungen und ihre Wertschätzung einzelner Bestandteile befragt. Die hierbei identifizierten Kriterien zur Bestimmung der Qualität werden, in Abhängigkeit von der Häufigkeit der Nennungen bzw. der Wertschätzung, anhand von Skalen gewichtet.

Im nächsten Schritt wird das zu untersuchende Medium auf das Vorhandensein der identifizierten Informationen untersucht. In Abhängigkeit von der Bedeutung einer Information, wird das Bereitstellen dieser mit einem Punktwert honoriert. Zum Teil ergibt sich die Höhe der vergebenen Punkte nicht ausschließlich an der identifizierten Bedeutung, sondern auch nach der Ausprägung, in der diese vom Unternehmen bereitgestellt wird. Eine Punktschätzung über die zukünftige Umsatzentwicklung hat bspw. eine höhere Aussagekraft als ein Ordinalmaß, während die Treffgenauigkeit jedoch mit zunehmender Präzision negativ korreliert ist.[301] Die Summe der Punktwerte, das Value Reporting Score, spiegelt die Qualität des Reporting wider und kann entweder zu anderen in Relation gesetzt oder für weitere Analysen verwendet werden.

Die Qualität des Value Reporting kann anschließend aus zwei Blickrichtungen analysiert werden. Einerseits kann überprüft werden, was die Qualität des Value Reporting determiniert. In diesem Zusammenhang wird im Folgenden bspw. die Bedeutung der Börsenindizes als Determinante für die Qualität begutachtet. Darüber hinaus kann überprüft werden, ob sich die Zielsetzungen des Value Reporting in der Praxis realisieren lassen, d.h. ob das Value Reporting die Entwicklung von Kapitalmarktvariablen beeinflusst. Hierzu wird sich an dieser Stelle der Marktkapitalisierung und dem durchschnittlichen Handelsvolumen als abhängige Variable des Reporting gewidmet, aber auch die Ergebnisse anderer Studien, bezugnehmend auf das Value Reporting als eigenständiger Werttreiber vorgestellt.

---

dem beschriebenen Ansatz kann auch ein theoretisch-deduktives Vorgehen eingesetzt werden, bei dem ausgehend von den Zielsetzungen der Adressaten, bspw. der Maximierung des Zahlungsstroms aus Anlegerperspektive, die Informationsinteressen identifiziert werden. Letzteres Vorgehen führt in der Regel zu heterogeneren Ergebnissen. Vgl. Fischer (2003), S. 80 f., 93

[301] Die Untersuchungen die ein Scoring Modell, auch als Disclosure Index benannt, einsetzen, unterscheiden sich dabei zum einen anhand der berücksichtigten Angaben und deren Gewichtung, die in der Regel auf der induktiv-empirischen Analyse basieren. Zum anderen kann die Verteilung der Punkte für das Vorhandensein der Information im untersuchten Medium rein dichotom sein oder aber qualitative Zusatzmerkmale berücksichtigen. Bei letzterem Vorgehen ist einer konkreten Angabe, wie z.B. Wachstum um 5%, eine höhere Bedeutung zukommen zu lassen, als dies bei einer Spannbreite, wie z.B. Wachstum von 3% bis 7% oder einer rein qualitativen Aussage (positives Wachstum) der Fall wäre. Vgl. Fischer (2003), S. 108 f.

5.2 Ermittlung der Value Reporting Scores

Zur Untersuchung der Publizitätsqualität sowie deren Determinanten und Auswirkungen auf die Kapitalmarktvariablen wird sich in der folgenden Analyse ebenfalls dem Geschäftsbericht sowie den Zwischenberichten des Unternehmens als Publikationsmedium gewidmet. Diese Vorgehensweise folgt der Überlegung, dass der Geschäftsbericht das Medium ist, mit dem die größte Informationsvielfalt einhergeht. Darüber hinaus beinhaltet die Quantifizierung der Qualität des Value Reporting einen umfangreichen Prozess, der im Vorfeld eine Interviewphase bzw. Befragung von Adressaten im Hinblick auf deren Informationsbedürfnisse erfordert, sowie anschließend eine Analyse von Geschäfts- und Zwischenberichten auf das Vorhandensein dieser Informationen einschließt. Dieser Prozess ist im Rahmen dieser Arbeit nicht zu bewältigen, zumal insbesondere die Analyse des Publikationsmediums bei Durchsicht von nur einer Person nicht hinreichend erfüllt werden kann, da Bestandteile leicht übersehen werden können.

Im Rahmen der Analyse wird an dieser Stelle daher auf das Scoring Modell des Manager Magazins unter der wissenschaftlichen Leitung von Prof. Dr. Baetge zurückgegriffen, welches die Qualität der Geschäftsberichte der Unternehmen aus DAX 30, MDAX, SDAX, TecDAX, Stoxx50 und von Börsenneulingen untersucht. Das Verfahren zur Ermittlung des „Geschäftsberichts des Jahres" eignet sich in diesem Fall besonders, da die Analyse jährlich durchgeführt wird, somit Entwicklungen aufgezeigt werden können und es nach eigener Aussage in seiner Ausgewogenheit und Gründlichkeit „einmalig" ist, was sich auch in dessen Erwähnung in anderen Publikationen widerspiegelt.[302]

Die Vorgehensweise zur Quantifizierung der Qualität des seitens vom Manager Magazin und Prof. Dr. Baetge initiierten Wettbewerbs wird in der folgenden Abbildung dargestellt. Zu Beginn werden jährlich Kapitalmarktexperten, aber auch Gestaltungs- und Kommunikationsspezialisten zu deren Informationsbedürfnissen und Anforderungen befragt, um hieraus den Kriterienkatalog und die Gewichtung einzelner Faktoren vorzunehmen. Parallel hierzu senden die zu untersuchenden Unternehmen aus den genannten Indizes ihre Geschäfts- und Zwischenberichte zur Durchsicht dieser im Hinblick auf die inhaltliche Qualität ein. Die besten 20 eines jeden Indizes, in Bezug auf das inhaltliche Ergebnis, zzgl. aller DAX Unternehmen stellen sich in einem zweiten Durchgang der Überprüfung im Hinblick auf Gestaltung und Sprache der Berichte. In jeder Kategorie, z.B. Inhalt oder Sprache sind dabei 100 Punkte zu erreichen, die anschließend mit einem Faktor je nach Bedeutung gewichtet werden, sodass auch insgesamt ein Score

---

[302] Vgl. Döhle (2005), S. 128, Ballwieser (2007a), S. 19

von max. 100 Punkten erreicht werden kann. Die besten Berichte eines Index werden abschließend von einer gesonderten Jury begutachtet, was zu geringfügigen Ab- und Aufwertungen des vorher ermittelten Scores führen kann.

Abbildung 19: Geschäftsberichtsanalyse des Manager Magazins
Quelle: eigene Darstellung auf Basis der Information von Döhle (2005), S. 128, Döhle (2006), S. 120, Döhle (2007), S. 110

Seitens des Manager Magazins werden abschließend lediglich die vollständigen Ergebnisse der DAX Unternehmen sowie der besten 20 eines jeden Indizes veröffentlicht. Problematisch wird auch der Einbezug der Gestaltung und Sprache für die folgende Analyse des Value Reporting gesehen. Mithin wird zwar auch der Form eine wertrelevante Dimension beigemessen, dies soll an dieser Stelle jedoch ausgeklammert werden und dem Grundsatz „Substance over form" gefolgt werden, nachdem der inhaltlichen Komponente eine größere Bedeutung zukommt.[303] Aus diesen Gründen wird im Folgenden auf die Ergebnisse der ersten Stufe, die zum einen die Ergebnisse aller Unternehmen darlegt, als auch die Formkomponente ausspart, zurückgegriffen, die seitens von Prof. Dr. Baetge zur Verfügung gestellt wurden (vgl. Anhang 4 und 5). Die Zuordnung der Unternehmen zu den Indizes erfolgt auf Basis der Indexzusammensetzung zum Ende des jeweiligen Kalenderjahres, wie diese dem Factbook der Deutschen Börse zu entnehmen ist. Demnach beziehen sich die Ergebnisse des Inhalts 2005 bspw. auf den Geschäftsbericht 2004, sodass

---

[303] Vgl. Labhart (1999), S. 63

die Indexzusammensetzung zum Jahresende 2004 die Basis der Zuordnung bildete.[304]
Es muss an dieser Stelle berücksichtigt werden, dass die Daten der verwendeten Analyse nicht explizit die Qualität des Value Reporting bemessen, sondern die Berichtsinhalte auf unterschiedliche Kriterien überprüfen. Die Anforderungen der Analyse des Manager Magazins an die Geschäftsberichte ändern sich dabei fortwährend und werden, auch in Bezug auf unterschiedliche Branchen, jährlich im Kriterienkatalog angepasst. Hierunter fällt auch das Value Reporting, das auch namentlich bei der Analyse, jedoch nicht ausschließlich, berücksichtigt wird.[305] Anhand einer Analyse des Kriterienkatalogs für den Bereich Industrie/Handel zur Bestimmung der Qualität der Geschäfts- und Zwischenberichte 2006 kann jedoch verdeutlicht werden, dass der überwiegende Teil der untersuchten Informationen identisch zu den inhaltlichen Anforderungen an das Value Reporting ist. Exemplarisch fällt hierbei auf, dass die in fünf Subkategorien unterteilte Inhaltsanalyse zu einem Gewicht von fast 50% aus den Bereichen des Prognose- und des Risikoberichts besteht, welche elementare Bestandteile des Value Reporting sind. Darüber hinaus wird auch in den Analysen zu den Geschäfts- und Rahmenbedingungen als auch zur Ertrags- und Vermögenslage explizit auf die identifizierten Inhalte eines Value Reporting eingegangen. Hierbei wird sowohl auf die Bereitstellung von Informationen über die Verwendung von Steuerungskennzahlen und deren Bestandteile, wie Kapitalkosten, als auch zur Strategie und dem Marktumfeld sowie dem Total Shareholder Return, geachtet.[306] Vor dem Hintergrund, dass der Kriterienkatalog auf Basis der Informationsbedürfnisse von Kapitalmarktadressaten entwickelt wurde, können die Daten für die folgenden Analysen daher verwendet werden.

5.3 Determinanten der Berichterstattungsqualität

Nachdem im Rahmen von Scoring Modellen die Qualität der Geschäftsberichte quantifiziert wurde, gilt es zu analysieren, welche Aspekte Einfluss auf die Qualität ausüben.

Im Rahmen dieser Studie soll untersucht werden, ob die Zugehörigkeit zu einem höheren Börsenindex einen Einfluss auf die Qualität der Berichterstattung hat. Die Fokussierung auf den Börsenindex folgt der Überlegung, dass Investoren ein Interesse daran haben, ihre Aktien jederzeit liquidieren zu können. Die Möglichkeit des Handelns von Wertpapieren hängt jedoch von einem aktiven, d.h. umsatzstarken Markt ab. Die Umsatzstärke eines

---

[304] Vgl. Deutsche Börse (2004), Deutsche Börse (2005), Deutsche Börse (2006)
[305] Vgl. Döhle (2006), S. 120
[306] Vgl. Baetge (2007), S. 2 ff.

Marktes lässt sich wiederum durch die Handelsvolumina und die Marktkapitalisierung des Streubesitzes (Free-Float) determinieren. Beide Aspekte werden in der Indexzusammensetzung der Deutschen Börse berücksichtigt, wonach ein besseres Reporting für größere Unternehmen auch eine höhere Bedeutung hat.[307]

Es wird daher die folgende Hypothese untersucht:

„Die Qualität des Value Reporting von DAX 30 Unternehmens ist besser, als die von MDAX oder SDAX Unternehmen"

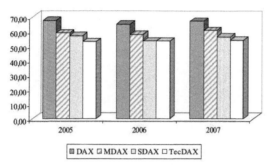

Abbildung 20: Qualität der Berichterstattung in Abhängigkeit vom Börsenindex
Quelle: eigene Darstellung

Die graphische Analyse lässt erkennen, dass im DAX notierte Unternehmen einen durchschnittlich höheren Reporting Score aufweisen, als die Unternehmen aus den anderen Indizes. Ebenso schneiden MDAX-Unternehmen wiederum besser ab, als im SDAX oder TecDAX geführte Unternehmen. Die Signifikanz des augenscheinlich besseren Ergebnisses wird mit Hilfe eines Hypothesentests (T-Test) untersucht.

In dem vorliegenden Fall wird die Signifikanz mit Hilfe eines Zweistichprobentest für die Differenz zweier arithmetischer Mittel untersucht. Im konkreten Fall kann somit das durchschnittliche Reporting Score eines Index mit dem eines anderen verglichen werden. Voraussetzung zur Durchführung ist eine annähernde Normalverteilung der Scores, sowie annähernd identische Varianzen.

$\bar{x}$ und $\bar{y}$ bezeichnen die arithmetischen Mittel zweier unabhängiger Stichproben. Die Unternehmen der Stichproben sind ein Teil aller börsennotierten deutschen Unternehmen. Da die Grundgesamtheit nicht bekannt ist, werden die Stichproben herangezogen, um die Normalverteilungsannahme zu überprüfen. Die Überprüfung erfolgt unter

---

[307] Vgl. Heumann (2005), S. 150, Vgl. Deutsche Börse (2008), S. 7 f., 15

Berücksichtigung des Kolmogorov-Smirnov Anpassungstests.[308] Die Ermittlung der kritischen Größe ist exemplarisch für den DAX 30 des Jahres 2007 im Anhang VI dargestellt.[309] Die folgende Tabelle zeigt den ermittelten kritischen Wert der einzelnen Stichproben und vergleicht diesen mit der Prüfgröße bei einem Signifikanzniveau von $\alpha = 5\%$. Liegt die kritische Größe unterhalb der Prüfgröße, kann von einer Normalverteilung unter Berücksichtigung des Signifikanzniveaus ausgegangen werden.

	Kritische Größe	Prüfgröße	Verteilung
2007 – DAX 30	0,114	0,242	normalverteilt
2007 – MDAX	0,067	0,194	normalverteilt
2007 – SDAX	0,104	0,194	normalverteilt
2007 - TecDAX	0,079	0,250	normalverteilt
2006 – DAX 30	0,109	0,242	normalverteilt
2006 – MDAX	0,183	0,194	normalverteilt
2006 – SDAX	0,067	0,200	normalverteilt
2006 - TecDAX	0,097	0,250	normalverteilt
2005 – DAX 30	0,101	0,242	normalverteilt
2005 – MDAX	0,080	0,192	normalverteilt
2005 – SDAX	0,102	0,198	normalverteilt
2005 - TecDAX	0,104	0,246	normalverteilt

Tabelle 3: Überprüfung der Stichproben auf Normalverteilung
Quelle: eigene Darstellung

Die Überprüfung der Stichproben mit dem Kolmogorov-Smirnov Test ergab, dass die Reporting Scores annähernd normalverteilt sind.

Eine weitere Voraussetzung zur Durchführung des T-Tests ist, dass die Standardabweichungen der Teilgesamtheiten gleich sind. Die Standardabweichungen der Teilgesamtheiten sind nicht bekannt, daher werden die Standardabweichungen der Stichproben verwendet.[310]

Die Prüfgröße bezüglich der Signifikanz der Standardabweichungen ergibt sich aus:

$$F = \frac{s_i^{\,2}}{s_j^{\,2}} \text{ mit den Freiheitsgraden } v_i = n_i - 1 \text{ und } v_j = n_j - 1$$

mit: $s_{i,j}$ = Standardabweichung der Stichprobe i, j; $n_{i,j}$ = Stichprobenumfang i, j

Die Prüfgröße wird anschließend im Rahmen des Zweistichprobentests für den Quotienten zweier Varianzen mit der kritischen Prüfgröße eines F-Tests (zweiseitig,

---

[308] Vgl. Schwarze (2006), S. 243, 245
[309] Die weiteren Ergebnisse können dem Anhang VII entnommen werden.
[310] Vgl. Bamberg/Baur/Krapp (2007), S. 185

Signifikanzniveau $\alpha = 5\%$) unter Berücksichtigung der Freiheitsgrade verglichen.

2007	s^2	v	DAX	MDAX	SDAX	TecDAX
DAX	30,552	29		0,613	0,653	0,654
MDAX	49,802	48	1,630		1,064	1,067
SDAX	46,789	48	1,531	0,940		1,002
TecDAX	46,690	27	1,528	0,938	0,998	

2006	s^2	v	DAX	MDAX	SDAX	TecDAX
DAX	29,598	29		0,591	0,507	0,636
MDAX	50,099	48	1,693		0,859	1,076
SDAX	58,337	45	1,971	1,164		1,253
TecDAX	46,564	27	1,573	0,929	0,798	

2005	s^2	v	DAX	MDAX	SDAX	TecDAX
DAX	23,197	29		0,589	0,242*	0,295*
MDAX	39,400	49	1,698		0,410*	0,501
SDAX	96,054	46	4.141*	2,438*		1,222
TecDAX	78,627	28	3,390*	1,996*	0,819	

* Prüfgröße innerhalb des kritischen Bereichs

Tabelle 4: Überprüfung der Standardabweichungen

Quelle: eigene Darstellung

Aufgrund der Tatsache, dass im folgenden T-Test jeweils die Qualität eines Index mit der eines anderen verglichen werden soll, wurden die Varianzen paarweise verglichen.[311] Mit Ausnahme des Jahres 2005 ergibt sich, dass die Prüfgröße jeweils nicht in den kritischen Bereich fällt, d.h. der Unterschied der Standardabweichungen ist zumindest in den Jahren 2006 und 2007 nicht signifikant. Die Voraussetzungen zur Durchführung des T-Tests sind für die beiden Jahre somit erfüllt.[312]

Um festzustellen, ob die Qualität des Value Reporting bei DAX Unternehmen signifikant besser ist, als bei Unternehmen der anderen Indizes, stellen wir die folgenden Hypothesen auf:

$$(1)\ H_0 : \mu_1 = \mu_2$$

$$(2)\ H_1 : \mu_1 \neq \mu_2$$

Die Nullhypothese besagt, dass zwischen der durchschnittlichen Qualität des Value

---

[311] Die Berechnung der Prüfgröße erfolgt anhand der angegeben Formel, wobei an dieser Stelle jeweils zwei Prüfgrößen pro Vergleichspaar ermittelt wurden. Idealerweise ist der Bruch (s_i^2/ s_j^2) so zu berechnen, dass er einen Wert > 1 ergibt, was der Fall ist, wenn als Stichprobe 1, diejenige mit der höheren Standardabweichung gewählt wird. Die Prüfgröße des Vergleichs SDAX/DAX für 2005 errechnet sich exemplarisch aus 96,054/23,197=4,141. Der kritische Bereich des zweiseitigen Tests verläuft von 0 - fc^u=0,5 und von fc^o=2,0 - ∞, da gem. der F-Verteilung der kritische Wert mit den Freiheitsgraden v_1=46 bzw. v_2=29 unter Berücksichtigung des Signifikanzniveaus 2,0 beträgt. Die Prüfgröße fällt somit in den kritischen Bereich, was zum Verwerfen der H_0 Hypothese führt, die die Gleichheit der Varianzen in der Grundgesamtheit aus denen die Stichproben stammen postuliert.

[312] Vgl. Bleymüller/Gehlert/Gülicher (2002), S. 113 f.

Reporting der Indizes kein signifikanter Unterschied besteht. Wird die Nullhypothese verworfen und die Alternativhypothese bekommt Gültigkeit, so kann unter Berücksichtigung des Signifikanzniveaus davon ausgegangen werden, dass die Qualität signifikant besser ist.

Die Prüfgröße errechnet sich aus[313]:

$$t = \frac{\bar{x} - \bar{y}}{\sqrt{\dfrac{(n_1 - 1)s_1{}^2 + (n_2 - 1)s_2{}^2}{n_1 + n_2 - 2}} \cdot \sqrt{\dfrac{n_1 + n_2}{n_1 \cdot n_2}}}$$

mit: $\bar{x}, \bar{y}$ = arithmetisches Mittel der Stichproben, n_1, n_2=Anzahl der Elemente der Stichprobe, s_1, s_2= Standardabweichung der Stichproben

Die folgende Tabelle zeigt die Resultate des Vergleichs der Qualitätsmittelwerte. Es wurden hierbei pro Untersuchungsjahr drei Paarvergleiche vorgenommen. Zuerst wurde der Qualitätsmittelwert des DAX mit dem des MDAX, dann der des DAX mit dem des SDAX und abschließend der MDAX mit dem SDAX verglichen. Diese Vorgehensweise orientiert sich an der Klassifizierung der Unternehmen zu den Indizes. Demnach setzt sich der DAX aus den 30 größten und umsatzstärksten Unternehmen an der Frankfurter Wertpapierbörse zusammen. Der MDAX beinhaltet die 50 Unternehmen, die sich im Hinblick auf Größe und Umsatz direkt an den DAX anschließen. Der SDAX wiederum besteht aus weiteren 50 Unternehmen in Abhängigkeit von Größe und Umsatz unterhalb des MDAX. Der TecDAX ist speziell für die größten und umsatzstärksten Unternehmen aus dem Technologie-Sektor bestimmt. Er wird aufgrund dieser Spezialisierung an dieser Stelle nicht berücksichtigt, da eine Aussage über den Einfluss der Größe auf die Qualität des Value Reporting getroffen werden soll. Unter Umsatz wird im Rahmen der Indexeinteilung der Deutschen Börse der Orderbuchumsatz verstanden. Die Größe ergibt sich aus der Marktkapitalisierung, die sich aus der Anzahl der frei verfügbaren Aktien (sog. Free-Float) und dem entsprechenden Preis berechnet.[314]

---

[313] Vgl. Bamberg/Baur/Krapp (2007), S. 193
[314] Vgl. Deutsche Börse (2008), S. 7 f., 15

Vergleich der Qualitätsmittelwerte	DAX / MDAX	DAX / SDAX	MDAX / SDAX
2007			
Stichprobenmittelwerte	66,9074 / 60,5914	66,9074 / 56,2001	60,5914 / 56,2001
Stichprobenumfang	30 / 49	30 / 49	49 / 49
Stichprobenstandardabweichung	5,5274 / 7,0571	5,5274 / 6, 8402	7,0571 / 6,8402
Prüfgröße	4,1766	7,2416	3,1277
Ergebnis	***	***	***
2006			
Stichprobenmittelwerte	64,9579 / 57,8594	64,9579 / 53,3936	57,8594 / 53,3936
Stichprobenumfang	30 / 49	30 / 46	49 / 46
Stichprobenstandardabweichung	5,4404 / 7,0781	5,4404 / 7,6378	7,0781 / 7,6378
Prüfgröße	4,7037	7,1823	2,9579
Ergebnis	***	***	***
2005			
Stichprobenmittelwerte	*67,3932 / 58,8681*	*67,3932 / 57,1360*	*58,8681 / 57,1360*
Stichprobenumfang	*30 / 50*	*30 / 47*	*50 / 47*
Stichprobenstandardabweichung	*4,8163 / 6,2770*	*4,8163 / 9,801*	*6,2770 / 9,801*
Prüfgröße	*6,3897*	*5,3272*	*1,0428*
Ergebnis	***	***	*nicht signifikant*
*** höchst signifikant (Sig. Niveau 1%) ** sehr signifikant (Sig. Niveau 5%) * signifikant (Sig. Niveau 10%)			

Tabelle 5: Bedeutung der Indizes für die Qualität des Value Reporting
Quelle: eigene Darstellung

Das Ergebnis lässt erkennen, dass in allen Paarvergleichen die Prüfgröße die kritische Größe der Student (t)-Verteilung bis mindestens zu einem Signifikanzniveau von 1% überschritt und somit die Nullhypothese verworfen werden konnte, sofern die Betrachtung des Jahres 2005 ausklammert wird, was auf Basis der signifikanten Abweichung der Varianzen in diesem Jahr notwendig erscheint.[315]

Größere Unternehmen, in Abhängigkeit vom Orderbuchumsatz und der Marktkapitalisierung des Free-Floats liefern den Ergebnissen zufolge somit eine qualitativ bessere Berichterstattung, als dies bei kleineren Unternehmen der Fall ist.

Ergebnisse weiterer Studien

Die Bedeutung der Unternehmensgröße für die Qualität der Berichterstattung allgemein, d.h. nicht speziell des Value Reporting, konnte auch in weiteren Studien festgestellt werden. Ahmed und Courtis konnten anhand von 28 Studien feststellen, dass die Größe eines Unternehmens gemessen am Buchwert des Vermögens, der Anzahl der Mitarbeiter und

---

[315] Die kritische Größe kann der Tabelle der Student (t)-Verteilung unter Berücksichtigung der Freiheitsgrade v= $n_i + n_j - 2$ ($n_{i,j}$= Stichprobenumfang i,j) und dem Signifikanzniveau entnommen werden. Vgl. Schwarze (2006), S. 290

dem Umsatz einen signifikanten Einfluss auf die Berichterstattung hat. „[…] the associa-
tion between disclosure level and corporate size is significant."[316] Die Schlussfolgerung
aus diesem Ergebnis ist, dass größere Unternehmen auf Basis eines breiteren Portfolios
mehr Information bereitzustellen haben. Auch verfügen diese in der Regel über ein besseres ERP System, um die Daten zu generieren. Ebenfalls in ihrer Studie konnte festgestellt
werden, dass börsennotierte Unternehmen besser Bericht erstatten, als nicht-börsennotierte,
was durch pflichtgemäße Anforderungen durch Börsenaufsichten u.a. plausibel zu erklären
ist. Die Analyse des Einflusses der Profitabilität führte hingegen zu unterschiedlichen Ergebnissen und lässt keine Rückschlüsse zu.[317]

Auch Heumann konnte bezugnehmend auf das gezeichnete Kapital eines Unternehmens,
welches seinerseits anhand von Größenkriterien des statistischen Bundesamtes in drei
Größenklassen eingeteilt wurde, feststellen, dass größere Unternehmen besser Bericht
erstatten, wobei hier explizit das Value Reporting Gegenstand der Untersuchung war. In
Bezug auf die Börsenindizes gelangt er zu demselben Ergebnis, wie die oben angeführte
Analyse. Seine Untersuchungen in Bezug auf die Qualität des Value Reporting in
Abhängigkeit von der Branchenzugehörigkeit führten hingegen nicht zur Identifikation
eines besseren Reporting in bestimmten Branchen.[318] In einer Studie von Wenzel, die sich
in puncto Brancheneinteilung ebenso wie Heumann an der Zuordnung der Deutschen
Börse orientiert, konnten zwar Unterschiede zwischen einzelnen Branchen in drei von vier
untersuchten Jahren ermittelt werden, jedoch konnten keine Branchen identifiziert werden,
die kontinuierlich ein besseres Reporting aufweisen. Die Vermutung, dass bspw. ein
höherer Wettbewerb innerhalb einer Branche zu einer besseren Berichterstattung führt,
musste somit widerlegt werden.[319] Neben identischen Ergebnissen in Bezug auf die
Bedeutung der Indizes und der Bedeutung der Unternehmensgröße, die Wenzel in
Abhängigkeit vom Umsatz, der Bilanzsumme und der Anzahl der Mitarbeiter untersuchte,
konnte sie u.a. auch feststellen, dass Unternehmen, die nach internationalen Standards
(IFRS) Rechnung legen, besser Bericht erstatten, als Unternehmen, die ausschließlich nach
HGB bilanzieren, was sich dadurch erklären lässt, dass bei den IFRS die
Informationsfunktion im Vordergrund steht.[320] Ferner konnte ein Zusammenhang zwischen
dem Reporting und der Unternehmensperformance unter Bezug auf den EBITDA
hergestellt werden, was abweichend von anderen Analysen konstatieren lässt, dass über

---

[316] Ahmed/Courtis (1999), S. 44
[317] Vgl. Ahmed/Courtis (1999), S. 53 ff.
[318] Vgl. Heumann (2005), S. 223, 247 ff.
[319] Vgl. Wenzel (2005), S. 460
[320] Vgl. Wenzel (2005), S. 458 f.

positive Nachrichten bessere bzw. vorzugsweise Informationen bereitgestellt werden. Ein Einfluss des Verschuldungsgrades, unter der Annahme, dass verschuldete Unternehmen besser Bericht erstatten, um ihre Kreditwürdigkeit zu verbessern, konnte nicht bestätigt werden. Selbiges gilt für die Bedeutung der Finanzkraft, der Liquidität, der Kapitalbeteiligung durch Mitarbeiter und der Aktionärsstruktur.[321]

5.4 Wirkung des Value Reporting auf Kapitalmarktvariablen

Nach den Untersuchungen hinsichtlich der Bedeutung spezifischer Merkmale für die Qualität des Reporting, wird nun analysiert, ob das Value Reporting Auswirkungen auf den Kapitalmarkt hat und sich somit ein besseres Reporting in Vorteilen am Kapitalmarkt niederschlägt.

Die Qualität des Value Reporting der DAX 30 Unternehmen aus der Studie des Manager Magazins dient als Grundlage der folgenden Analyse. Dies folgt der Überlegung, dass im DAX gelistete Unternehmen am ehesten von einem besseren Reporting profitieren würden, da dem DAX in der Öffentlichkeit die meiste Beachtung zukommt. Außerdem stehen Unternehmen mit einer hohen Marktkapitalisierung im Fokus der Anlageentscheidungen, da dies eine bessere Liquidität, d.h. Handelbarkeit der Wertpapiere impliziert. Andersherum argumentiert, kann sich ein besseres Reporting jedoch auch gerade für Unternehmen rentieren, die nicht permanent in der Öffentlichkeit stehen, da bei diesen auf Basis von weniger Analystenempfehlungen tiefere Informationsasymmetrien zu vermuten wären. Eine Reproduktion der folgenden Analyse könnte demnach für Unternehmen verschiedener Größe durchgeführt werden, um Aufschluss über diesen Umstand zu erhalten.

Während die Qualität des Reporting im Folgenden die unabhängige Variable darstellt, wird ihr Einfluss mittels einer Regressionsanalyse auf die abhängigen Variablen Marktkapitalisierung und Handelsvolumen gemessen. In Bezug auf das Handelsvolumen wurde das täglich durchschnittlich gehandelte Volumen für die Jahre 2005-2007 berücksichtigt. Die Daten wurden aus dem Finanzportal Yahoo Finance gewonnen. Die Marktkapitalisierung wurde aus dem Produkt des Aktienschlusskurses (Xetra) zum Geschäftsjahresende mit der Anzahl der sich im Umlauf befindenden Aktien ermittelt.[322] Hierbei wurde nicht auf den Free-Float abgestellt, da sich der Wert des Eigenkapitals als Zielgröße aus der Gesamtzahl der Aktien ergibt. Die Fokussierung auf die Marktkapitalisierung, d.h. dem Börsenwert des Unternehmens im Gegensatz zum

---

[321] Vgl. Wenzel (2005), S. 463 ff.
[322] Die entsprechenden Daten wurden den Geschäftsberichten der Unternehmen entnommen.

Aktienkurs einer einzelnen Aktie trägt einer möglichen unterjährigen Veränderung des Aktienbestandes Rechnung. Demnach könnte sich bspw. der Aktienkurs bei einem Aktiensplit verringern, der Unternehmenswert bleibt jedoch unberührt.

Die Regressionsanalyse untersucht hierbei, ob sich ein Zusammenhang zwischen dem Score der Berichterstattung eines Jahres und dem Handelsvolumen bzw. der Marktkapitalisierung herstellen lässt. Um eine lineare Regressionsanalyse durchführen zu können, muss sowohl die abhängige als auch die unabhängige Variable metrisch skaliert sein.[323] Sowohl das Handelsvolumen als auch die Marktkapitalisierung folgen dabei der Absolutskala. In Bezug auf die ermittelten Scores werden in der Literatur unterschiedliche Meinungen über das entsprechend Skalenniveau der Scores geäußert. Sofern die Scores jedoch als Regressor und nicht als Regressand verwendet werden, wie es hier der Fall ist, so ergeben sich keine Bedenken gegenüber einer Regressionsanalyse.[324]

Die folgenden Abbildungen zeigen die Graphen der Regressionsanalyse zwischen dem Reporting Score 2006 bzw. 2007 und der Marktkapitalisierung 2006 bzw. 2007. Folglich wird bspw. analysiert, ob ein Zusammenhang zwischen dem Reporting 2006 (Geschäftsbericht 2005, veröffentlich Anfang 2006) und der Marktkapitalisierung im Jahr der Veröffentlichung herzustellen ist. Die Abbildung gibt ferner das Ergebnis des Bravais-Pearson Korrelationskoeffizienten (R) an, mit dem sich das Ausmaß und die Richtung eines Zusammenhangs bestimmen lassen. Der Koeffizient berechnet sich nach folgender Formel[325]:

$$R = \frac{\sum_{i=1}^{n}(x_i - \bar{x})(y_i - \bar{y})}{\sqrt{\sum_{i=1}^{n}(x_i - \bar{x})^2 \sum_{i=1}^{n}(y_i - \bar{y})^2}}$$

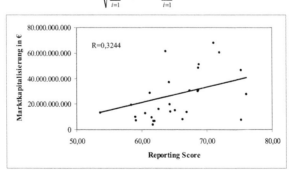

Abbildung 21: Regressionsanalyse zur Marktkapitalisierung 2006

Quelle: eigene Darstellung

---

[323] Vgl. Bamberg/Baur/Krapp (2007), S. 42
[324] Vgl. Fischer (2003), S. 206
[325] Vgl. Bamberg/Baur/Krapp (2007), S. 36

93

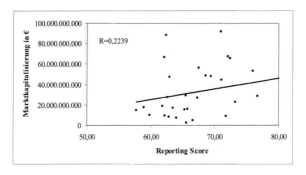

Abbildung 22: Regressionsanalyse zur Marktkapitalisierung 2007

Quelle: eigene Darstellung

Bei der Analyse des Zusammenhangs zwischen dem Reporting Score und der Marktkapitalisierung lässt sich erkennen, dass die beiden Merkmale positiv korreliert sind. Dies spiegelt sich ebenfalls im positiven Vorzeichen des Bravais-Pearson Korrelationskoeffizienten wider, der für 2006 einen Wert von 0,3244 und für 2007 einen Wert von 0,2239 erreicht. Mittels Quadrierung des Koeffizienten, ergibt sich das Bestimmtheitsmaß R^2 von 0,1053 für 2006 (2007: 0,0501), wodurch deutlich wird, dass nur ein geringer Teil durch die Regressionsanalyse erklärt wird. Die Problematik besteht dabei in der kleinen Stichprobe, die jedoch starke Streuungen aufweist, wie sich bspw. an den absoluten Werten der Marktkapitalisierung von 2,26 Mrd. Euro bis 92,01 Mrd. Euro in 2007 zeigen lässt.[326] Wie bereits beschrieben, ist die Marktkapitalisierung einer Vielzahl von Einflussfaktoren ausgesetzt, ein eindeutiges Ergebnis kann aus der Analyse daher nicht gefolgert werden. Stattdessen ist eine Partialanalyse durchzuführen, die unterschiedliche Faktoren, wie bspw. das Jahresergebnis einbezieht, um somit den Erklärungsbeitrag des Reporting genauer zu analysieren. Diesem Ansatz wird sich im Verlauf gewidmet.

---

[326] Im untersuchten Fall könnte es möglicherweise sinnvoll sein, eine Datenbereinigung vorzunehmen, um die Verzerrung der Werte von Ausreißern zu vermindern. Für die Auswahl der Werte, die zu eliminieren sind, gibt es keine Standards, denkbar wäre aber bspw. die Elimination derjenigen Werte, die das 10. Perzentil unter- bzw. das 90. Perzentil überschreiten. Da die Stichprobe jedoch nur wenige Werte umfasst, wurde hiervon abgesehen.

Reporting Score und Handelsvolumen:

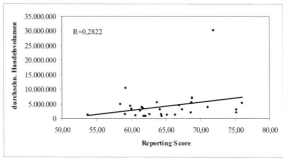

Abbildung 23: Regressionsanalyse zum Handelsvolumen 2006

Quelle: eigene Darstellung

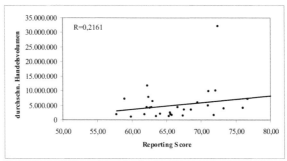

Abbildung 24: Regressionsanalyse zum Handelsvolumen 2007

Quelle: eigene Darstellung

Analog zur Marktkapitalisierung konnte auch in der Analyse zum Handelsvolumen eine positive Korrelation zwischen der Qualität der Berichterstattung und dem Volumen festgestellt werden. Der Bravais-Pearson Korrelationskoeffizient weist ein positives Vorzeichen auf und beträgt für 2006: 0,2822 (2007: 0,2161). Das Bestimmtheitsmaß R^2 erreicht mit 0,0796 bzw. 0,0467 wiederum nur sehr geringe Werte, was auf die kleine Stichprobe und die Streuung zurückzuführen ist. Würde exemplarisch das Handelsvolumen der Deutschen Telekom nicht berücksichtigt werden, welches in beiden Jahren mit einem durchschnittlichen Tageshandelsvolumen von über 30 Mio. Stück regelmäßig das durchschnittliche Handelsvolumen aller untersuchten Unternehmen (2006: 3,34 Mio., 2007: 4,25 Mio.) um ein Vielfaches übersteigt, ergibt sich ein Bravais-Pearson Korrelationskoeffizient von nur 0,1521 für 2006 und 0,1064 für 2007. Mithin lässt sich zwar ein positiver Zusammenhang erkennen, jedoch lässt die Berücksichtigung nur einer unabhängigen Variablen keine eindeutigen Schlussfolgerungen zu.

Im Rahmen der Analysen in 5.3 wurde festgestellt, dass der Index einen signifikanten Einfluss auf die Qualität der Berichterstattung hat. Da die Indexzusammenstellung in Abhängigkeit von der Marktkapitalisierung und dem Handelsvolumen des Streubesitzes determiniert wird, steht das Ergebnis in Einklang mit den in diesem Abschnitt erzielten Resultaten, einem positiven Zusammenhang zwischen Reportingqualität und der Marktkapitalisierung respektive dem Handelsvolumen. Allerdings kann somit nicht eindeutig festgestellt werden, ob die Reportingqualität eine abhängige Variable des Börsenwertes bzw. Handelsvolumens ist, oder als unabhängige Variable auf die beiden genannten Größen Einfluss ausübt. In einer weiteren Untersuchung wurde daher im Gegensatz zum absoluten Wert der Marktkapitalisierung bzw. des Handelsvolumens, deren relative Veränderung im Vergleich zum Vorjahr als abhängige Variable herangezogen. Die Ergebnisse führten dabei zu keinen eindeutigen Ergebnissen. Die relative Veränderung des Handelsvolumens war in beiden Jahren negativ mit der Qualität des Reporting korreliert. (2005/2006: R=-0,2471, 2006/2007: R=-0,3321)[327] Die relative Veränderung der Marktkapitalisierung war hingegen im Vergleich 2005/2006 ebenfalls mit -0,1352 negativ korreliert, die Entwicklung von 2006 zu 2007 führte jedoch zu einem Bravais Pearson Korrelationskoeffizienten von +0,2322. Das Bestimmtheitsmaß überschritt jedoch nur bei einer Studie eine Größe von 0,1, sodass die Ergebnisse kaum durch die Stichprobe erklärt werden. Insbesondere in Bezug auf die relativen Veränderungen wäre daher zu empfehlen, einen längeren Zeitraum zu untersuchen und den Einfluss unter Berücksichtigung weiterer Einflussfaktoren zu überprüfen, um eine Aussage treffen zu können. Ergänzend wäre eine Analyse denkbar, die den Einfluss auf die relative Veränderung nicht auf den Zeitraum eines Jahres ausdehnt, sondern den Effekt der Berichterstattung auf einen kurzen Zeitraum unmittelbar nach Veröffentlichung des Geschäftsberichtes misst, um eine bessere Aussage über die Bedeutung der Berichterstattung zu gelangen, wobei die Differenzierung der Wertveränderung in Abhängigkeit von der Qualität der Berichterstattung und den tatsächlichen Informationsinhalten nicht praktikabel sein wird.

Der unzureichenden Aussagekraft folgend wird an dieser Stelle eine lineare Mehrfachregression für das Jahr 2006 und 2007 durchgeführt.[328] Als abhängige Variable

---

[327] Vgl. Anhang XI

[328] Die Annahme des linearen Zusammenhangs beruht auf den Ergebnissen weiterer empirischer Analysen, die im weiteren Verlauf vorgestellt werden und die einen linearen Zusammenhang zwischen den unabhängigen und abhängigen Variablen feststellen konnten. In dem verwendeten Modell werden sämtliche unabhängige Variablen gleichzeitig einbezogen, da hierdurch die Aussagekraft der einzelnen Kriterien bestimmt werden kann. Vgl. Fromm (2004), S. 275; Mit Hilfe der Kollinearitätsdiagnose wird die Unabhängigkeit der abhängigen Variablen überprüft. Der Wert der Toleranz der SPSS Ergebnisse berechnet sich dabei aus Toleranz= 1-R^2_i, wobei R$_i$ den Korrelationskoeffizienten zwischen der zu

wird die Marktkapitalisierung der DAX Unternehmen herangezogen, da bis dato keine Studien bekannt sind, die den direkten Einfluss des Reporting auf den Börsenwert quantifizieren, während Wirkungen auf das Handelsvolumen bereits in weiteren Studien untersucht wurden, wie im weiteren Verlauf dargestellt wird. Neben dem Reporting Score wird des Weiteren auf das Jahresergebnis und den Buchwert des Eigenkapitals als unabhängige Variable zurückgegriffen. Das Jahresergebnis repräsentiert in diesem Zusammenhang eine Erfolgsgröße, der im Rahmen der Börsenbewertung eine bedeutende Rolle zukommt. Der Rückgriff auf das Jahresergebnis anstatt des Cash Flows, der in dieser Arbeit eigentlich als überlegen identifiziert wurde, hängt damit zusammen, dass wiederum nur zwei Berichtsjahre betrachtet werden und der Cash Flow zum Teil größere Volatilitäten in einem kurzen Zeitraum aufweisen kann. Die Identifikation des Buchwerts des Eigenkapitals als eine Determinante des Börsenwertes ergibt sich, da dieser den Wert der Residualansprüche der Eigenkapitalgeber bemisst.[329]

Die Ergebnisse der vorgenommenen Analyse sind dabei aussagekräftiger als die bisherigen Ergebnisse, was u.a. dem Bestimmtheitsmaß R^2 des gesamten Regressionsmodells entnommen werden kann, der den Anteil der erklärten Streuung an der gesamten Streuung bemisst und in der vorliegenden Untersuchung für 2006 einen Wert von 0,799 (Korrigiertes R^2=0,775)[330] und für 2007 von 0,781 (Korrigiertes R^2=0,756) aufweist.

---

untersuchenden und den übrigen unabhängigen Variablen angibt. Ein Wert < 0,1 deuten auf Kollinearität hin, was in dem untersuchten Fall nicht gegeben ist. Vgl. Brosius (2006), S. 579

[329] Die Datengrundlagen können den Anhängen XII und XIII entnommen werden. Die Anhänge XIV und XV geben die detaillierten Ergebnisse aus der Regressionsanalyse wider.

[330] Das korrigierte Bestimmtheitsmaß berücksichtigt hierbei die Anzahl der erklärenden Variablen und die Anzahl der Beobachtungsfälle und berechnet sich aus: $R^2_{korr} = R^2 - \dfrac{m}{n-m-1}(1-R^2)$ mit: m=Anzahl der erklärenden Variablen, n= Zahl der Beobachtungsfälle

	2007	2006
Bestimmtheitsmaß R^2	0,781	0,799
Korrigiertes R^2	0,756	0,775
F-Wert	30,898	34,388
Beta-Koeffizienten:		
Reportingscore	861,680	628,104
Jahresergebnis	2,390	3,448
Buchwert_EK	1,169	0,750
Korrelation Nullter Ordnung		
Reportingscore	0,224	0,324
Jahresergebnis	0,778	0,818
Buchwert_EK	0,858	0,862
T-Wert		
Reportingscore	2,036	1,862
Jahresergebnis	1,253	2,068
Buchwert_EK	3,910	3,247
Signifikanz		
Reportingscore	0,052	0,074
Jahresergebnis	0,221	0,049
Buchwert_EK	0,001	0,003

Abbildung 25: Zusammenfassung der Ergebnisse der multiplen linearen Regression

Quelle: eigene Darstellung

Die Güte des Modells wird ebenso durch den F-Wert i.H.v. 34,39 in 2006 und 30,90 in 2007 bestätigt, der die Hypothese überprüft, ob die Variablen gemeinsam einen Erklärungsbeitrag leisten. Hierzu wird der Quotient aus der durchschnittlich erklärten Variation und der durchschnittlich nicht erklärten Variation berechnet. Der anschließende Vergleich mit dem kritischen Wert der F-Verteilung bei einer Irrtumswahrscheinlichkeit von 0,05 i.H.v. 2,975 (bei df_1 = m = 3 und df_2 = n-m-1 = 26 Freiheitsgraden; m = Anzahl der Variable; n = Größe der Stichprobe) führt zur Ablehnung der Hypothese, dass die Variablen keinen Erklärungsbeitrag liefern.

Die Analyse der einzelnen Beta-Koeffizienten des linearen Regressionsmodells ergibt in beiden Jahren für sämtliche Variablen ein positives Vorzeichen, was sich dahingehend interpretieren lässt, dass sowohl ein besseres Reporting, als auch ein höheres Jahresergebnis bzw. ein höheres Eigenkapital zu Buchwerten zu einer höheren Marktkapitalisierung beitragen. Dieses Ergebnis entspricht in puncto Eigenkapital und Jahresergebnis den Erwartungen, verdeutlicht jedoch die positive Wirkung eines besseren Reporting auf den Börsenwert. Werden nun die einzelnen unabhängigen Variablen und deren separate Korrelation mit der Marktkapitalisierung unter Berücksichtigung des Bravais-Pearson Korrelationskoeffizienten betrachtet, wie es in der vorangegangenen Analyse der Fall war, ergibt sich für den Buchwert des Eigenkapitals jeweils der höchste Korrelationskoeffizient i.H.v. 0,862 in 2006 und 0,858 in 2007. Das Jahresergebnis kommt in der separaten Betrachtung zu ähnlich hohen Werten. (2006: 0,818, 2007: 0,778), während das Reportingscore zu deutlich niedrigeren Werten von 0,324 in 2006 respektive 0,224 in 2007 gelangt. Unter Berücksichtigung des Beta-Koeffizienten und dessen Division durch den Standardfehler ergibt sich der Prüfwert T, der benötigt wird, um Aussagen zur Signifikanz des linearen Einflusses einzelner unabhängiger Variablen auf die Marktkapitalisierung zu treffen. Der Vergleich des ermittelten Prüfwertes T mit der kritischen Größe einer Student-t-Verteilung unter Berücksichtigung einer Irrtumswahrscheinlichkeit von 0,05 und 26 Freiheitsgraden, führt zur Ablehnung (Annahme) der Hypothese H_0, die postuliert, dass kein signifikanter Zusammenhang zwischen unabhängiger und abhängiger Variable besteht. Bei der hier zweiseitigen Fragestellung, da keine Annahmen über das Vorzeichen des Koeffizienten getroffen wurden, ergibt sich ein kritischer Wert von 2,056. Dies führt zu dem Ergebnis, dass in 2006 der Buchwert des Eigenkapitals und das Jahresergebnis einen signifikanten Erklärungsbeitrag des Modells liefern. SPSS veranschaulicht dieses Ergebnis in anderer Art und Weise, wonach der angegebene Signifikanzwert mit dem geforderten Mindestniveau (hier: 0,05) zu vergleichen ist. Hierbei wird deutlich, dass das Reporting Score bei einer unwesentlich geringeren Irrtumswahrscheinlichkeit von z.B. 0,10 als signifikant hervorgehen würde. In der Analyse für 2007 gilt lediglich der Buchwert des Eigenkapitals bei dem geforderten Mindestniveau als signifikant. Während das Jahresergebnis keine Signifikanz mehr aufweist, verpasst das Reporting Score die Signifikanz lediglich auf Basis der zweiten Nachkommastelle.

5.4.1 Ergebnisse weiterer Studien

In der vorangegangenen Analyse konnte mithin ein positiver, wenn auch nicht signifikanter, Zusammenhang zwischen der Qualität des Value Reporting und der Marktkapitalisierung bzw. dem Handelsvolumen festgestellt werden, jedoch ist die Aussagekraft aufgrund der Größe der Stichprobe, deren Varianz und der Kürze des betrachteten Zeitraums einzuschränken. Im Hinblick auf das Handelsvolumen wurde des Weiteren nur eine bivariate Analyse durchgeführt. Die Mehrfachregression mit der Marktkapitalisierung als abhängige Variable ergab jeweils keine Signifikanz des Reportings. Auch andere Studien haben sich mit den Auswirkungen des Value Reportings auf Kapitalmarktvariablen beschäftigt, deren Ergebnisse unter dem Vorbehalt der Vollständigkeit aufgezeigt werden.

Die Zusammenhänge können dabei sowohl direkt als auch indirekt untersucht werden.

Direkte Untersuchungen messen den Zusammenhang zwischen der Qualität der Berichterstattung und den Verbindungen des Value Reporting an das Werttreibernetzwerk, wie es in Abb. 16 dargestellt wird, d.h. den Zusammenhang zu den Kapitalkosten, der Aktienbewertung und der Wahrnehmungslücke. Indirekte Untersuchungen analysieren den Einfluss auf Indikatoren, die nachgelagert wieder einen Einfluss auf die vorher genannten Variablen haben. Exemplarisch ist hierbei bspw. die Anzahl der Analysten oder das im Vorfeld untersuchte Handelsvolumen zu nennen.[331]

5.4.2 Direkte Untersuchungen

In einer 1997 veröffentlichten Studie untersuchte Botosan den Zusammenhang zwischen der Qualität der Berichterstattung und den Eigenkapitalkosten anhand von 122 Geschäftsberichten von Produktionsfirmen. Die Qualität des Reporting ging hierbei wiederum auf ein von ihr eigens erstelltes Modell zurück, während sie die Eigenkapitalkosten anhand der von Edwards, Bell und Ohlson entwickelten „EBO valuation formula" gewann, auf die hier nicht weiter eingegangen wird. Botosan konnte hiermit abschließend feststellen, dass eine bessere Berichterstattung die Eigenkapitalkosten der Unternehmen senken kann, denen eine geringere Aufmerksamkeit von Analysten (low analyst following) zukommt. Für Unternehmen, die im Mittelpunkt der Analystenbetrachtung stehen, konnte kein Zusammenhang hergestellt werden, was lt. Botosan vermutlich damit zusammenhängt, dass sie ausschließlich den Geschäftsbericht betrachtete, bei der Analyse eines Unternehmens jedoch gerade die Analysten eine wichtige Rolle der Meinungsbildung spielen und somit deren Meinung eine stärkere Gewichtung zukommt.[332] Ein gemischtes Ergebnis ergab sich auch in der von Fischer analysierten Pharmabranche. Zwar konnte ein Wirkungszusammenhang festgestellt werden, nämlich dass ein besseres Reporting die Eigenkapitalkosten senkt, das Ergebnis war jedoch nicht für die gesamte Stichprobe signifikant.[333]

Die im Rahmen dieser Arbeit durchgeführte Analyse im Hinblick auf den Zusammenhang zwischen dem Reporting und der Marktkapitalisierung führt zu keinem Ergebnis. Die Problematik der Vorgehensweise, wie bereits kritisch angemerkt, besteht darin, dass eine Vielzahl an Faktoren den Aktienkurs beeinflusst. So konnte Preis beispielsweise die Entwicklung des Bilanzgewinns eines Unternehmens mit einem Bestimmtheitsmaß von 71% (ohne Ausreißer: 85%) als eine bedeutende Determinante der Börsenkursentwicklung

---

[331] Vgl. Fischer (2003), S. 203
[332] Vgl. Botosan (1997), S. 323 f., 338
[333] Vgl. Fischer (2003), S. 287

identifizieren.[334] Fischer, der ebenfalls die Auswirkungen des Reporting auf die Aktienbewertung am Kapitalmarkt bemessen möchte, analysiert daher den Effekt auf die Price-Earnings Ratio und die Estimated Price Earnings Ratio die jeweils explizit den Gewinn inkludieren. Hierdurch trägt er der Relevanz des Bilanzgewinns für die Marktkapitalisierung Rechnung. Durch diese Vorgehensweise konnte festgestellt werden, dass ein Unternehmen mit einem besseren Reporting c.p. eine höhere Aktienbewertung, d.h. eine höhere Price Earnings Ratio aufweist, ohne den Einfluss des Gewinns zu vernachlässigen.[335] Diese Vorgehensweise bot sich vor allem an, da die von Fischer untersuchte Stichprobe aus einer Branche stammte und somit ein Vergleich der Price-Earnings Ratios möglich war. In Bezug auf den DAX wäre diese Analyse nicht möglich, da unterschiedliche Branchen auch unterschiedliche KGVs aufweisen.[336]

Auch der direkte Zusammenhang zwischen der Qualität des Reporting und einer besseren Bewertungseffizienz der Aktienpreise konnte identifiziert werden. In einer Studie wurde untersucht, ob der Börsenwert den inneren Wert des Unternehmens widerspiegelt. Da Informationen über den inneren Wert eines Unternehmens kaum zugänglich sind, wurde der Zusammenhang zwischen in einer Periode erzielten Renditen und in der darauf folgenden Periode ermittelten Gewinnänderungen ermittelt, da nach Gelb/Zarowin gilt: „more informative stock price changes contain more information about future earnings changes."[337] Sowohl Fischer, als auch die Studie von Gelb/Zarowin kamen zu dem Ergebnis, dass der Aktienkurs von Unternehmen mit einer besseren Qualität der Berichterstattung signifikant bewertungseffizienter im Hinblick auf die Aussagekraft über zukünftige Erträge ist.[338]

5.4.3 Indirekte Untersuchungen

Eine indirekte Einflussgröße der Kapitalkosten stellt die Anzahl der ein Unternehmen analysierenden Analysten dar. Eine höhere Anzahl der Analysten führt demnach zu einer besseren Bewertungseffizienz am Kapitalmarkt, was das Risiko und somit die geforderte Rendite der Anleger senkt. Darüber hinaus lassen sich durch eine höhere Anzahl die Handelsvolumina erhöhen, wodurch der Markt liquider wird und sich daher Bid-Ask Spreads und Transaktionskosten reduzieren lassen. Im Rahmen einer Studie von Fischer, der wie oben angeführt seine Untersuchungen auf die Pharmabranche bezog, konnte demnach festgestellt werden, dass eine bessere Qualität der Berichterstattung mit einer

---

[334] Vgl. Preis (1996), S. 241
[335] Vgl. Fischer (2003), S. 293
[336] Vgl. Wöhe/Döring (2008), S. 910
[337] Gelb/Zarowin (2002), S. 33
[338] Vgl. Fischer (2003), S. 306, Gelb/Zarowin (2002), S. 43

größeren Anzahl der einer Unternehmung analysierenden Analysten einhergeht.[339] Es wurde jedoch auch festgestellt, dass ein positiver Zusammenhang zwischen der Unternehmensgröße und der Anzahl der Analysten besteht,[340] wobei die Größe eines Unternehmens, wie im vorigen Abschnitt festgestellt, einen positiven Einfluss auf die Berichterstattung hat. Grundsätzlich ist das Ergebnis jedoch konsistent zu einer weiteren Studie von Lang und Lundholm, die den Vorteil einer besseren Berichterstattung insbesondere in den geringeren Kosten für Analysten zur Informationsbeschaffung sehen, was schlussendlich die Anzahl der Analysten steigen lässt.[341]

Ein weiterer Zusammenhang könnte lt. Fischer zwischen der Qualität der Berichterstattung und der Volatilität der Aktienrenditen festgestellt werden.[342] Dieses Ergebnis und die Überlegung, dass „To the extent that smooth transitions in share prices suggest the absence of information asymmetries between the firm and shareholders, or among investors, low levels of volatility suggest fewer information asymmetries"[343], können über diesen Zusammenhang wiederum Informationsasymmetrien abgebaut und die Informationseffizienz erhöht werden. Im Allgemeinen lässt sich festhalten, dass Untersuchungen zu den Zusammenhängen nicht konsistent zu denselben Ergebnissen führen. In der Studie von Leuz und Verrecchia konnte kein signifikanter (senkender) Einfluss auf die Volatilität der Aktienkurse festgestellt werden. Stattdessen konnten ein höheres Handelsvolumen und eine Senkung des Bid-Ask Spreads mit dem Reporting assoziiert werden.[344] Die Ergebnisse in Bezug auf das Handelsvolumen konnten von Fischer bestätigt werden, der dabei den Einfluss auf den Anteil der durchschnittlich gehandelten an den insgesamt ausgegebenen Aktien sowie das Volumen in US-Dollar untersuchte. Der Bezug zum Unternehmenswert führt dabei über die u.a. von Brennan/Tamarowski aufgestellte Kausalkette, nach der das Handelsvolumen indirekt auf die Kapitalkosten und den Aktienkurs wirkt.[345] „[...]stocks with heavier trading volume are more liquid. [...] confirm that liquidity is a major determinant of a firm's cost of capital and therefore the firm's share price."[346] Wenzel gelang hingegen nicht die Herstellung eines signifikanten Zusammenhangs zwischen der Qualität der Berichterstattung und der Anzahl der Analysten, der Volatilität, dem Handelsvolumen sowie den Eigenkapitalkosten. In Bezug auf die Eigenkapitalkosten und das Handelsvolumen

---

[339] Vgl. Fischer (2003), S. 217 ff., 227
[340] Vgl. Fischer (2003), S. 227
[341] Vgl. Lang/Lundholm (1996), S. 490
[342] Vgl. Fischer (2003), S. 239
[343] Leuz/Verrechia (2000), S. 99
[344] Vgl. Leuz/Verrechia (2000), S. 121
[345] Vgl. Fischer (2003), S. 247, Brennan/Tamarowski (2000), S. 33, 35
[346] Brennan/Tamarowski (2000), S. 33, 35

ergab sich nicht einmal das erwartete negative (Eigenkapitalkosten) bzw. positive (Handelsvolumina) Vorzeichen des Zusammenhangs. Als Ursache hierfür wird seitens der Autorin auf den kurzen (2 Jahre) Betrachtungszeitraum verwiesen.[347]

Abschließend konnte in den Studien von Brennan/Tamarowski sowie Fischer festgestellt werden, dass ein besseres Reporting zu akkurateren Gewinnprognosen seitens der Analysten führt. Eine geringere Volatilität und Streuung der Prognosen sowie ex post bessere Prognosen, senken die Informationsasymmetrien. Eine gesteigerte Konsistenz der Prognosen deutet darüber hinaus auf weniger Kosten für die Beschaffung der Informationen hin, was im Umkehrschluss die Anzahl der Analysten erhöht.[348]

Zusammenfassend lässt sich konstatieren, dass Unternehmen die eine verhältnismäßig bessere Qualität der Berichterstattung aufweisen, sowohl bei den direkten, als auch bei den indirekten Einflussgrößen auf den Unternehmenswert, Vorteile generieren können, wobei die Ergebnisse der Untersuchungen z.T. nicht eindeutig sind. Sie verfügen demnach über eine höhere Anzahl der sie analysierenden Analysten, über ein durchschnittlich höheres Handelsvolumen, über genauere und weniger volatile Prognosen seitens der Analysten über zukünftige Gewinne sowie eine geringere Volatilität der Aktienkurse. Direkt verfügen sie über geringere Eigenkapitalkosten, und werden am Markt verhältnismäßig höher und effizienter bewertet.

Unternehmen könnten demnach angehalten sein, ihre Berichterstattung vor dem Hintergrund der sich ergebenen Vorteile zu verbessern. Diese Empfehlung wird auch durch eine Studie von Healy/Hutton/Palepu unterstützt, die herausfanden, dass „expanded disclosure is associated with increases in stock performance, growth in institutional ownership, increased stock liquidity (reflected in reduced relative bid-ask spreads), and higher analyst coverage."[349]

Im Rahmen der vorgestellten Analysen standen die Auswirkungen auf den Kapitalmarkt im Blickpunkt der Betrachtung. Darüber hinaus verfolgt das Value Reporting jedoch auch eine kommunikationspolitische Zielsetzung. Diese wurde hier nicht einbezogen, kann jedoch zu weiteren Ergebnissen führen. Exemplarisch ist in diesem Zusammenhang eine Quantifizierung des Vertrauens in das Management oder die Zufriedenheit der Anleger zu nennen, welche indirekt wiederum auf die Kapitalmarktvariablen einwirken können.

---

[347] Vgl. Wenzel (2005), S. 480
[348] Vgl. Brennan/Tamarowski (2000), S. 30, Fischer (2003), S. 267
[349] Healy/Hutton/Palepu (1999), S. 508

6 Rechtliche Einflussfaktoren auf das Value Reporting

6.1 Corporate Governance

Ein verstärkter Wettbewerb am Kapitalmarkt sowie eine Reihe von Fällen der Wirtschaftskriminalität (z.b. im Fall von Enron, WorldCom) führten zu steigenden Transparenzerfordernissen bei der Unternehmensführung insbesondere gegenüber den Kapitalgebern. Bereits zu Beginn der 90er Jahre begann daher in den USA die Diskussion über Corporate Governance. Corporate Governance ist, analog zum Value Reporting, ein auf die langfristige Wertschöpfung orientiertes Instrument der Unternehmensführung, fokussiert sich jedoch auf die Schwerpunkte Transparenz, Publizität und Kontrolle. Corporate Governance stellt somit die normative Grundordnung für das oberste Führungs- und Kontrollsystem im Hinblick auf die Sicherung einer Unternehmung dar.[350] Im Fokus der Betrachtung stehen hierbei laut Gleich/Oehler/Seegy die Unternehmenseigner, deren Interessen es zu schützen gilt, da insbesondere für Privatanleger die Kosten zur Kontrolle des Managements, sog. monitoring costs, in keinem Verhältnis zu ihrem Investment steht.[351] Die Fokussierung auf die Anteilseigner greift jedoch zu kurz. Vielmehr hängt es von der Unternehmensstrategie ab, welche Anspruchsgruppen in die Corporate Governance einzubeziehen sind. Während der in 2.1.1 beschriebene Shareholder Ansatz vorwiegend die Anteilseigner als Anspruchsgruppe berücksichtigt, sind es bei der Stakeholder orientierten Unternehmensführung derer eine Vielzahl. Die angeführte Bedeutung der Stakeholder zum langfristigen Unternehmenserfolg führt daher zu dem Verständnis, dass im Rahmen der Corporate Governance der Interessensausgleich aller Anspruchsgruppen im Mittelpunkt steht. Eine zweiseitige Corporate Governance zwischen der Unternehmung und den Anteilseignern ist hingegen nur zu rechtfertigen, wenn von effizienten Arbeits- und Kapitalmärkten ausgegangen werden kann, deren Verträge unter gesetzlichem Schutz stehen.[352]

Die Bedeutung von Glaubwürdigkeit und Vertrauen nimmt vor dem Hintergrund wachsender Kapitalmärkte daher eine große Bedeutung ein.[353] Mit Hilfe von Corporate Governance Kodices wird daher versucht, dolose Handlungen zu verhindern und das Vertrauen zwischen Management und Stakeholdern zu steigern. Die Ausgestaltung dieser Kodices ist sehr heterogen und u.a. abhängig davon, welche Interessensgruppen beteiligt sind. Demgemäß unterscheiden sich z.B. die „Principles of Corporate Governance" des

---

[350] Vgl. Küsters (2002), S. 313
[351] Vgl. Gleich/Oehler/Seegy (2004), S. 134 ff.
[352] Vgl. Witt (2001), S. 85 ff.
[353] Vgl. Gleich/Oehler/Seegy (2004), S. 134 ff.

OECD vom Deutschen Corporate Governance Kodex (DCGK) dadurch, dass erstere auf internationale Mindeststandards abzielen und es an Spezifikation fehlt.[354]

Obwohl seitens der kapitalmarktorientierten Unternehmen eine zunehmende Regulierung beklagt wird, forcieren diese ihre Bemühungen in puncto Marktauftritt und Rechenschaftslegung, um sich erfolgreich dem Wettbewerb zu stellen. Der Interessenskonflikt ergibt sich aus dem Anstieg der Regulierungen und Erfordernisse am Kapitalmarkt einerseits, und dem Streben der Unternehmen nach Individualität und Wettbewerbsvorteilen andererseits, da gesetzliche Vorschriften von allen Betroffenen gleichermaßen zu erfüllen sind und sich somit durch ein besseres Reporting keine Wettbewerbsvorteile generieren lassen.[355]

Zum derzeitigen Zeitpunkt wird den Unternehmen jedoch ein Spielraum im Rahmen des DCGK gewährt, sodass eine Diversifikation weiterhin möglich ist. So wird zwar ein Statement des Vorstands und des Aufsichtsrates über die Umsetzung der Empfehlungen der Regierungskommission zum Corporate Governance Kodex gefordert, dessen ungeachtet können Empfehlungen unberücksichtigt bleiben, sofern dies im Statement kenntlich gemacht wird. (vgl. § 161 AktG) Darüber hinaus regelt der DCGK überwiegend regulatorische Aspekte wie das Zusammenwirken der Organe einer Aktiengesellschaft sowie die einzelnen Aufgaben und Zuständigkeiten. Lediglich im 6. Abschnitt zur Transparenz und 7. Abschnitt zur Rechnungslegung und Abschlussprüfung des DCGK wird spezifizierter auf Tatbestände zur externen Kommunikation[356] und zur Umsetzung dieser[357] eingegangen. Im Hinblick auf die Wertorientierung verpflichtet der DCGK den Vorstand gem. Abs. 4.1.1 zwar zu einer Steigerung des nachhaltigen Unternehmenswertes, wovon auch das Shareholder Value Konzept und das Value Reporting betroffen wären, jedoch beinhalten die Ausführungen unzulängliche Anforderungen an die Berichterstattung, die als Element des Value Management als essentiell zu betrachten ist.

Aus den Ausführungen über die bis dato nicht explizit geregelten Bestandteile des Corporate Governance ergibt sich daher ein Spielraum für die Unternehmen, über ein Corporate Governance System qualitative Informationen bereitzustellen und die

---

[354] Vgl. Knapp (2005), S. 58 ff.

[355] Vgl. Küsters (2008), S. 28 f.

[356] So sind u.a. gemäß Abs. 6.1 DCGK Tatsachen, die Auswirkungen auf die Vermögens- und Finanzlage oder den Geschäftsverlauf in der Art und Weise haben, dass sie den Börsenkurs erheblich beeinflussen unverzüglich zu veröffentlichen.

[357] Gemäß Abs. 6.4 und 6.8 DCGK soll z.B. auch das Internet als Kommunikationsmedium genutzt werden sowie Informationen auch in englischer Sprache bereitgestellt werden. Als wesentliches Medium dient weiterhin der Konzernabschluss und die Zwischenberichte.

Berichterstattung zur Ermittlung eines fairen Unternehmenswertes zu erweitern.[358]
Küsters rät den Unternehmen mit Hilfe von Complianceabteilungen und der internen
Revision die Entwicklung und die Einhaltung gesetzlich kodifizierter und freiwilliger
Corporate Governance Regelungen zu unterstützen. Die Integration von Strukturen und
Verhaltensnormen im Sinne der Kodices führt zu einem emergenten Prozess, der zu neuen
Ausprägungen der Organisation führt, welche im Wettbewerb um Eigenkapital
ausschlaggebend sein können.[359] Mithin kann die Bedeutung von Corporate Governance
aus Effizienzgesichtspunkten auch kritisch hinterfragt werden, zumal die Wirkungen der
kostenintensiven Überwachung und deren Berichterstattung bisher nicht eindeutig ist. Erste
Studien belegen jedoch, dass Investoren großen Wert auf die Corporate Governance legen.
Während osteuropäische, asiatische, afrikanische und lateinamerikanische Investoren der
Corporate Governance eine höhere Bedeutung als den finanziellen Indikatoren bei der
Investitionsentscheidung beimessen, ergibt sich bei westeuropäischen und
nordamerikanischen Investoren ein umgekehrtes Bild. Die generelle Bereitschaft für ein
gutes Corporate Governance ein Premium auf die Aktie zu zahlen, verdeutlicht die
Möglichkeit der Wertsteigerung durch Corporate Governance.[360] Die Qualität der
Corporate Governance ist für den Außenstehenden jedoch schwer zu beurteilen. Kongruent
zum Value Reporting wird daher versucht, die Qualität der Corporate Governance durch
Studien zu bewerten. Stellvertretend ist in diesem Zusammenhang der „Code of Best
Practice" des DVFA zu nennen. Anhand von gewichteten Kriterien wird die Qualität mit
Hilfe eines finalen Scores wiedergegeben.[361] Auf selbigem Konzept basiert auch der 2008
erstmals in Deutschland verliehene ESG Award. ESG steht für Environment, Social und
Government und trägt der steigenden Bedeutung des nachhaltigen Handelns Rechnung.
Demnach wird von Analystenseite vermutet, dass nachhaltig operierende Unternehmen
zukünftigen Herausforderungen besser gewachsen sind. Zusätzlich ergaben Studien für
nachhaltig operierende Unternehmen eine geringere Volatilität des Aktienkurses.[362]
Den Ausführungen entsprechend, ergibt sich neben dem Value Reporting auch auf
verwandten Gebieten der externen Berichterstattung noch viel Spielraum. Die Bedeutung
einzelner Gebiete, wie bspw. der Nachhaltigkeit, wird in Zukunft tendenziell zunehmen.
Sofern auch der Wert und die weitere Entwicklung des Unternehmens entscheidend

---

[358] Vgl. Küsters (2008), S. 28
[359] Vgl. Küsters (2008), S. 29 ff.
[360] Vgl. McKinsey (2002); Die Bemessung des Premiums ergab sich dabei aus dem Vergleich zweier
Unternehmen mit nahezu identischer finanzieller Performance, jedoch unterschiedlicher Ausprägungen
der Corporate Governance, wodurch sich die Ausprägungen „Good" und „Poor" ergaben.
[361] Vgl. Küsters (2002), S. 317 ff.
[362] Vgl. Gerth (2008), S. 176 ff.

betroffen sind, sind die Inhalte ebenso in das Value Reporting zu integrieren. Ähnlich dem Value Reporting ist es jedoch auch hier von Bedeutung die erweiterte Berichterstattung einer Wirtschaftlichkeitsanalyse zu unterziehen. Des Weiteren besteht im Hinblick auf die Auswirkungen auf Kapitalmarktvariablen noch Forschungsbedarf.

6.2 Rechnungslegungsvorschriften und Empfehlungen

Die internationale Tätigkeit globaler Konzerne ermöglicht diesen einen leichteren Zugang zu den internationalen Finanzmärkten. Gelingt es den Konzernen auch internationale Investoren für sich zu gewinnen, kann dies zu niedrigeren Kapitalkosten führen.[363] Die Kehrseite der Medaille dieser sich entwickelnden Möglichkeiten besteht in gesteigerten Anforderungen an die eigene Rechnungslegung und somit auch weniger Spielraum für ein individuelles Value Reporting. Handelt es sich bei dem Unternehmen bspw. um einen Konzern, was auf die Mehrzahl der auf internationalen Kapitalmärkten Agierenden zutrifft, muss gemäß § 290 Abs.1 HGB i.V.m § 315a HGB seit 2005 der Konzernabschluss nach internationalen Rechnungslegungsstandards aufgestellt werden. Hinzu kommen Zwischenberichterstattungen auf Basis nationaler und internationaler Börsennotierungen.[364]

Eine Berichterstattung, die unterschiedlichen gesetzlichen Vorschriften Folge zu leisten hat, erschwert darüber hinaus die Informationsbasis für Investoren. Die Diskussion über die Notwendigkeit der Harmonisierung der Finanzberichterstattung lässt sich somit auch auf das Value Reporting übertragen, da Transaktionskosten der Informationsbeschaffung für Investoren nicht überall identisch sind, ergeben sich z.T. Informationsvorsprünge.[365]

Im Folgenden werden auf Basis unterschiedlicher Rechnungslegungsvorschriften die Anforderungen an den Lagebericht untersucht. Die Analyse des Lageberichts als Bestandteil des Value Reporting empfiehlt sich, da in diesem die wesentlichen Prognosen für die weitere Geschäftsentwicklung einer Unternehmung enthalten sind, die wiederum essentiell zum Abbau von Informationsasymmetrien und zur adäquaten Bewertung eines Unternehmens sind. Anhand der Analyse wird deutlich, dass nicht nur durch unterschiedliche Rechnungslegungssysteme Informationsasymmetrien geschaffen werden, sondern dass bereits innerhalb der nationalen Vorschriften ein breiter Spielraum geschaffen wird, der die Komparabilität der Unternehmen erschwert.

Die Analyse fokussiert sich hierbei auf die Anforderungen an den HGB-Lagebericht sowie

---

[363] Vgl. Eiteman/Stonehill/Mofett (2004), S. 315
[364] Vgl. Uebber/Köthner (2008), S. 233 f.
[365] Vgl. Uebber/Köthner (2008), S. 237 ff.

den entsprechenden Ausführungen des DRSC einerseits, sowie andererseits dem Discussion Paper zum Management Commentary des IASB. Der Management Commentary wurde im Rahmen des Due Processes zur Entwicklung eines neuen IFRS Standards im November 2005 für 120 Tage zur Diskussion veröffentlicht. Im März 2008 wurden nun die Ergebnisse diskutiert, wobei die Veröffentlichung des Exposure Drafts zur weiteren Diskussion in der zweiten Jahreshälfte 2008 angedacht ist. Den Kommentaren zu dem Discussion Paper folgend, lässt sich jedoch bereits ein Trend abzeichnen. Demnach stimmten 86% der 116 Kommentare den Inhalten des Management Commentary zu. 52% halten die Einführung des MC für erforderlich, jedoch plädieren 54 Kommentatoren (47%) für die Umsetzung in einer unverbindlichen Leitlinie und nur 44 Teilnehmer (38%) für einen verpflichtenden Standard.[366] Sollte sich die Unverbindlichkeiten durchsetzen, erhöht dies wiederum den Spielraum der Unternehmen und die Unvergleichbarkeit der Abschlüsse.

6.2.1 Der Lagebericht nach HGB

Die Pflicht zur Aufstellung eines Lagerberichtes für Kapitalgesellschaften ergibt sich aus § 264 Abs. 1 HGB[367], der gem. § 316 Abs. 1 auch von einem Abschlussprüfer zu prüfen ist. Vor diesem Hintergrund ist dem Lagebericht eine verlässliche aber auch, vor dem Hintergrund gesetzlicher Neuregelungen in den letzten Jahren, steigende Bedeutung auch im Hinblick auf das Value Reporting beizumessen. Die erweiterten Anforderungen an den Lagerbericht wurden insbesondere durch die Umsetzung des KonTraG und des Bilanzrechtsreformgesetz (BilReG) als Ergebnis der Modernisierungs- sowie der Fair-Value Richtlinie der EU in nationales Recht determiniert. Aus Sicht des Value Reporting ergibt sich durch die neu gefassten handelsrechtlichen Vorschriften zum Lagebericht auf Einzel- und Konzernebene nach §§ 289 und 315 HGB sowie der Konkretisierung in DRS 15[368] und DRS 5 eine verstärkte Ausrichtung auf die Wertorientierung, da die Lage eines Konzerns nicht mehr nur darzustellen, sondern auch zu analysieren ist.[369] Aufgrund der Tatsache, dass derzeit noch kein Standard zum Lagebericht nach den IFRS existiert (siehe 6.2.2), sind deutsche Unternehmen, die ihren Konzernabschluss nach IFRS aufstellen an

---

[366] Vgl. Uebber/Köthner (2008), S. 245
[367] Dies gilt nicht für kleine Kapitalgesellschaften nach § 267 Abs. 1 HGB.
[368] Die Deutschen Rechnungslegungsstandards (DRS) sind keine Gesetze, durch Veröffentlichung im Bundesanzeiger seitens des Bundesministeriums für Justiz kommt ihnen jedoch eine faktische Bindungswirkung zu. Im Speziellen gilt u.a. 15.1-15.92 als verbindlich während 15.93-15.123 weitergehende Empfehlungen enthält. Vgl. Baetge/Solmecke (2006), S. 25, Buchheim/Fischer (2007), S. 137
[369] Vgl. Fischer/Klöpfer (2006), S. 6, Baetge/Solmecke (2006), S. 25

die deutsche Rechnungslegung des § 315 HGB, DRS 15 und DRS 5 gebunden.[370] Im Gegensatz zur Bilanz, der Gewinn- und Verlustrechnung und dem Anhang, besteht die Zielsetzung des Lageberichtes nicht in der Zahlungsbemessungsfunktion, sondern die Informationsvermittlung und Rechenschaft steht im Vordergrund.[371] Hierdurch ergibt sich die Möglichkeit zur Informationsbereitstellung ohne an das dominierende Vorsichtsprinzip des HGB gebunden zu sein. Der DRSC formuliert in diesem Zusammenhang, dass „die Darstellung der Ertrags-, Finanz- und Vermögenslage [...] nicht durch die Grundsätze ordnungsmäßiger Buchführung begrenzt [wird] und [...] eine prognoseorientierte Ergänzungsfunktion für den Konzernabschluss [hat]."[372], was neben der geforderten Ergänzung um nichtfinanzielle Leistungsindikatoren (siehe §289 Abs.3 HGB) auch den zukunftsbezogenen Charakter des Lageberichts beschreibt.

Trotz Aufhebung der GoB, sind die Unternehmen auch bei der Lageberichterstattung an Grundsätze gebunden. Die Grundsätze ordnungsgemäßer Lageberichterstattung umfassen dabei neben der Vollständigkeit, Richtigkeit, Klarheit und der Übersichtlichkeit, seit Umsetzung des BilReG zwei seitens des DRSC ergänzende Grundsätze, die auf eine verstärkte Wertorientierung hinweisen.[373] Zum einen ist die Vermittlung der Sicht der Unternehmensleitung zu nennen, die in DRS 15.28 f. konkretisiert wird. Neben der unfassenden Analyse des Geschäftsverlaufs und der wirtschaftlichen Lage sind zu den einzelnen Berichtselementen seitens der Unternehmensleitung Einschätzungen und Beurteilungen vorzunehmen.[374] Dieser sog. „Management Approach" kann ferner dahingehend interpretiert werden, dass neben Chancen und Risiken auch auf Ziele und Strategien einzugehen wäre. Dies wäre insbesondere aus Investorensicht ein elementarer Schritt des Abbaus von Informationsasymmetrien. Die Ansicht, dass die Unternehmen hierzu jedoch keine Angaben machen können oder würden, führte jedoch zu einer Abkehr der verpflichtenden Informationsbereitstellung über Ziele und Strategien.[375] Die Anforderung des DRS 15.34 fordert hingegen die Berichterstattung über bestehende Planungen und Erwartungen für die nächsten zwei Geschäftsjahre, wobei die Bekanntgabe von Planungen ohne explizite Benennung der damit verfolgten Ziele kritisch zu hinterfragen wäre.[376]

Noch deutlicher wird die Bedeutung des Lageberichts für das Value Reporting aus dem

---

[370] Vgl. Baetge/Solmecke (2006), S. 16
[371] Vgl. Müßig (2008), S. 192, Buchheim/Fischer (2007), S. 136
[372] siehe DRS 15.47
[373] Vgl. Schultze/Fink/Straub (2007), S. 567
[374] siehe DRS 15.28
[375] Vgl. Müßig (2008), S. 197 f.
[376] Vgl. Müßig (2008), S. 199

Grundsatz zur Konzentration auf die nachhaltige Wertschaffung. Gemäß DRS 15.30 sind alle Ereignisse, Entscheidungen und Faktoren zum Stichtag anzugeben, die wesentlichen Einfluss auf die Wertentwicklung des Unternehmens haben können. Gemäß § 315 Abs. 1 HGB sind im Konzernlagebericht daher Informationen zum Geschäftsverlauf retrospektiv als auch zur Lage der Gesellschaft prospektiv zu machen. Die Darstellung soll um finanzielle Leistungsindikatoren ergänzt werden, die auch zu erläutern sind. (§ 315 Abs.1 Satz 3 HGB) Soweit sie dem Verständnis der Geschäfte und der Lage dienen, gilt entsprechendes auch für nicht-finanzielle Größen. Des Weiteren sind Angaben zur „voraussichtliche Entwicklung mit ihren wesentlichen Chancen und Risiken zu beurteilen und zu erläutern"[377], wobei explizit zugrunde liegende Annahmen einzubeziehen sind.

Das DRSC empfiehlt den Lagebericht in die Bestandteile Geschäfts- und Rahmenbedingungen, Ertragslage, Finanzlage, Vermögenslage, Nachtragsbericht, Risikobericht und Prognosebericht zu untergliedern (DRS 15.93). Ohne auf die einzelnen Bestandteile konkretisierend einzugehen, sind hierbei u.a. auch das verwendete Steuerungssystem und Kennzahlen (DRS 15.38) zu erläutern. Ferner sind die Prämissen der Steuerungskennzahlen, wie die Kapitalkosten (DRS 15.96) zu erläutern. Auch der Bedeutung immaterieller Werte für die nachhaltige Wertschaffung wird sich im DRS 15.115 ff. gewidmet.

Der Lagebericht kann abschließend zwar als wesentliches Medium zur wertorientierten Unternehmenskommunikation angesehen werden, jedoch bildet die derzeitige Gesetzeslage nur ein Rahmenkonzept. Die Besorgnis seitens der Unternehmen sich auf Basis der gesetzlichen Anforderungen nicht mehr durch eine bessere Berichterstattung differenzieren zu können, ist daher nicht begründet. Die zunehmende Bedeutung des Lageberichtes als wettbewerbskritischer Faktor wird jedoch auf längere Sicht mit einer höheren Verlässlichkeit und Homogenisierung einhergehen.[378] Im Hinblick auf das Value Reporting wird eine Vielzahl der identifizierten inhaltlichen Anforderungen gefordert. Allerdings werden hierzu oftmals, lediglich Empfehlungen ausgesprochen, wie dies exemplarisch im Hinblick auf finanzielle Prognosen (DRS 15.121) der Fall ist, obwohl diese doch gerade essentiell zur Einschätzung des zukünftigen Unternehmenswertes sind. Identisches gilt für die Anforderung an Informationen über Ziele und Strategien, die derzeit vollständig unberücksichtigt bleiben.[379]

---

[377] Siehe §§ 289, Abs.1 Satz 4, 315 Abs. 1 Satz 5 HGB
[378] Vgl. Müßig (2008), S. 195
[379] Vgl. Müßig (2008), S. 213 f.

6.2.2 IASB Forschungsprojekt „Management Commentary"

Die Anforderungen an den Management Commentary sind in weiten Zügen zu denen des Lageberichts nach HGB identisch.[380] Im Wesentlichen unterscheidet sich der Management Commentary von den Anforderungen des DRS 15 jedoch durch die explizite Forderung nach Offenlegung von Zielen und Strategien,[381] wie sich aus dem Entwurf des Management Commentary und dessen Einteilung der Bestandteile der Berichterstattung ergibt. Hiernach wird empfohlen, die Berichterstattung in die Kategorien 1. Geschäfts- und Rahmenbedingungen, 2. Ziele und Strategie, 3. Ressourcen, Risiken und Beziehungen, 4. Geschäftsergebnis und –aussichten und 5. Leistungsmaßstäbe und –indikatoren zu untergliedern.[382] Darüber hinaus gilt der MC vorwiegend als prinzipienbasierter, während die Anforderungen des DRS 15 detaillierter ausgestaltet sind. Die Begründung liegt einerseits in den Informationsdefiziten der deutschen Rechnungslegung, u.a. im Hinblick auf immaterielle Vermögenswerte,[383] sodass durch konkrete Anforderungen die Informationsfunktion verstärkt wird. Andererseits handelt es sich bei dem MC um einen Entwurf, der im Rahmen der Diskussion noch präzisiert würde.[384]

Der Schwerpunkt des MC liegt auf den sog. „other information", die für ein Financial Reporting erforderlich sind, jedoch aus dem retrospektiv orientierten Jahresabschluss nicht hervorgehen. Diese ergänzenden Informationen liegen in erster Linie auf den Sichtweisen des Managements im Hinblick auf erreichte Ziele oder deren Abweichung sowie Angaben zu Strategien und zu erwartenden Entwicklungen. (vgl. MC-Tz. 15, 16, 55). Neben den Strategien und Zielen, soll das Management auch auf das Unternehmensumfeld und Einflussfaktoren eingehen.[385] Die Einschätzung des Managements steht folglich im Fokus der Betrachtung, wie auch der Bezeichnung des Diskussionspapiers zu entnehmen ist. Unabhängig davon ermöglichen die unpräzisen Empfehlungen den Unternehmen auch im Fall des MC einen Spielraum der Ausgestaltung. Analog zum DRS 15 sind speziell die Freiwilligkeit der Prognosen sowie die Angaben zu den immateriellen Vermögenswerten nicht im Sinne eines Value Reporting. Der bis dato ungeklärte Verpflichtungsgrad des MC führt im Falle des Wahlrechts zur Umsetzung zu einer Möglichkeit der Differenzierung für die Unternehmen, erschwert jedoch die Informationsbeschaffung der Investoren.[386]

---

[380] Vgl. Schultze/Fink/Straub (2007), S. 568
[381] Vgl. IASB (2005), Tz. A33-37
[382] Vgl. IASB (2005), Tz. 100
[383] Vgl. Schultze/Fink/Straub (2007), S. 568 f.
[384] Vgl. Baetge/Solmecke (2006), S. 28
[385] Vgl. Baetge/Solmecke (2006), S. 26
[386] Vgl. Baetge/Solmecke (2006), S. 28 f.

7 Möglichkeiten und Probleme

Die im Rahmen der vorangegangenen Ausführungen identifizierten Möglichkeiten des Value Reporting lassen sich im Hinblick auf unterschiedliche Anspruchsgruppen aggregieren. Die Wirtschaft als Ganzes profitiert insbesondere von einer effizienteren Kapitalallokation, die im Umkehrschluss zu niedrigeren Kapitalkosten führt, welches zu einer höheren Investitionsbereitschaft und folglich zu Wachstum führen kann. Des Weiteren wird der Wettbewerb um das Kapital angeregt, wobei steigender Wettbewerb, bspw. auch durch internationale Kapitalgeber, zu einem effizienteren Wirtschaften führt. Die Gesellschaft profitiert darüber hinaus von einer größeren Sicherheit für Kunden und Investoren durch gestiegene Transparenz.[387] Unternehmen ziehen ihren Vorteil aus geringeren Kapitalkosten durch verminderte Volatilität, einem Abbau der Informationsasymmetrien und einem Zugang zu liquideren Märkten, sofern sich eine verbesserte Berichterstattung in der Breite durchsetzen ließe. Darüber hinaus ergibt sich eine höhere Akquisitionskraft, sofern die eigenen Aktien als Währung fungieren, als auch ein besserer Schutz vor feindlichen Übernahmen. Die verstärkte Kommunikation der Wertorientierung innerhalb des Unternehmens führt indessen zu einem erhöhten Bewusstsein im Hinblick auf die Bedeutung des Shareholder Value. Seitens der Investoren ergeben sich geringere Kosten der Informationsbeschaffung und ein besserer Vergleich der Investitionsobjekte. Der Abbau der Informationsasymmetrien, die Senkung der Kapital- und Informationskosten und eine effizientere Bewertung am Kapitalmarkt wirkt sich unmittelbar in einer Steigerung des Shareholder Value aus, was als primäres Ziel identifiziert wurde.[388]

Auf der anderen Seite ergeben sich auch Probleme bzw. Schwierigkeiten aus einer erweiterten Berichterstattung. Für die Wirtschaft als Ganzes lässt sich in diesem Zusammenhang festhalten, dass, sofern eine Erweiterung der Berichterstattung auch gesetzlich kodifiziert wird, dies als Markteintrittsbarriere gesehen werden kann. Solange jedoch keine rechtlich ausreichenden Vorgaben existieren, liegt die Problematik beim Investor, da die Unternehmen bestimmen, welche Informationen publik gemacht werden und in welchen Ausprägungen dies geschieht. Die Gefahr besteht daher im sog. „cherry picking", nachdem positive Entwicklungen überspitzt abgebildet werden, während negative Tendenzen undifferenziert dargestellt werden. Eine steigende Bedeutung kommt daher zukünftig auch der prüferischen Durchsicht der Abschlussprüfer zu, sofern die

---

[387] Vgl. AICPA (1994), Ch. 4
[388] Vgl. AICPA (1994), Ch. 4, Buchheim/Fischer (2007), S. 150

Bestandteile des Value Reporting in den prüfungspflichtigen Teil, wie dem Lagerbericht, und nicht in den sonstigen Teilen des Geschäftsberichtes eingebettet sind.

Ein weiteres oftmals angeführtes Risiko des Value Reporting ergibt sich aus der Unterscheidung von der traditionellen Berichterstattung insbesondere durch den Teil der vorausschauenden Berichterstattung, d.h. durch Prognosen und Informationen zur zukünftigen Entwicklungen sowie zur Strategie und Maßnahmen. Die vorausschauende Berichterstattung birgt Kritikern zufolge einerseits ein haftungsrechtliches Risiko über Fehlprognosen, andererseits das Risiko, dass Wettbewerber empfindliche Informationen erhalten könnten. Im deutschen Recht wird eine vorausschauende Berichterstattung gem. § 289 Abs.1 Satz 4 zwar gefordert, jedoch genügt zumeist eine vergleichende Tendenzaussage.[389] Im Hinblick auf börsennotierte Aktiengesellschaften kommt daher neben den handelsrechtlichen Vorschriften das Aktiengesetz zur Geltung. Demnach hat der Vorstand nach § 76 Abs. 1 AktG die Gesellschaft zu leiten, worunter auch die Informationspolitik zu verstehen ist. Eingeschränkt wird er durch § 93 Abs. 1 AktG, wonach über Geschäfts- und Betriebsgeheimnisse stillschweigen zu bewahren ist. Als Geheimnis gelten demnach Informationen und Tatsachen, die nur einem beschränkten Personkreis bekannt sind und der Gesellschaft bei Verbreitung einen materiellen oder immateriellen Schaden zufügen können.[390] Welcher Tatbestand wiederum als Geheimnis einzustufen ist, wird vom Vorstand gem. § 76 AktG festgelegt. Die Grenze zur pflichtwidrigen Offenbarung von Informationen ist daher nicht leicht zu identifizieren.

Darüber hinaus bietet eine offene Informationspolitik den Wettbewerbern immer auch Informationen, wodurch diese sich ein besseres Bild über die Unternehmung und deren Strategien machen können. Allerdings kann eine offene Informationspolitik auch zu besseren Konditionen aus finanzierungspolitischer Sicht führen. Ein Vorstand wird demnach seine Informationspolitik unter dem Unsicherheitsaspekt zwischen positiver und negativer Auswirkungen treffen. Retrospektiv wird sich jedoch schwer ermitteln lassen, ob ein pflichtwidriges Verhalten vorlag, wenn sich ein nachteiliges Ergebnis einstellen sollte. Im Gegenteil, auch Fehlbeurteilungen und Einschätzungen sind Gegenstand unternehmerischen Handelns. Sofern Entscheidungen angemessen vorbereitet sind, sich auf gesicherten Erkenntnissen und Erfahrungen beruhen und der Vorstand eine angemessene Kontrolle implementiert, handelt es sich um keine Pflichtverletzung ggü. der Gesellschaft.[391]

---

[389] Vgl. Ellrott (2006), § 289 Rn. 39
[390] Vgl. Hefermehl/Spindler (2004), § 93 Rn. 46
[391] Vgl. Kersting/Sohbi (1998), S. 301 ff.

Neben der unbefugten Publikation zutreffender Informationen im Rahmen der vorausschauenden Berichterstattung, können die veröffentlichten Informationen jedoch auch schlicht unrichtig oder unvollständig sein. Nach § 331 Abs. 1 HGB kann die Veröffentlichung unrichtiger Informationen oder die Verschleierung für den Vorstand einer Kapitalgesellschaft mit Freiheits- oder Geldstrafe geahndet werden. Während sich §331 HGB auf Informationen in der Eröffnungsbilanz, dem Jahres- und Zwischenabschluss und dem Lagerbericht bezieht, trifft dies auch auf Übersichten und Darstellungen während der Hauptversammlung zu (§ 400 Abs. 1 Nr. 1 AktG). Auch Prognosen und Schätzungen können unrichtig sein, wenn sie entweder auf unrichtigen Tatsachen beruhen oder wenn ihre Schlussfolgerungen objektiv falsch sind. Die Einschätzung der Korrektheit von Tatsachen, aber auch Schätzungen und Prognosen stützt sich dabei auf die Grundsätze ordnungsgemäßer Buchführung und dem Konsens von Fachleuten.[392]

Die Ausführungen verdeutlichen, dass sich das rechtliche Risiko für vorausschauende Berichterstattung im Rahmen hält. Seitens der Unternehmensleitung ist darauf zu achten, dass Inhalt und Ausmaß der Informationen nicht zu einem Schaden für das Unternehmen führen und dass willkürliche Prognosen und falsche Tatsachen zurückbehalten werden.

Nichtsdestotrotz sollte, dem Wirtschaftlichkeitsgrundsatz folgend, der Nutzen eines Value Reporting die Kosten übersteigen. Die Kosten setzen sich hierbei aus den Kosten der Unternehmung zur Bereitstellung der Informationen einerseits, und den Kosten, die die Adressaten aufwenden müssten, wenn sie sich die Informationen selbst beschaffen andererseits zusammen. Die Bereitstellungskosten des Unternehmens inkludieren diejenigen Kosten, die den Adressaten zur Aufnahme und Verarbeitung entstehen. Auch sind Kosten aus den Konsequenzen der Bereitstellung wettbewerbsrelevanter Informationen oder eventueller Rechtsstreitigkeiten zu berücksichtigen. Ein komparativer Kostenvorteil ergibt sich nur, wenn die Kosten der Unternehmung unterhalb der Kosten liegen, die die Adressaten im Moment der eigenen Beschaffung aufwenden müssten.[393]

Durchdacht angewendet ist das Value Reporting abschließend in erster Linie als nutzbringend einzustufen. Im Speziellen dient es der Verringerung der Wertlücke zwischen dem Fundamentalwert des Unternehmens und dessen Börsenwert. Es darf jedoch nicht dahingehend missverstanden werden, insofern es den Unternehmenswert signifikant steigert. Der Unternehmenswert wird durch das Zusammenspiel mehrerer Faktoren, wie z.B. der Strategie und den Produkten determiniert. Das Value Reporting unterstützt jedoch

---

[392] Vgl. Kersting/Sohbi (1998), S. 306
[393] Vgl. Banzhaf (2006), S. 154 f.

die effiziente Bewertung durch den Anleger, dem durch das Value Reporting die Möglichkeit gegeben wird, sich ein Gesamtbild über eben dieses Zusammenspiel der Faktoren zu machen.

8 Fazit

Die vorliegende Arbeit widmete sich der wertorientierten Unternehmenssteuerung und der wertorientierten Berichterstattung aus theoretischer und empirischer Perspektive. Die Ausführungen haben verdeutlicht, dass das Value Reporting in den vergangenen Jahren in der Wissenschaft an Bedeutung gewonnen hat, was sich vor dem Hintergrund wachsender Kapitalmärkte auch in der Praxis niederschlägt.

Ausgangspunkt bildet die Identifikation des Shareholder Value Ansatzes als überlegendes Instrument der Unternehmenssteuerung. Der Shareholder Value Ansatz dient hierbei unter den Prämissen der Nachhaltigkeit und Ganzheitlichkeit der Befriedigung der Bedürfnisse sämtlicher Anspruchsgruppen.

Eine konsequente Shareholder Value Orientierung impliziert die Maximierung des Marktwerts des unternehmerischen Eigenkapitals. Aus Unternehmensperspektive wird die Maximierung des Unternehmenswertes mit Hilfe von Steuerungskennzahlen unterstützt, wobei die Ermittlung des Wertes vorwiegend unter Einsatz von Ertragswertverfahren, zu denen auch die DCF Methodik zu subsumieren ist, zu vollziehen ist. Darüber hinaus sind Methodiken, die in Bezug auf die Kapitalisierungsbasis auf Cash Flow Größen zurückgreifen, zu präferieren.

Aus Investorenperspektive wird der Unternehmenswert zur Identifikation von Investitionsobjekten in Abhängigkeit der Risikoadversität und Renditeforderungen ermittelt. In diesem Zusammenhang wurde die Fundamentalwertanalyse als überlegene Methode der Anlageentscheidung identifiziert, da diese die Ermittlung des Unternehmenswertes anstrebt, der sich bei streng informationseffizienten Kapitalmärkten auch an diesen widerspiegeln würde.

Die Informationseffizienz tritt in der Praxis jedoch maximal in der mittelstrengen Form auf und führt somit zu Informationsasymmetrien, insbesondere im Hinblick über zukünftige Entwicklungen, die für die Unternehmenswertermittlung elementar sind. Folglich ergibt sich eine Wertlücke zwischen dem intrinsischen Unternehmenswert, wie er seitens des Unternehmens ermittelt wird und dem Unternehmenswert, der sich aus der Marktkapitalisierung ergibt.

Das Vorhandensein einer Wertlücke hat zumeist negative Konsequenzen für das Unternehmen, wie höhere Kapitalkosten oder die Gefahr der feindlichen Übernahme. Als Konsequenz bedarf es daher mit der wertorientierten Berichterstattung eines Instrumentariums, welches als integraler Bestandteil der wertorientierten Unternehmenssteuerung die Informationsasymmetrien abbaut, und somit zu einer effizienteren Bewertung der Unternehmen am Kapitalmarkt beiträgt.

Die Notwendigkeit des Value Reporting richtet sich vorwiegend an Kapitalgesellschaften und deren Kommunikation an die Eigenkapitalgeber. Nichtsdestotrotz können sich aber auch für andere Gesellschaftsformen Vorteile ergeben, was sich insbesondere aus der Kommunikation mit den Fremdkapitalgebern ergeben kann, die als Adressaten ebenso wenig zu vernachlässigen sind, wie z.b. die Mitarbeiter, die die Wertorientierung nach innen tragen. Die Identifikation weiterer Adressaten ergibt sich aus dem Geschäftsmodell, desgleichen gilt für die zu nutzenden Kommunikationsmedien, die sich an der Aktionärsstruktur orientieren. Inhaltlich stellt das Value Reporting entscheidungsrelevante Informationen für die Kapitalmarktakteure bereit. Strukturell kann dies exemplarisch zunächst anhand einer Darstellung des makroökonomischen Umfeldes zur gesamtwirtschaftlichen Situation erfolgen, bevor sich der eigenen Branche, dem Unternehmen und den einzelnen Segmenten gewidmet wird. Zu jedem dieser Bereiche sind über das gesetzlich geforderte Maß hinaus finanzielle und nicht-finanzielle Informationen bereitzustellen, sofern diese den identifizierten Grundsätzen des Value Reporting folgen. Von besonderer Bedeutung sind hierbei prospektive Informationen und die Identifikation von Werttreibern, wobei sämtliche Darlegungen nicht nur deskriptiv erfolgen, sondern auch zu kommentieren sind. Die Wertorientierung ist anhand der verwendeten Steuerungskonzepte zu erläutern, wobei die Wertschaffung sowohl für das Unternehmen als auch für die Kapitalgeber und die voraussichtliche Entwicklung darzustellen ist.

Die Möglichkeiten eines Value Reporting ergeben sich insbesondere aus dessen Auswirkungen auf den Kapitalmarkt. Auch wenn die Ergebnisse aus Studien zu den Zusammenhängen nicht konsistent sind, dominieren die Beiträge, die dem Value Reporting aus Unternehmensperspektive positive Zusammenhänge zu Kapitalmarktvariablen bescheinigen. Die einerseits direkten Effekte auf den Unternehmenswert, wie z.B. niedrigere Kapitalkosten und eine effizientere Bewertung, werden durch indirekte Wirkungen auf die Senkung der Volatilität und der Erhöhung des Handelsvolumens und der Analysten ergänzt.

Das positive Bewusstsein spiegelt sich auch in einer Verstärkung der gesetzlichen Erfordernisse an die Berichterstattung wider. Zum derzeitigen Zeitpunkt sind jedoch sowohl die Anforderungen zur Corporate Governance, als auch zur Lageberichterstattung auf nationaler Ebene und nach IFRS noch nicht derartig ausgeprägt, sodass ein verhältnismäßig besseres Value Reporting als Differenzierungsmerkmal fungieren kann. Seitens von Kritikern angeführte Problematiken im Hinblick auf Regressansprüche bei prospektiver Berichterstattung und bei der Weitergabe wettbewerbsrelevanter Informationen, können insofern minimiert werden, wenn das Management den Grundsätzen des Value Reporting folgt und eine Wirtschaftlichkeitsanalyse der erweiterten Berichterstattung vollzieht.

Schlussendlich überwiegen die Möglichkeiten die Problematiken, wobei das Value Reporting nicht als ausschlaggebendes Element in der Beeinflussung der Aktienkurse misszuverstehen ist, sondern vielmehr die adäquate Ermittlung dieser unterstützt. Die bis dato nicht ausgereiften gesetzlichen Vorschriften erschweren jedoch weiterhin die Vergleichsmöglichkeiten aus Anlegerperspektive. Unternehmen bemängeln jedoch bereits, dass durch eine erweiterte Berichterstattung erhebliche Kosten entstehen würden und dass bereits viele Informationen offen gelegt werden. Allerdings kommt es nicht auf die Menge der Information, sondern auf die Nützlichkeit dieser an.

Jedes Unternehmen sollte daher spezifisch entscheiden in welchem Ausmaß Angaben gemacht werden. Empfehlenswert wäre es daher, die Informationsbedürfnisse der eigenen Investoren zu ergründen, um spezifisch die Kommunikation ausrichten zu können. Während Kundenbedürfnisse und Mitarbeiterzufriedenheit kontinuierlich überprüft werden, wurden Investoren bis dato zumeist außen vorgelassen.

Auch aus interner Perspektive kann sich die Umsetzung eines Value Reporting lohnen, da die Identifikation der Werttreiber und deren interne Kommunikation ebenfalls die Steigerung des intrinsischen Unternehmenswertes fördert.

"The value of information depends in a well-defined way on the information's relevance to the decision to be made, and on its precision, cost, and reliability. Information has value if it can be expected to affect choice. It is a good investment if its marginal expected return in improving decisions exceeds its marginal cost.[394]

---

[394] Feldham/March (1981), S. 172

Anhang

Anhang I: Jahresergebnisse der DAX 30 Unternehmen 2006 und 2007

Unternehmen Angaben in Mio. EUR		Jahresergebnis 2006	Jahresergebnis 2007	Δ
Adidas	IFRS	496,0	555,0	11,9%
Allianz	IFRS	8310,0	8714,0	4,9%
BASF	IFRS	3466,1	4325,5	24,8%
Bayer	IFRS	1695,0	4716,0	178,2%
BMW	IFRS	2874,0	3134,0	9,0%
Commerzbank	IFRS	1788,0	1925,0	7,7%
Continental	IFRS	1004,6	1049,9	4,5%
Daimler	IFRS	3783,0	3985,0	5,3%
Deutsche Bank	IFRS	6079,0	6510,0	7,1%
Deutsche Börse	IFRS	666,0	914,9	37,4%
Deutsche Lufthansa	IFRS	897,0	1760,0	96,2%
Deutsche Post	IFRS	2282,0	1885,0	-17,4%
Deutsche Postbank	IFRS	696,0	871,0	25,1%
Deutsche Telekom	IFRS	3574,0	1078,0	-69,8%
E.ON	IFRS	6082,0	7724,0	27,0%
Fresenius	US GAAP	553,4	743,4	34,3%
Henkel	IFRS	871,0	941,0	8,0%
Hypo Real Estate	IFRS	542,0	457,0	-15,7%
Infineon	US GAAP	-245,0	-387,0	-58,0%
Linde	IFRS	1858,0	1013,0	-45,5%
MAN	IFRS	925,0	1225,0	32,4%
Merck	IFRS	1001,3	3520,2	251,6%
Metro	IFRS	1193,0	983,0	-17,6%
Münchener Rück	IFRS	3536,0	3937,0	11,3%
RWE	IFRS	4013,0	2883,0	-28,2%
SAP	IFRS	1873,0	1921,0	2,6%
Siemens	IFRS	3345,0	4038,0	20,7%
ThyssenKrupp	IFRS	1704,0	2190,0	28,5%
TUI	IFRS	-846,6	236,3	127,9%
Volkswagen	IFRS	2750,0	4122,0	49,9%

Quelle: www.onvista.de

Anhang II: Business Reporting Modell des AICPA

I. Financial and Non-financial data

(A)   Financial Statements and related disclosures

(B)   High-level operating data and performance measurements that management uses to manage the business

II. Management's Analysis of Financial and Non-Financial Data

(A)   Reasons for changes in the financial, operating, and performance-related data, and the identity and past effect of key trends

III. Forward-looking information

(A)   Opportunities and risks, including those resulting from key trends

(B)   Management's plans, including critical success factors

(C)   Comparison of actual business performance to previously disclosed opportunities, risks and management's plan

IV. Information about Management and Shareholders

(A)   Directors, management, comparison, major shareholders, and transactions and relationship among related parties

V. Background about the company

(A)   Broad objectives and strategies

(B)   Scope and description of business and properties

(C)   Impact of industry structure on the company

Quelle: AICPA (1994), Exhibit 1

Anhang III: Modelle zur Ausgestaltung des Value Reporting

Autor (Jahr)	Kategorien der Berichterstattung	Beispiele für Berichtsinhalte
AICPA (1994)	• Financial and non-financial data • Managements Analysis • Forward looking information • Management and Shareholders • Background about the company	• Umsatz, Cash Flow, Segmentberichterstattung • Kommentierung von Trends und Änderungen, Performance-kennzahlen • Möglichkeiten, Risiken, Planungen • Erfahrungen, Entlohnung, Transaktionen • Geschäftsfeld und Industrie
Müller (1998)	• Total Return Reporting • Value Added Reporting • Strategic Advantage Reporting	• Aktienkurs, Dividendenentwicklung • Cash-Flow Darstellung, Wertsteigerungskonzepte • Zielsetzung und –erreichung, Umfeld, Strategien, Maßnahmen
ICAEW (1999)	• Nicht-finanzielle Indikatoren • Finanzielle Indikatoren • Indikatoren bezogen auf spezifische Value Driver	• Marktwachstum und –anteil, • Umsatzwachstum, Markt- oder Kundenprofitabilität • z.B. zu Produktivität, Umwelt, Human Resources, Innovationen, Prozessqualität
Labhart (1999)	• Finanzielle Perspektive • Managementperspektive • Kundenperspektive • Prozessperspektive • Entwicklungsperspektive	• Gewinngröße, Risikokennzahlen • Umsetzung der Unternehmensstrategie, Investitionen in Intangibles, Trends des Managements • Marktanteil, Anzahl neuer Kundenbeziehungen • Entwicklungszeit neuer Produkte, Investitionen in F&E • Mitarbeiterzufriedenheit, - produktivität
Boulton/Libert/Samek (2000)	• Physische Vermögensgegenstände • Finanzielle Vermögensgegenstände • Angestellte und Lieferanten • Kunden • Organisation	• Investitionen, Sachanlagen, Lagerumschlag, Maschinennutzung • Verhältnis Fremd-/Eigenkapital, Freier Cash Flow, Cash Flow pro Mitarbeiter • Anzahl der Angestellten/Lieferanten, Mitarbeiterbindung/-fluktuation, Beschaffungskosten • Anzahl der Kunden, Kundenzufriedenheit • Anzahl der Patente, F&E Ausgaben
Fey (2000)	• Unternehmensgrundlagen • Abschlussorientierte Zusatzinformationen • Kritische Erfolgsfaktoren • Wertentwicklungskennzahlen • Zukunftsorientierte Informationen	• Geschäftstätigkeit, Organisation • Nicht oder anders bilanzierte Posten, Kennzahlenanalyse • Absatzmarkt/Kunden, Innovationen • Unternehmenswert • Strategische Ziele und Pläne des Managements, Chancen und Risiken
Pellens/ Hillebrandt/ Tomaszewski (2000)	• Shareholder Return Reporting • Corporate Return Reporting - Detailed Financial and Per Share Reporting - Value Tools Reporting - Future Objectives Reporting	• Kursentwicklung, Aktienrendite, Dividenden, Entwicklung eines langfristigen Musterdepots - detaillierte(re) auf die Aktie bezogene Daten der traditionellen Finanzberichterstattung - wertorientierte Steuerungsinstrumente und –maßnahmen - strategische Zielsetzungen
PriceWaterhouse Coopers (Eccles, 2001)	• Marktübersicht • Strategie • Wertorientiertes Management • Wertebasis	• Konjunktur, Wettbewerbsumfeld • Zielsetzungen, Organisation • Finanzielle Performance, Steuerungskennzahlen • Kunden, Marken, Human Resource Management
Ruhwedel/ Schultze (2002)	• Informationen zur Substanzbewertung • Informationen zur Kapitalmarktbewertung • Informationen zur internen Wertgenerierung • Informationen zur Ermittlung des „inneren Wertes"	• Fair Value, Goodwill • Aktienrendite • In der Periode erzielte interne Wertgenerierung, eingeleitete Maßnahmen zur Wertsteigerung • Umfeldinformationen
AK „Externe Unternehmensrechnungen" der SG (2002)	• Kapitalmarktorientierte Daten - Marktbewertung - Chancen Risiko Profil • Informationen über nicht bilanzierte Werte des Unternehmens • Informationen über Strategie und Performance des Unternehmens	- Börsenkapitalisierung, Kurs Gewinn Verhältnis - Kurz- und langfristige Aktienrendite, relative Performance • Human Capital, Customer Capital, Process Capital • Angaben zu unternehmensintern verwendeten Kennzahlen

Fischer (2003)	• Forschung und Entwicklung • Operative Daten • Finanzielle Prognosen • Corporate Governance Angaben • Strategie	• Informationen zur Produktpipeline • Ø Beschäftigungsdauer, Mitarbeiterfluktuation • Erwartete Umsätze • Entlohnung des Managements • Angaben zur Gesamtunternehmensstrategie bzw. zu Geschäfts-feldstrategien
Stauber (2003)	• Finanzielle Zusatzinformationen zu IAS • Informationen zu Kapitalkosten • Informationen über Wertsteigerungs-maße • Strategieinformationen • Informationen über immaterielle Werte • Informationen über Risiken	• Fair Values, zusätzliche Segmentabschlussangaben • Kapitalkostenausweis, Kapitalkostenbestimmung • Spitzenkennzahl • Konzernstrategie, Geschäftsfeldstrategie • Produkte und Dienstleistungen, Personal, Absatz, Einkauf • Risikomanagementprozess, Risikoquantifizierung
Böcking/Dutzi (2003)	• Normierte Unternehmenspublizität • Freiwillige Unternehmenspublizität • Berichterstattung des Vorstands an den Aufsichtsrat • Wertorientierte Unternehmenssteuerung	• Financial Reporting, Bestätigung des Abschlussprüfers • Wertorientierte Berichterstattung • Follow-Up Bericht, Prüfungsbericht des Abschlussprüfers • Quantitative und qualitative Performanceindikatoren
Heumann (2006)	• Reinvermögenszeitwert • Zukunftserfolgswert • Nonfinancials • Internes Steuerungs- und Anreizsystem	• Materielle und finanzielle Vermögenswerte und Schulden, im-materielle Vermögenswerte • Nachhaltiges Periodenergebnis, Prognosequalität • Angaben zum Unternehmensumfeld, zu Zielen und Strategien des Unternehmens • Internes Steuerungssystem, Anreizsystem des Managements

Quelle: ergänzt nach Wenzel (2005), S. 196, Fischer/Klöpfer (2006), S. 7

Anhang IV: Genehmigung der Nutzung der Daten des Geschäftsberichtsrankings

Sehr geehrter Herr Menke,
als Anlage habe ich Ihnen die Ergebnisse der inhaltlichen Analyse (ohne Berichtseffizienz, d.h. nur Inhalt GB/ZB) der Wettbewerbe für die Jahre 2005-2007 zugeschickt.
Die Daten dürfen weder an Dritte weitergegeben werden noch - ohne die ausdrückliche Einwilligung von Prof. Baetge - für andere Zwecke als Ihre Diplomarbeit verwendet werden. Bei der Verwendung ist die Datenquelle (Erhoben von Prof. Baetge in Zusammenarbeit mit dem manager magazin) zu nennen.
Ich hoffe, dass wir Ihnen mit den Daten weiterhelfen konnten und wünsche Ihnen für Ihre Diplomarbeit viel Erfolg.
Beste Grüße aus Münster,

Dipl.-Kfm
Fakultät der Wirtschaftswissenschaften

Westfälische Wilhelms-Universität Münster
Universitätsstrasse 14-16
48143 Münster
Tel.:
Fax:
E-Mail:
WWW:

Von: Jörg Menke
An
Betreff: Anfrage Geschäftsberichtsranking
Sehr geehrte Damen und Herren,
im Rahmen meiner Diplomarbeit an der Leuphana Universität Lüneburg untersuche ich u.a. die Wirkungsweise des Value Reportings als Bestandteil der wertorientierten Unternehmensführung.
Mit Interesse habe ich in diesem Zusammenhang die von Ihrem Magazin vorgenommene Analyse der Geschäftsberichte gelesen. Bei der Vorgehensweise haben Sie sämtliche Unternehmen des DAX in die zweite Runde der Detailanalyse übernommen, während Sie sich bei den anderen Indizes auf die jeweils 20 Besten beschränken. Ihre Publikation beschränkt sich entsprechend ebenfalls auf die Top 20 bei den Indizes MDAX, SDAX, TecDAX und EuroStoxx. Im Vorfeld wurde jedoch eine inhaltliche Analyse vorgenommen, um die jeweils 20 besten Unternehmen zu ermitteln.
Besteht die Möglichkeit die Ursprungsdaten der ersten Auswertung zu bekommen - oder wurden die übrigen Berichte ebenfalls en detail geprüft? Mein Interesse gilt in diesem Zusammenhang den Daten zur Geschäftsberichtsanalyse der Jahre 2005, 2006 und 2007 die in den Ausgaben 10.2005, 10.2006 und 10.2007 veröffentlicht wurden.
Vielen Dank für ein kurzes Feedback.
Mit freundlichen Grüßen/with kind regards
Jörg Menke

Germany
Tel.:

E-Mail:

Anhang V: Ergebnisse der inhaltlichen Analyse des Geschäftsberichtsrankings
2005

Jahr	Unternehmensname	Inhalt	Index
2005	BASF AG	68,41	DAX
2005	E.on AG	69,91	DAX
2005	ThyssenKrupp AG	75,58	DAX
2005	Deutsche Post World Net AG	76,38	DAX
2005	Volkswagen AG	73,36	DAX
2005	Siemens AG	62,20	DAX
2005	DaimlerChrysler AG	72,40	DAX
2005	ALTANA Industrie-Aktien und Anlagen AG	64,12	DAX
2005	Münchener Rückversicherungs-Ges. AG	68,02	DAX
2005	SAP AG	64,86	DAX
2005	adidas-Salomon AG	72,19	DAX
2005	Linde AG	69,74	DAX
2005	Henkel KGaA	69,16	DAX
2005	Fresenius Medical Care AG	68,51	DAX
2005	Bayer AG	72,40	DAX
2005	Infineon Technologies AG	65,92	DAX
2005	RWE AG	71,36	DAX
2005	Deutsche Börse AG	67,60	DAX
2005	Deutsche Telekom AG	71,69	DAX
2005	Allianz Group	64,50	DAX
2005	BMW Group	63,87	DAX
2005	Deutsche Bank AG	64,27	DAX
2005	MAN AG	62,91	DAX
2005	Deutsche Lufthansa AG	67,32	DAX
2005	Metro AG	62,58	DAX
2005	Commerzbank AG	58,46	DAX
2005	TUI AG	62,98	DAX
2005	Schering AG	64,85	DAX
2005	Continental AG	55,99	DAX
2005	HVB Group	70,28	DAX
2005	Heidelberger Druckmaschinen AG	75,56	MDAX
2005	Fresenius AG	69,83	MDAX
2005	SALZGITTER AG	66,29	MDAX
2005	Fraport AG	70,24	MDAX
2005	Hugo Boss AG	66,52	MDAX
2005	Deutsche EuroShop AG	63,40	MDAX
2005	K + S Aktiengesellschaft	67,14	MDAX
2005	Heidelberger Cement AG	63,57	MDAX
2005	Degussa AG	69,40	MDAX
2005	mg technologies AG	64,43	MDAX
2005	BERU AG	61,25	MDAX
2005	AWD Holding AG	62,72	MDAX
2005	HOCHTIEF AG	64,33	MDAX
2005	Rheinmetall AG	62,43	MDAX
2005	Beiersdorf AG	60,26	MDAX
2005	Vossloh AG	64,41	MDAX
2005	EADS European Aeronautic Defence and Space Company	62,80	MDAX
2005	Norddeutsche Affinerie AG	60,33	MDAX
2005	Merck KGaA	62,48	MDAX
2005	comdirect bank AG	55,88	MDAX
2005	Puma AG	61,56	MDAX
2005	Douglas Holding AG	60,13	MDAX

2005	HypoReal Estate Holding AG	59,33	MDAX
2005	IWKA Industrie-Werke Karlsruhe Augsburg AG	58,68	MDAX
2005	Stada Arzneimittel AG	58,55	MDAX
2005	Wincor Nixdorf AG	57,93	MDAX
2005	Südzucker AG	57,88	MDAX
2005	Leoni AG	57,50	MDAX
2005	Thiel Logistik AG	57,16	MDAX
2005	KarstadtQuelle AG	56,94	MDAX
2005	AMB Generali Holding AG	56,84	MDAX
2005	Hannover Rückversicherungs-AG	56,70	MDAX
2005	Deutsche Postbank AG	56,42	MDAX
2005	Bilfinger + Berger Bau AG	56,33	MDAX
2005	Rhön-Klinikum AG	56,21	MDAX
2005	IVG Immobilien AG	55,96	MDAX
2005	Medion AG	55,34	MDAX
2005	Schwarz Pharma AG	55,08	MDAX
2005	MLP AG	54,70	MDAX
2005	Techem AG	54,66	MDAX
2005	ProSiebenSat.1 Media AG	54,04	MDAX
2005	Aareal Bank AG	53,68	MDAX
2005	MPC Münchmeyer Peters Capital AG	52,58	MDAX
2005	Celesio AG	52,28	MDAX
2005	IKB Deutsche Industriebank AG	52,27	MDAX
2005	SGL Carbon AG	51,59	MDAX
2005	WCM Beteiligungs- und Grundbesitz-AG	51,20	MDAX
2005	KRONES AG	48,20	MDAX
2005	Fielmann AG	47,04	MDAX
2005	DePfa Bank plc.	43,37	MDAX
2005	Pfleiderer AG	61,50	SDAX
2005	DIS Deutscher Industrie Service AG	90,82	SDAX
2005	Gildemeister Aktiengesellschaft	83,43	SDAX
2005	GfK AG	67,73	SDAX
2005	D. Logistics AG	70,72	SDAX
2005	schlott Gruppe	70,47	SDAX
2005	Beate Uhse AG	67,56	SDAX
2005	TAKKT AG	65,89	SDAX
2005	Dürr AG	64,35	SDAX
2005	Balda AG	67,43	SDAX
2005	DAB bank AG	58,33	SDAX
2005	CeWe Color Holding AG	62,75	SDAX
2005	MVV Energie AG	61,20	SDAX
2005	Fuchs Petrolub AG	60,75	SDAX
2005	Rational AG	60,67	SDAX
2005	Villeroy & Boch AG	58,81	SDAX
2005	Jungheinrich AG	59,09	SDAX
2005	Koenig & Bauer AG	53,54	SDAX
2005	Hornbach Holding AG	57,77	SDAX
2005	Dyckerhoff AG	65,28	SDAX
2005	HAWESKO Holding AG	58,52	SDAX
2005	ce Consumer Electronic AG	58,34	SDAX
2005	Masterflex AG	56,48	SDAX
2005	ElringKlinger AG	56,39	SDAX
2005	GRENKELEASING AG	56,32	SDAX
2005	CENTROTEC Sustainable AG	54,67	SDAX
2005	Vivacon AG	54,53	SDAX
2005	ESCADA AG	54,34	SDAX

2005	BayWa AG München	54,28	SDAX
2005	EM.TV Merchandising AG	53,87	SDAX
2005	H&R WASAG AG	53,65	SDAX
2005	Sixt AG	53,29	SDAX
2005	DEUTZ AG	52,84	SDAX
2005	BÖWE SYSTEC Aktiengesellschaft	51,80	SDAX
2005	TAG Tegernsee Immobilien AG	50,44	SDAX
2005	Zapf Creation AG	50,21	SDAX
2005	Deutsche Beteiligungs AG	49,18	SDAX
2005	Highlight Communications AG	47,88	SDAX
2005	Baader Wertpapierhandelsbank AG	47,80	SDAX
2005	AIG International Real Estate GmbH & Co. KGaA	47,34	SDAX
2005	BHW Holding AG	47,30	SDAX
2005	GERRY WEBER AG	46,83	SDAX
2005	Klöckner-Werke AG	46,19	SDAX
2005	Teleplan International N.V.	45,43	SDAX
2005	INDUS Holding AG	44,35	SDAX
2005	elexis AG	42,62	SDAX
2005	CTS EVENTIM AG	42,41	SDAX
2005	Pfeiffer Vacuum Technology AG	55,04	TecDAX
2005	T-Online International AG	68,06	TecDAX
2005	Jenoptik AG	75,08	TecDAX
2005	EPCOS AG	53,68	TecDAX
2005	mobilcom AG	63,77	TecDAX
2005	MorphoSys AG	56,52	TecDAX
2005	Elmos Semiconductor AG	57,08	TecDAX
2005	QSC AG	51,57	TecDAX
2005	SolarWorld AG	61,50	TecDAX
2005	Drägerwerk AG	56,36	TecDAX
2005	evotec OAI BioSystems AG	56,18	TecDAX
2005	Bechtle AG	59,13	TecDAX
2005	Software AG	59,89	TecDAX
2005	Süss Microtec AG	55,37	TecDAX
2005	United Internet AG	59,49	TecDAX
2005	AT&S Austria Technologie & Systemtechnik AG	53,30	TecDAX
2005	IDS Scheer AG	57,44	TecDAX
2005	SINGULUS TECHNOLOGIES AG	50,01	TecDAX
2005	Teles AG	54,93	TecDAX
2005	BB Biotech AG	47,27	TecDAX
2005	AIXTRON AG	46,70	TecDAX
2005	Kontron embedded computers AG	46,24	TecDAX
2005	freenet.de AG	45,25	TecDAX
2005	Funkwerk AG	45,06	TecDAX
2005	WEB.DE AG	44,08	TecDAX
2005	Micronas Semiconductor Holding AG	41,11	TecDAX
2005	GPC Biotech AG	40,98	TecDAX
2005	Qiagen N.V.	39,55	TecDAX
2005	Rofin-Sinar Technologies Inc.	35,99	TecDAX

2006

Jahr	Unternehmensname	Inhalt	Index
2006	Deutsche Post World Net AG	76,06	DAX
2006	Münchener Rückversicherungs-Ges. AG	68,66	DAX
2006	E.ON AG	71,07	DAX
2006	RWE AG	75,21	DAX
2006	adidas-Salomon AG	75,23	DAX
2006	DaimlerChrysler AG	68,76	DAX
2006	SAP AG	68,80	DAX
2006	Fresenius Medical Care AG	66,34	DAX
2006	Volkswagen AG	67,36	DAX
2006	Bayer AG	68,72	DAX
2006	Henkel KGaA	65,14	DAX
2006	Hypo Real Estate Holding AG	62,03	DAX
2006	Deutsche Telekom AG	71,95	DAX
2006	ThyssenKrupp AG	66,96	DAX
2006	BASF AG	64,20	DAX
2006	Siemens AG	63,73	DAX
2006	Deutsche Börse AG	64,37	DAX
2006	ALTANA Industrie-Aktien und Anlagen AG	61,84	DAX
2006	MAN AG	59,08	DAX
2006	BMW Group	61,26	DAX
2006	Allianz Group	60,00	DAX
2006	TUI AG	61,73	DAX
2006	Commerzbank AG	58,43	DAX
2006	Linde AG	60,60	DAX
2006	Infineon Technologies AG	59,17	DAX
2006	Deutsche Bank AG	59,83	DAX
2006	Metro AG	62,61	DAX
2006	Schering AG	64,35	DAX
2006	Deutsche Lufthansa AG	61,54	DAX
2006	Continental AG	53,70	DAX
2006	Heidelberger Druckmaschinen AG	74,58	MDAX
2006	Fresenius AG	68,54	MDAX
2006	Pfleiderer Bau- und Verkehrssysteme AG	71,79	MDAX
2006	K + S AG	72,08	MDAX
2006	SALZGITTER AG	71,45	MDAX
2006	EADS European Aeronautic Defence and Space Company	67,89	MDAX
2006	Fraport AG	69,34	MDAX
2006	Bayerische Hypo- und Vereinsbank AG	65,59	MDAX
2006	Hugo Boss AG	60,71	MDAX
2006	AMB Generali Holding AG	59,32	MDAX
2006	IVG Immobilien AG	66,10	MDAX
2006	Merck KGaA	62,75	MDAX
2006	MLP AG	62,99	MDAX
2006	Puma AG	64,27	MDAX
2006	HOCHTIEF AG	65,13	MDAX
2006	Rhön-Klinikum AG	61,88	MDAX
2006	HeidelbergerCement AG	56,65	MDAX
2006	WINCOR NIXDORF Aktiengesellschaft	57,42	MDAX
2006	AWD Holding AG	59,15	MDAX
2006	Rheinmetall AG	54,98	MDAX
2006	LANXESS AG	57,26	MDAX
2006	MTU Aero Engines Holding AG	52,98	MDAX
2006	Premiere AG	55,02	MDAX

2006	Leoni AG	57,22	MDAX
2006	Vossloh AG	55,86	MDAX
2006	Douglas Holding AG	55,77	MDAX
2006	Deutsche EuroShop AG	55,64	MDAX
2006	GEA Group Aktiengesellschaft	55,31	MDAX
2006	KarstadtQuelle AG	55,12	MDAX
2006	Hannover Rückversicherung AG	55,02	MDAX
2006	STADA Arzneimittel AG	54,99	MDAX
2006	Celesio AG	54,87	MDAX
2006	IWKA AG	54,70	MDAX
2006	Norddeutsche Affinerie AG	54,70	MDAX
2006	Bilfinger Berger Bau AG	54,30	MDAX
2006	Südzucker AG	53,93	MDAX
2006	Techem AG	53,93	MDAX
2006	ProSiebenSat.1 Media AG	53,72	MDAX
2006	IKB Deutsche Industriebank AG	53,70	MDAX
2006	DEPFA BANK plc	52,32	MDAX
2006	Beiersdorf AG	52,05	MDAX
2006	Medion AG	52,05	MDAX
2006	MPC Münchmeyer Peters Capital AG	51,19	MDAX
2006	SGL Carbon AG	51,19	MDAX
2006	Aareal Bank AG	50,43	MDAX
2006	Deutsche Postbank AG	49,45	MDAX
2006	KRONES AG	48,01	MDAX
2006	Fielmann AG	47,90	MDAX
2006	Schwarz Pharma AG	43,89	MDAX
2006	HCI Capital AG	54,67	SDAX
2006	INTERHYP AG	57,54	SDAX
2006	ARQUES Industries AG	53,69	SDAX
2006	Gildemeister Aktiengesellschaft	80,33	SDAX
2006	GFK AG	67,07	SDAX
2006	comdirect bank AG	63,08	SDAX
2006	schlott gruppe Aktiengesellschaft	62,90	SDAX
2006	Dyckerhoff AG	57,08	SDAX
2006	Beate Uhse AG	59,61	SDAX
2006	Balda AG	60,12	SDAX
2006	TAKKT AG	56,87	SDAX
2006	MVV Energie AG	57,39	SDAX
2006	EM.TV Merchandising AG	60,56	SDAX
2006	Thiel Logistik AG	58,40	SDAX
2006	Villeroy & Boch AG	57,75	SDAX
2006	Masterflex AG	62,11	SDAX
2006	Rational AG	59,17	SDAX
2006	Fuchs Petrolub AG	54,36	SDAX
2006	Zapf Creation AG	55,83	SDAX
2006	INDUS Holding AG	56,33	SDAX
2006	DEUTZ AG	54,58	SDAX
2006	KOENIG & BAUER AG	50,95	SDAX
2006	ElringKlinger AG	55,13	SDAX
2006	DAB bank AG	54,52	SDAX
2006	D+S europe AG	54,47	SDAX
2006	Vivacon AG	53,77	SDAX
2006	Jungheinrich AG	53,25	SDAX
2006	CeWe Color Holding AG	52,12	SDAX
2006	CENTROTEC Sustainable AG	51,45	SDAX
2006	GRENKELEASING AG	50,95	SDAX

2006	Grammer AG	49,94	SDAX
2006	H&R WASAG AG	49,55	SDAX
2006	ESCADA AG	48,06	SDAX
2006	Curanum AG	47,93	SDAX
2006	Deutsche Beteiligungs AG	47,65	SDAX
2006	BayWa AG München	47,30	SDAX
2006	BÖWE SYSTEC Aktiengesellschaft	47,12	SDAX
2006	Klöckner-Werke AG	46,73	SDAX
2006	GERRY WEBER AG	46,66	SDAX
2006	WCM AG	46,39	SDAX
2006	Loewe AG	45,77	SDAX
2006	Sixt AG	44,02	SDAX
2006	Highlight Communications AG	43,98	SDAX
2006	FLUXX AG	41,43	SDAX
2006	elexis AG	39,46	SDAX
2006	CTS EVENTIM AG	38,09	SDAX
2006	ErSol Solar Energy Aktiengesellschaft	56,80	TecDAX
2006	Conergy AG	49,60	TecDAX
2006	Q-Cells AG	46,39	TecDAX
2006	Jenoptik AG	65,54	TecDAX
2006	Pfeiffer Vacuum Technology AG	59,74	TecDAX
2006	MorphoSys AG	56,77	TecDAX
2006	QSC AG	57,73	TecDAX
2006	T-Online International AG	67,71	TecDAX
2006	ComBOTS AG	62,88	TecDAX
2006	SolarWorld AG	62,83	TecDAX
2006	Bechtle AG	59,04	TecDAX
2006	Drägerwerk AG	53,32	TecDAX
2006	Medigene	59,66	TecDAX
2006	IDS Scheer AG	56,48	TecDAX
2006	EPCOS AG	51,59	TecDAX
2006	Software AG	54,62	TecDAX
2006	mobilcom AG	51,63	TecDAX
2006	AT&S Austria Technologie & Systemtechnik AG	53,39	TecDAX
2006	evotec OAI BioSystems AG	50,52	TecDAX
2006	United Internet AG	53,22	TecDAX
2006	AIXTRON AG	53,59	TecDAX
2006	Kontron AG	48,11	TecDAX
2006	Qiagen N.V.	51,25	TecDAX
2006	TELE ATLAS N.V.	47,44	TecDAX
2006	SINGULUS TECHNOLOGIES AG	46,42	TecDAX
2006	freenet.de AG	46,32	TecDAX
2006	BB Biotech AG	46,27	TecDAX
2006	GPC Biotech AG	44,60	TecDAX
2006	Rofin-Sinar Technologies Inc.	39,25	TecDAX

2007

2007	Beiersdorf AG	60,39	MDAX
2007	IKB Deutsche Industriebank AG	60,11	MDAX
2007	Hannover Rückversicherung AG	59,92	MDAX
2007	IWKA AG	59,52	MDAX
2007	Praktiker Bau- und Heimwerkermärkte Holding AG	59,38	MDAX
2007	HeidelbergCement AG	59,21	MDAX
2007	SGL Carbon AG	58,70	MDAX
2007	KarstadtQuelle AG	58,62	MDAX
2007	Bilfinger Berger Bau AG	58,14	MDAX
2007	Premiere AG	57,81	MDAX
2007	AWD Holding AG	57,55	MDAX
2007	STADA Arzneimittel AG	57,53	MDAX
2007	Norddeutsche Affinerie AG	57,22	MDAX
2007	Deutsche EuroShop AG	56,84	MDAX
2007	GEA Group Aktiengesellschaft	56,53	MDAX
2007	Südzucker AG	55,85	MDAX
2007	Rheinmetall AG	54,56	MDAX
2007	Aareal Bank AG	54,11	MDAX
2007	Celesio AG	53,71	MDAX
2007	Leoni AG	53,68	MDAX
2007	DEPFA BANK plc	52,49	MDAX
2007	KRONES AG	46,79	MDAX
2007	GAGFAH S.A.	55,63	MDAX
2007	PATRIZIA Immobilien AG	52,66	MDAX
2007	Wacker Chemie AG	47,03	MDAX
2007	Schwarz Pharma AG	41,47	MDAX
2007	Demag Cranes AG	56,90	SDAX
2007	Bauer AG	56,63	SDAX
2007	Air Berlin PLC	56,52	SDAX
2007	Deutsche Wohnen AG	53,33	SDAX
2007	DIC Asset AG	53,81	SDAX
2007	C.A.T. OIL AG	55,71	SDAX
2007	Klöckner & Co AG	50,55	SDAX
2007	Gildemeister Aktiengesellschaft	84,71	SDAX
2007	GFK AG	68,05	SDAX
2007	Dyckerhoff AG	58,84	SDAX
2007	cash.life AG	64,02	SDAX
2007	comdirect bank AG	62,35	SDAX
2007	MVV Energie AG	62,65	SDAX
2007	INTERHYP AG	66,91	SDAX
2007	Grammer AG	56,83	SDAX
2007	Balda AG	62,33	SDAX
2007	Jungheinrich AG	60,74	SDAX
2007	EM.TV AG	59,62	SDAX
2007	CeWe Color Holding AG	58,64	SDAX
2007	Fuchs Petrolub AG	60,48	SDAX
2007	TAKKT AG	58,50	SDAX
2007	Medion AG	56,94	SDAX
2007	Rational AG	63,01	SDAX
2007	DAB bank AG	58,96	SDAX
2007	Vivacon AG	59,42	SDAX
2007	Thiel Logistik AG	58,07	SDAX
2007	ARQUES Industries AG	58,41	SDAX
2007	Curanum AG	57,43	SDAX
2007	HCI Capital AG	55,73	SDAX
2007	ElringKlinger AG	55,34	SDAX

2007	ESCADA AG	54,58	SDAX
2007	MPC Münchmeyer Peters Capital AG	54,16	SDAX
2007	D+S europe AG	53,90	SDAX
2007	GRENKELEASING AG	53,20	SDAX
2007	INDUS Holding AG	53,10	SDAX
2007	elexis AG	52,93	SDAX
2007	KWS SAAT AG	52,90	SDAX
2007	H&R WASAG AG	52,89	SDAX
2007	Deutsche Beteiligungs AG	52,04	SDAX
2007	Sixt AG	51,70	SDAX
2007	KOENIG & BAUER AG	51,50	SDAX
2007	Loewe AG	50,63	SDAX
2007	GERRY WEBER AG	50,10	SDAX
2007	Fielmann AG	48,99	SDAX
2007	BayWa AG München	48,83	SDAX
2007	CTS EVENTIM AG	48,24	SDAX
2007	Thielert Aktiengesellschaft	47,14	SDAX
2007	Colonia Real Estate AG	44,46	SDAX
2007	TAG Tegernsee Immobilien u. Beteiligungs AG	41,12	SDAX
2007	Jenoptik AG	71,43	TecDAX
2007	Pfeiffer Vacuum Technology AG	59,38	TecDAX
2007	SolarWorld AG	64,95	TecDAX
2007	MorphoSys AG	54,44	TecDAX
2007	QSC AG	57,72	TecDAX
2007	ErSol Solar Energy Aktiengesellschaft	59,36	TecDAX
2007	Bechtle AG	61,75	TecDAX
2007	Drägerwerk AG	57,04	TecDAX
2007	IDS Scheer AG	62,78	TecDAX
2007	SOLON AG für Solartechnik	58,22	TecDAX
2007	Conergy AG	54,06	TecDAX
2007	EPCOS AG	52,72	TecDAX
2007	Software AG	58,48	TecDAX
2007	Q-Cells AG	53,17	TecDAX
2007	United Internet AG	55,59	TecDAX
2007	SINGULUS TECHNOLOGIES AG	53,35	TecDAX
2007	AT&S Austria Technologie & Systemtechnik AG	52,95	TecDAX
2007	AIXTRON AG	56,72	TecDAX
2007	Kontron AG	49,09	TecDAX
2007	Wirecard AG	50,28	TecDAX
2007	Qiagen N.V.	50,28	TecDAX
2007	TELE ATLAS N.V.	48,87	TecDAX
2007	GPC Biotech AG	48,08	TecDAX
2007	freenet AG	47,97	TecDAX
2007	BB Biotech AG	47,46	TecDAX
2007	Nordex AG	45,96	TecDAX
2007	ADVA AG Optical Networking	45,00	TecDAX
2007	Rofin-Sinar Technologies Inc.	38,85	TecDAX

Quelle: erhoben von Prof. Dr. Dr. h.c. Baetge in Zusammenarbeit mit dem Manage Magazin

Indexzuordnung nach dem Factbook der Deutschen Börse

Anhang VI: Kolmogorov Smirnov Test zur Überprüfung der Normalverteilung

DAX 30 - 2007

Unternehmen i	Score x_i	$z_i = (x_i - x)/s$	Fe (zi)	F0 (zi)	Fe(zi)-F0(zi)	Fe(zi)-F0(zi-1)
1	57,777	-1,652	0,049	0,033	0,016	0,049
2	58,932	-1,443	0,075	0,067	0,008	0,041
3	59,835	-1,280	0,100	0,100	0,000	0,034
4	61,831	-0,918	0,179	0,133	0,046	0,079
5	62,144	-0,862	0,194	0,167	0,028	0,061
6	62,191	-0,853	0,197	0,200	0,003	0,030
7	62,386	-0,818	0,207	0,233	0,027	0,007
8	62,571	-0,785	0,216	0,267	0,050	0,017
9	62,841	-0,736	0,231	0,300	0,069	0,036
10	62,936	-0,719	0,236	0,333	0,097	0,064
11	63,515	-0,614	0,270	0,367	0,097	0,064
12	64,071	-0,513	0,304	0,400	0,096	0,063
13	65,344	-0,283	0,389	0,433	0,045	0,011
14	65,517	-0,252	0,401	0,467	0,066	0,033
15	65,574	-0,241	0,405	0,500	0,095	0,062
16	65,789	-0,202	0,420	0,533	**0,114**	0,080
17	66,596	-0,056	0,478	0,567	0,089	0,056
18	67,347	0,080	0,532	0,600	0,068	0,035
19	67,536	0,114	0,545	0,633	0,088	0,055
20	68,565	0,300	0,618	0,667	0,049	0,015
21	69,426	0,456	0,676	0,700	0,024	0,009
22	70,961	0,733	0,768	0,733	0,035	0,068
23	71,028	0,746	0,772	0,767	0,005	0,039
24	71,818	0,888	0,813	0,800	0,013	0,046
25	72,090	0,938	0,826	0,833	0,008	0,026
26	72,439	1,001	0,842	0,867	0,025	0,008
27	73,271	1,151	0,875	0,900	0,025	0,009
28	76,020	1,649	0,950	0,933	0,017	0,050
29	76,750	1,781	0,963	0,967	0,004	0,029
30	80,121	2,391	0,992	1,000	0,008	0,025
	2007,223				MAX	**0,114**

arithmetisches Mittel x	66,907
Standardabweichung s	5,527
Varianz v	30,552

Anhang VII: SPSS Ergebnisse zu den Indices

DAX 30 - 2007		
N		30
Parameter der Normal-verteilung(a,b)	Mittelwert	66,9074
	Standardabweichung	5,52740
Extremste Differenzen	Absolut	,114
	Positiv	,114
	Negativ	-,079
Kolmogorov-Smirnov-Z		,622
Asymptotische Signifikanz (2-seitig)		,834

a Die zu testende Verteilung ist eine Normalverteilung.
b Aus den Daten berechnet.

DAX 30 - 2006		
DAX 30 - 2006		30
Parameter der Normal-verteilung(a,b)	Mittelwert	64,9579
	Standardabweichung	5,44043
Extremste Differenzen	Absolut	,109
	Positiv	,109
	Negativ	-,082
Kolmogorov-Smirnov-Z		,599
Asymptotische Signifikanz (2-seitig)		,865

a Die zu testende Verteilung ist eine Normalverteilung.
b Aus den Daten berechnet.

DAX 30 - 2005		
N		30
Parameter der Normal-verteilung(a,b)	Mittelwert	67,3932
	Standardabweichung	4,81634
Extremste Differenzen	Absolut	,101
	Positiv	,101
	Negativ	-,074
Kolmogorov-Smirnov-Z		,551
Asymptotische Signifikanz (2-seitig)		,922

a Die zu testende Verteilung ist eine Normalverteilung.
b Aus den Daten berechnet.

MDAX - 2007		
N		49
Parameter der Normal-verteilung(a,b)	Mittelwert	60,5914
	Standardabweichung	7,05707
Extremste Differenzen	Absolut	,067
	Positiv	,067
	Negativ	-,064
Kolmogorov-Smirnov-Z		,469
Asymptotische Signifikanz (2-seitig)		,980

a Die zu testende Verteilung ist eine Normalverteilung.
b Aus den Daten berechnet.

MDAX - 2006		
N		49
Parameter der Normal-verteilung(a,b)	Mittelwert	57,8594
	Standardabweichung	7,07807
Extremste Differenzen	Absolut	,183
	Positiv	,183
	Negativ	-,071
Kolmogorov-Smirnov-Z		1,278
Asymptotische Signifikanz (2-seitig)		,076

a Die zu testende Verteilung ist eine Normalverteilung.
b Aus den Daten berechnet.

MDAX - 2005		
N		50
Parameter der Normal-verteilung(a,b)	Mittelwert	58,8681
	Standardabweichung	6,27696
Extremste Differenzen	Absolut	,080
	Positiv	,080
	Negativ	-,051
Kolmogorov-Smirnov-Z		,563
Asymptotische Signifikanz (2-seitig)		,909

a Die zu testende Verteilung ist eine Normalverteilung.
b Aus den Daten berechnet.

SDAX - 2007		
N		49
Parameter der Normal-verteilung(a,b)	Mittelwert	56,2001
	Standardabweichung	6,84024
Extremste Differenzen	Absolut	,104
	Positiv	,104
	Negativ	-,069
Kolmogorov-Smirnov-Z		,730
Asymptotische Signifikanz (2-seitig)		,661

a Die zu testende Verteilung ist eine Normalverteilung.
b Aus den Daten berechnet.

SDAX - 2006		
N		46
Parameter der Normal-verteilung(a,b)	Mittelwert	53,3936
	Standardabweichung	7,63784
Extremste Differenzen	Absolut	,067
	Positiv	,067
	Negativ	-,059
Kolmogorov-Smirnov-Z		,454
Asymptotische Signifikanz (2-seitig)		,986

a Die zu testende Verteilung ist eine Normalverteilung.
b Aus den Daten berechnet.

SDAX - 2005		
N		47
Parameter der Normal-verteilung(a,b)	Mittelwert	57,1360
	Standardabweichung	9,80071
Extremste Differenzen	Absolut	,102
	Positiv	,102
	Negativ	-,066
Kolmogorov-Smirnov-Z		,697
Asymptotische Signifikanz (2-seitig)		,716

a Die zu testende Verteilung ist eine Normalverteilung.
b Aus den Daten berechnet.

TecDAX - 2007		
N		28
Parameter der Normal-verteilung(a,b)	Mittelwert	54,1406
	Standardabweichung	6,83303
Extremste Differenzen	Absolut	,079
	Positiv	,079
	Negativ	-,060
Kolmogorov-Smirnov-Z		,417
Asymptotische Signifikanz (2-seitig)		,995

a Die zu testende Verteilung ist eine Normalverteilung.
b Aus den Daten berechnet.

TecDAX - 2006		
N		28
Parameter der Normal-verteilung(a,b)	Mittelwert	53,4264
	Standardabweichung	6,82377
Extremste Differenzen	Absolut	,097
	Positiv	,097
	Negativ	-,076
Kolmogorov-Smirnov-Z		,515
Asymptotische Signifikanz (2-seitig)		,953

a Die zu testende Verteilung ist eine Normalverteilung.
b Aus den Daten berechnet.

TecDAX - 2005		
N		29
Parameter der Normal-verteilung(a,b)	Mittelwert	52,9883
	Standardabweichung	8,86720
Extremste Differenzen	Absolut	,104
	Positiv	,085
	Negativ	-,104
Kolmogorov-Smirnov-Z		,561
Asymptotische Signifikanz (2-seitig)		,912

a Die zu testende Verteilung ist eine Normalverteilung.
b Aus den Daten berechnet.

Anhang VIII: DAX: Reporting Score, Marktkapitalisierung u. Handelsvolumen

	Reporting Score					Handelsvolumen / Durchschnitt pro Tag					Marktkapitalisierung in €				
	2005	2006	Δ%	2007	Δ%	2005	Δ%	2006	Δ%	2007	2005	2006	Δ%	2007	Δ%
Adidas	72,19	75,23	4,2%	80,12	6,5%	1.772.725	16,90%	2.072.317	13,4%	2.349.575	8.121.880.800	7.679.445.728	-5,4%	10.438.020.490	35,9%
Allianz	64,50	60,00	-7,0%	62,14	3,6%	3.170.125	1,67%	3.223.058	33,5%	4.304.175	51.948.757.600	66.879.534.000	28,7%	66.599.692.500	-0,4%
Altana	64,12	61,84	-3,6%	65,57	6,0%	778.292	4,95%	816.825	123,8%	1.828.242	6.249.422.000	6.391.379.224	2,3%	2.264.180.087	-64,6%
BASF	68,41	64,20	-6,2%	68,57	6,8%	2.876.758	9,38%	3.146.667	12,2%	3.531.875	33.286.824.000	36.902.845.000	10,9%	48.494.262.000	31,4%
Bayer	72,40	68,72	-5,1%	69,43	1,0%	4.322.242	29,93%	5.616.017	4,6%	5.872.942	25.773.698.600	31.078.064.400	20,6%	47.794.180.200	53,8%
BMW	63,87	61,26	-4,1%	62,57	2,1%	2.737.917	0,49%	2.751.450	46,5%	4.030.417	24.776.015.400	28.464.372.370	14,9%	27.389.203.050	-3,8%
Commerzbank	58,46	58,43	0,0%	58,93	0,9%	4.470.133	7,87%	4.821.817	48,3%	7.152.142	17.100.344.000	18.960.220.000	10,9%	17.258.072.000	-9,0%
Continental	55,99	53,70	-4,1%	57,78	7,6%	1.022.125	13,32%	1.158.267	54,8%	1.793.383	10.939.582.000	12.909.216.089	18,0%	14.390.758.266	11,5%
Daimler	72,40	68,76	-5,0%	72,09	4,8%	6.330.592	11,07%	7.031.617	43,2%	10.067.650	43.925.148.000	48.119.760.000	9,5%	67.424.350.000	40,1%
Deutsche Bank	64,27	59,83	-6,9%	62,94	5,2%	3.938.642	11,61%	4.395.792	45,0%	6.374.842	45.416.438.613	53.179.990.032	17,1%	47.417.768.940	-10,8%
Deutsche Börse	67,60	64,37	-4,8%	67,34	4,6%	1.036.742	-11,99%	912.408	62,5%	1.482.367	9.060.804.000	14.220.840.000	56,9%	27.150.000.000	90,9%
Dt. Lufthansa	67,32	61,54	-8,6%	62,84	2,1%	4.029.383	-3,12%	3.903.833	8,9%	4.252.092	5.728.329.000	9.547.215.000	66,7%	8.342.938.000	-12,6%
Dt. Post	76,38	76,06	-0,4%	76,75	0,9%	3.973.208	36,40%	5.419.508	32,7%	7.191.583	24.451.072.000	27.460.532.000	12,3%	28.388.325.000	3,4%
Dt. Postbank	—	—	—	59,83	—	442.625	28,39%	568.267	98,0%	1.125.050	8.036.000.000	10.491.080.000	30,6%	9.963.000.000	-5,0%
Dt. Telekom	71,69	71,95	0,4%	72,44	0,7%	24.583.025	23,50%	30.360.433	6,1%	32.203.642	59.108.966.400	60.357.900.800	2,1%	65.504.022.400	8,5%
E.ON	69,91	71,07	1,6%	70,96	-0,1%	3.459.133	13,25%	3.917.325	24,8%	4.890.133	57.590.010.000	67.867.800.000	17,8%	92.012.880.000	35,6%
Fresenius	68,51	66,34	-3,2%	71,82	8,3%	1.063.375	24,46%	1.323.492	29,9%	1.719.583	5.595.935.541	8.091.230.180	44,6%	8.759.051.267	8,3%
Henkel	69,16	65,14	-5,8%	65,79	1,0%	1.228.967	-0,60%	1.221.608	42,2%	1.736.792	11.849.404.133	15.124.517.410	27,6%	15.926.665.118	5,3%
Hypo Real Estate	70,28	62,03	-11,7%	64,07	3,3%	482.375	76,98%	853.683	134,9%	2.004.975	5.896.494.257	6.400.605.635	8,5%	7.260.008.258	13,4%
Infineon	65,92	59,17	-10,2%	62,19	5,1%	9.600.092	7,92%	10.360.517	13,4%	11.745.500	6.118.640.000	6.993.800.000	14,3%	9.067.500.000	29,7%
Linde	69,74	60,60	-13,1%	65,34	7,8%	558.725	72,47%	963.658	18,3%	1.140.183	7.528.660.729	12.579.202.882	67,1%	15.046.124.863	19,6%
MAN	62,91	59,08	-6,1%	63,51	7,5%	1.260.225	10,68%	1.394.758	-9,1%	1.268.275	6.603.799.570	10.035.338.968	52,0%	16.701.874.073	66,4%
Merck	—	—	—	—	—	276.642	80,89%	500.425	63,2%	816.867	3.581.440.000	4.029.102.000	12,5%	5.704.180.000	41,6%
Metro	62,58	62,61	0,0%	61,83	-1,2%	1.151.808	29,49%	1.491.450	28,3%	1.913.775	13.367.691.182	15.784.775.696	18,1%	18.735.219.396	18,7%
Münchener Rück	68,02	68,66	0,9%	65,52	-4,6%	1.923.933	2,11%	1.964.567	23,6%	2.427.600	26.261.648.000	29.944.432.000	14,0%	28.967.626.000	-3,3%
RWE	71,36	75,21	5,4%	76,02	1,1%	3.235.883	-2,24%	3.163.375	27,3%	4.026.742	34.861.830.000	46.511.900.000	33,4%	53.486.130.000	15,0%
SAP	64,86	68,80	6,1%	71,03	3,2%	6.022.833	18,20%	7.119.258	37,2%	9.765.917	48.468.707.280	51.031.039.620	5,3%	44.291.698.000	-13,2%
Schering	64,85	64,35	-0,8%	—	—	1.309.475	2,96%	1.348.258	-98,7%	17.367	10.980.400.000	19.628.920.000	78,8%	20.311.800.000	3,5%
Siemens	62,20	63,73	2,5%	62,39	-2,1%	5.005.175	9,13%	5.462.158	41,2%	7.712.125	57.113.100.000	61.300.800.000	7,3%	88.127.880.000	43,8%
ThyssenKrupp	75,58	66,96	-11,4%	73,27	9,4%	3.399.900	31,39%	4.467.000	-14,6%	3.814.475	8.936.865.000	13.670.265.000	53,0%	22.977.570.000	68,1%
TUI	62,98	61,73	-2,0%	66,60	7,9%	2.232.542	57,86%	3.524.375	19,1%	4.197.042	4.337.673.548	3.800.440.605	-12,4%	4.806.327.850	26,5%
Volkswagen	73,36	67,36	-8,2%	67,53	0,2%	2.999.667	2,21%	3.065.983	16,8%	3.580.050	17.781.532.300	30.599.921.100	72,1%	56.001.505.700	83,0%

Anhang IX: Ermittlung der Marktkapitalisierung

	Aktiengattung	2005 Aktienkurs am 31.12.	2005 Anzahl der Aktien	2005 Marktkapitalisierung	2006 Aktienkurs am 31.12.	2006 Anzahl der Aktien	2006 Marktkapitalisierung	2007 Aktienkurs am 31.12.	2007 Anzahl der Aktien	2007 Marktkapitalisierung
adidas AG		40,00	203.047.020	8.121.880.800	37,73	203.536.860	7.679.445.728	51,26	203.628.960	10.438.020.490
Allianz SE		127,94	406.040.000	51.948.757.600	154,76	432.150.000	66.879.534.000	147,95	450150000	66.599.692.500
Altana²		46,00	135.857.000	6.249.422.000	47,00	135.986.792	6.391.379.224	16,65	135.986.792	2.264.180.087
BASF SE		64,71	514.400.000	33.286.824.000	73,85	499.700.000	36.902.845.000	101,41	478.200.000	48.494.262.000
Bayer AG		35,29	730.340.000	25.773.698.600	40,66	764.340.000	31.078.064.400	62,53	764.340.000	47.794.180.200
BMW AG St	Stamm	37,05	622.228.000	23.053.547.400	43,51	601.995.000	26.192.802.450	42,35	601.995.000	25.494.488.250
	Vorzug	33,00	52.196.000	1.722.468.000	43,52	52.196.000	2.271.569.920	36,3	52.196.000	1.894.714.800
Commerzbank AG		26,02	657200000	17.100.344.000	28,85	657200000	18.960.220.000	26,26	657200000	17.258.072.000
Continental AG		74,98	145.900.000	10.939.582.000	88,10	146.529.127	12.909.216.089	88,99	161.712.083	14.390.758.266
Daimler AG		43,14	1.018.200.000	43.925.148.000	46,80	1.028.200.000	48.119.760.000	66,50	1.013.900.000	67.424.350.000
Deutsche Bank AG		81,90	554.535.270	45.416.438.613	101,34	524.768.009	53.179.990.032	89,4	530.400.100	47.417.768.940
Deutsche Börse AG		85,56	105.900.000	9.060.804.000	69,71	204.000.000	14.220.840.000	135,75	200.000.000	27.150.000.000
Deutsche Lufthansa AG		12,51	457.900.000	5.728.329.000	20,85	457.900.000	9.547.215.000	18,22	457.900.000	8.342.938.000
Deutsche Post AG		20,48	1.193.900.000	24.451.072.000	22,84	1.202.300.000	27.460.532.000	23,51	1.207.500.000	28.388.325.000
Deutsche Postbank AG		49,00	164.000.000	8.036.000.000	63,97	164.000.000	10.491.080.000	60,75	164.000.000	9.963.000.000
Deutsche Telekom AG		14,08	4.198.080.000	59.108.966.400	13,84	4.361.120.000	60.357.900.800	15,02	4.361.120.000	65.504.022.400
E.ON AG		87,39	659.000.000	57.590.010.000	102,83	660.000.000	67.867.800.000	145,59	632.000.000	92.012.880.000
Fresenius Medical Care AG & Co. KGaA	Stamm	106,00	25.361.140	2.688.280.840	151,71	25.725.646	3.902.837.755	56	77.582.385	4.344.613.560
	Vorzug	114,65	25.361.140	2.907.654.701	162,81	25.725.646	4.188.392.425	56,9	77.582.385	4.414.437.707
Henkel KGaA	Stamm	78,54	86.598.625	6.801.456.008	98,20	86.598.625	8.503.984.975	34,95	259.795.875	9.079.865.831
Henkel KGaA Vz	Vorzug	85,00	59.387.625	5.047.948.125	111,48	59.387.625	6.620.532.435	38,43	178.162.875	6.846.799.286
Hypo Real Estate Holding AG		43,98	134.072.175	5.896.494.257	47,74	134.072.175	6.400.605.635	36,10	201.108.262	7.260.008.258
Infineon Technologies AG¹		8,18	748.000.000	6.118.640.000	9,35	748.000.000	6.993.800.000	12,09	750.000.000	9.067.500.000
Linde AG		62,81	119.864.046	7.528.660.729	78,26	160.736.045	12.579.202.882	90,45	166.347.428	15.046.124.863
MAN AG St	Stamm	45,08	140.974.000	6.355.107.920	68,46	140.974.000	9.651.080.040	113,80	140.974.000	16.042.841.200
	Vorzug	41,00	6.065.650	248.691.650	63,55	6.065.650	384.258.928	108,65	6.065.650	659.032.873
Merck KGaA	Stamm	69,95	51.200.000	3.581.440.000	78,54	51.300.000	4.029.102.000	88,3	64.600.000	5.704.180.000
METRO AG St	Stamm	40,80	324.109.563	13.223.670.170	48,31	324.109.563	15.657.732.989	57,44	324.109.563	18.616.853.299
	Vorzug	53,78	2.677.966	144.021.011	47,44	2.677.966	127.042.707	44,2	2.677.966	118.366.097
Münchener Rück AG		114,38	229.600.000	26.261.648.000	130,42	229.600.000	29.944.432.000	132,94	217.900.000	28.967.626.000
RWE AG St	Stamm	62,55	523.400.000	32.738.670.000	83,50	523.400.000	43.703.900.000	96	523.400.000	50.246.400.000
	Vorzug	54,44	39.000.000	2.123.160.000	72	39.000.000	2.808.000.000	83,07	39.000.000	3.239.730.000
SAP AG		38,29	1.265.832.000	48.468.707.280	40,26	1.267.537.000	51.031.039.620	35,53	1.246.600.000.000	44.291.698.000
Schering		56,60	194.000.000	10.980.400.000	101,18	194.000.000	19.628.920.000	104,7	194.000.000,00	20.311.800.000
Siemens AG¹		64,10	891.000.000	57.113.100.000	68,80	891.000.000	61.300.800.000	96,42	914.000.000	88.127.880.000
ThyssenKrupp AG¹		17,37	514.500.000	8.936.865.000	26,57	514.500.000	13.670.265.000	44,66	514.500.000	22.977.570.000
TUI AG		17,30	250.732.575	4.337.673.548	15,14	251.019.855	3.800.440.605	19,13	251.245.575	4.806.327.850
Volkswagen AG St	Stamm	44,61	321.930.000	14.361.297.300	85,89	286.980.000	24.648.712.200	156,1	291.337.000	45.477.705.700
	Vorzug	32,50	105.238.000	3.420.235.000	56,55	105.238.000	5.951.208.900	100	105.238.000	10.523.800.000

¹ Geschäftsjahr endet Ende September
² Neuausrichtung des Geschäfts führte zu einer Sonderdividendenzahlung in 2007

Anhang X: Ermittlung des Handelsvolumen

Handelsvolumen XETRA
Durchschnittliches Volumen pro Tag

	Adidas	Allianz	Altana	BASF	Bayer	BMW	Commerzbank	Continental	Daimler	Deutsche Bank	Deutsche Börse	Dt. Lufthansa	Dt. Post	Dt. Postbank	Dt. Telekom
2005															
Januar	1.539.900	2.763.900	558.300	2.730.800	6.583.500	3.018.400	4.575.500	1.168.600	5.236.900	4.024.800	1.073.400	4.359.600	2.950.500	424.700	28.341.300
Februar	1.790.600	2.680.900	521.700	2.694.100	5.061.800	2.541.600	4.393.800	1.116.300	5.220.200	4.213.500	1.774.800	4.342.100	3.177.600	423.500	25.864.800
März	1.597.000	2.772.200	548.600	3.036.400	4.448.100	3.405.000	3.382.200	1.253.700	5.155.900	3.388.300	1.677.000	5.402.800	3.121.700	509.600	24.210.400
April	1.239.900	2.761.900	858.500	3.936.300	4.652.500	2.605.400	3.947.000	1.418.700	8.757.700	4.392.000	1.319.100	3.743.900	4.248.600	403.500	29.342.100
Mai	1.690.600	2.513.500	703.100	2.654.100	4.240.200	2.238.800	4.920.600	1.182.500	5.284.400	4.467.900	1.621.900	3.188.300	2.820.100	325.300	21.860.000
Juni	1.156.500	2.236.200	558.800	2.808.100	3.923.500	2.425.200	4.734.000	1.004.000	5.477.100	3.595.500	789.800	3.546.100	5.399.000	538.700	27.505.700
Juli	1.351.300	3.653.200	1.989.500	2.952.700	4.104.000	2.409.500	3.123.700	926.600	10.145.700	4.407.400	915.700	4.080.700	3.815.400	335.600	24.954.300
August	3.144.600	3.677.800	863.900	2.557.500	3.693.400	3.357.400	5.657.900	856.200	7.327.900	3.218.800	680.800	4.159.100	3.900.900	380.400	20.405.600
September	1.588.400	4.510.900	550.000	3.244.400	4.030.400	3.369.400	4.009.700	742.700	6.972.800	4.452.200	717.200	3.590.800	5.185.600	450.600	21.223.900
Oktober	2.622.700	4.207.000	784.600	3.602.800	3.839.500	2.854.100	3.820.000	1.087.700	7.128.000	4.147.600	778.500	5.021.500	4.669.800	676.500	25.084.000
November	2.186.200	3.539.800	975.600	2.511.600	4.221.500	2.879.000	7.811.300	922.200	5.172.000	3.643.600	621.100	3.920.000	3.390.400	425.300	26.993.600
Dezember	1.365.000	2.725.200	426.900	1.792.300	3.068.500	1.751.200	3.265.900	586.300	4.088.500	3.311.900	471.600	2.997.700	4.998.900	417.800	19.210.600
Ø	1.772.725	3.170.125	778.292	2.876.758	4.322.242	2.737.917	4.470.133	1.022.125	6.330.592	3.938.642	1.036.742	4.029.383	3.973.208	442.625	24.583.025
2006															
Januar	1.750.000	3.620.200	582.800	3.325.200	4.399.000	2.727.100	4.048.400	762.700	6.608.100	3.950.100	984.900	4.422.200	6.223.100	558.300	31.727.300
Februar	2.059.600	2.945.600	484.600	3.106.200	4.143.000	3.328.400	4.245.200	1.187.700	6.963.300	4.410.900	901.000	4.143.900	4.965.500	603.000	29.570.000
März	3.145.400	3.549.500	1.040.400	3.131.800	8.222.200	3.842.800	4.765.100	803.500	6.364.500	4.339.500	990.500	3.747.000	6.022.200	468.100	27.963.000
April	1.878.400	2.964.600	812.300	3.077.700	6.535.900	2.107.600	4.028.400	839.600	7.552.100	3.362.300	630.200	3.520.500	3.990.300	264.900	30.002.400
Mai	2.497.900	4.281.700	633.100	3.571.600	6.839.500	2.952.000	5.589.000	1.196.400	7.562.600	7.908.700	1.708.700	6.741.300	6.869.300	572.000	45.601.500
Juni	1.882.800	3.716.100	666.200	3.288.600	7.469.100	2.499.000	5.086.900	1.207.200	7.734.200	5.138.600	1.018.400	4.306.200	4.091.700	701.500	30.343.800
Juli	1.350.700	2.821.400	815.700	2.489.100	6.231.800	2.322.600	3.466.200	1.326.000	6.205.300	3.463.300	598.600	3.992.800	6.054.100	626.000	21.305.600
August	1.709.700	2.937.400	691.700	2.668.600	4.079.800	2.319.600	6.400.500	1.129.000	4.639.200	3.997.700	557.900	3.352.500	5.310.000	666.300	36.245.900
September	2.053.300	2.795.900	1.432.100	3.146.600	5.507.400	2.560.300	5.598.400	1.861.600	7.341.000	4.202.100	688.500	2.982.500	4.950.500	626.100	31.257.800
Oktober	1.753.400	2.979.400	765.600	2.974.300	4.304.200	3.000.900	4.935.500	1.164.900	8.589.000	4.010.100	678.400	3.308.600	4.266.800	547.600	30.292.000
November	3.039.200	3.394.100	977.300	3.853.600	4.943.600	2.963.700	5.640.300	1.429.300	8.927.700	4.514.200	1.373.100	3.276.300	5.302.000	691.200	28.399.300
Dezember	1.747.400	2.670.800	531.100	3.126.700	4.716.700	2.393.400	4.057.300	991.300	5.892.400	3.452.000	818.700	3.052.200	6.988.600	494.200	21.616.600
Ø	2.072.317	3.223.058	816.825	3.146.667	5.616.017	2.751.450	4.821.817	1.158.267	7.031.617	4.395.792	912.408	3.903.833	5.419.508	568.267	30.360.433
2007															
Januar	2.084.900	3.685.700	920.900	3.701.300	5.928.200	3.182.400	6.838.200	1.699.100	6.552.500	4.133.700	1.031.800	4.199.900	5.461.700	639.100	33.392.800
Februar	2.158.300	4.355.700	949.200	4.061.600	4.635.600	4.056.500	6.470.000	2.039.600	12.709.200	4.932.800	1.020.500	3.629.800	6.657.600	587.800	31.545.600
März	3.552.900	4.210.400	1.609.500	4.487.400	6.823.300	4.691.300	6.853.100	1.690.000	12.167.100	6.542.400	1.113.600	3.460.700	8.384.700	1.003.800	37.065.800
April	3.754.100	3.838.300	1.416.100	3.700.900	5.612.500	3.670.300	5.523.700	1.701.500	9.239.800	5.056.400	696.200	4.224.900	8.110.100	935.300	30.723.200
Mai	3.137.500	3.896.700	9.380.800	2.944.300	5.696.600	4.617.300	4.685.700	1.560.100	13.037.200	4.566.800	1.025.700	3.554.100	6.888.900	1.009.900	34.689.000
Juni	2.288.900	6.253.000	2.026.900	4.234.800	7.543.100	3.637.100	6.386.200	1.530.900	9.853.900	6.060.700	1.681.000	4.905.600	7.395.200	1.182.600	41.004.600
Juli	2.047.700	4.525.100	1.066.200	3.551.000	6.139.000	3.627.600	6.032.900	1.805.000	10.672.500	6.478.900	1.591.900	4.273.200	6.741.000	1.470.800	26.028.000
August	2.227.000	4.673.200	1.471.700	3.645.000	6.656.500	3.993.100	9.557.300	1.870.700	11.652.000	9.950.900	2.542.700	5.473.600	8.194.100	1.322.500	32.993.100
September	1.474.500	4.111.300	1.029.500	3.131.200	5.360.900	5.305.500	9.964.800	1.586.600	9.579.700	9.060.300	2.052.900	4.278.600	6.253.800	1.041.300	24.961.700
Oktober	1.500.500	3.258.400	535.500	2.601.300	4.959.700	3.127.100	7.752.500	1.653.800	8.554.400	7.034.700	1.843.100	3.395.800	7.187.800	1.072.800	29.368.400
November	1.986.500	5.197.800	1.001.500	3.330.900	5.633.400	4.825.600	9.751.000	2.229.600	8.870.000	7.626.000	1.735.100	5.568.700	9.241.800	2.270.500	36.806.900
Dezember	1.982.100	3.644.500	531.100	2.992.800	5.486.500	3.631.400	6.010.300	2.153.700	7.923.500	5.054.500	1.453.900	4.060.200	5.782.300	964.200	27.864.600
Ø	2.349.575	4.304.175	1.828.242	3.531.875	5.872.942	4.030.417	7.152.142	1.793.383	10.067.650	6.374.842	1.482.367	4.252.092	7.191.583	1.125.050	32.203.642

2005	E.ON	Fresenius	Henkel	Hypo Real E.	Infineon	Linde	MAN	Merck	Metro	Münch.Rück	RWE	SAP	Schering	Siemens	ThyssenK	TUI	Volkswagen
Januar	3.043.300	956.800	1.311.400	316.700	12.210.000	581.900	1.896.600	229.800	1.529.300	1.749.400	3.448.100	8.089.900	1.490.200	5.305.900	3.465.100	1.379.900	2.747.200
Februar	3.384.000	1.008.700	1.694.900	452.500	11.710.000	631.700	1.799.200	328.700	1.060.700	1.631.100	4.114.900	6.636.700	1.547.700	5.423.000	3.233.100	1.730.600	2.489.000
März	3.388.200	774.100	1.095.500	415.900	8.288.000	552.400	1.482.400	245.000	1.037.000	1.490.600	3.635.500	4.924.300	2.315.700	4.517.900	2.920.800	2.295.100	2.398.700
April	3.597.400	1.108.200	1.570.100	432.200	10.398.500	538.800	1.547.400	422.600	1.159.600	1.790.900	3.207.100	8.119.800	1.445.700	5.194.500	3.431.200	2.030.800	2.946.600
Mai	3.477.900	1.841.100	1.350.600	436.200	8.830.700	558.800	1.000.000	262.200	922.300	1.703.200	2.705.900	6.882.200	1.701.600	4.202.800	3.104.900	1.622.200	2.083.900
Juni	3.714.900	1.085.300	986.000	409.200	10.551.800	703.200	902.000	317.900	1.068.000	1.733.200	2.790.300	7.266.400	1.082.900	5.604.700	3.421.300	1.435.200	2.223.200
Juli	3.577.600	747.100	1.150.600	503.500	10.952.400	493.100	1.233.900	257.100	1.238.900	2.225.100	3.230.400	5.924.200	1.182.500	5.956.700	3.704.500	1.420.300	4.119.300
August	3.056.000	1.198.800	961.300	757.300	8.834.000	519.300	1.379.700	182.200	1.070.600	1.764.300	2.620.300	4.246.700	891.100	4.120.900	2.778.100	2.585.500	2.582.900
September	4.150.200	1.092.600	1.109.100	416.400	9.545.100	538.400	986.300	279.400	979.900	2.225.000	3.537.500	5.043.600	977.500	4.928.200	4.244.100	4.887.600	6.182.400
Oktober	4.102.800	1.499.200	1.271.300	394.700	7.864.400	600.100	1.288.200	285.800	1.082.800	2.306.300	3.830.200	6.638.700	1.171.700	5.055.300	4.234.100	2.695.200	3.947.000
November	3.270.000	779.800	1.395.800	496.400	9.934.600	546.800	962.100	287.600	1.680.300	2.118.700	3.516.300	4.958.200	1.076.900	4.530.900	3.473.500	2.361.600	2.448.400
Dezember	2.747.300	668.800	851.000	757.500	6.081.600	440.200	644.900	221.400	992.300	2.349.400	2.194.100	3.543.300	830.200	5.221.300	3.226.000	2.346.500	1.827.400
Ø	3.459.133	1.063.375	1.228.967	482.375	9.600.092	558.725	1.260.225	276.642	1.151.808	1.923.933	3.235.883	6.022.833	1.309.475	5.005.175	3.399.900	2.232.542	2.999.667
2006																	
Januar	3.271.300	937.500	1.291.800	1.094.800	10.972.700	925.800	962.800	397.000	1.735.200	2.289.900	2.794.700	9.128.600	973.500	6.318.200	6.065.300	4.004.000	2.630.000
Februar	3.928.000	1.428.700	1.596.300	786.700	8.436.100	746.100	1.262.300	369.200	1.545.000	2.063.700	2.972.400	5.828.300	1.210.900	4.601.000	4.131.200	3.183.800	3.864.500
März	3.797.700	1.346.600	1.029.000	852.100	14.569.600	1.121.900	965.900	663.800	1.664.800	2.083.500	2.970.700	5.267.600	4.560.000	4.633.300	4.068.400	4.023.400	2.626.400
April	3.613.100	1.054.300	1.071.500	518.000	11.770.200	937.200	916.200	428.100	1.229.700	1.569.200	3.349.500	6.491.500	2.108.500	5.219.400	3.362.500	3.047.000	2.564.600
Mai	6.192.200	1.866.000	1.116.000	973.200	9.984.100	844.700	2.192.300	419.500	1.869.000	2.137.900	3.547.500	6.993.500	1.907.000	6.794.000	5.486.200	4.212.300	2.634.500
Juni	4.197.100	1.308.400	1.262.100	935.700	9.416.300	1.099.800	1.403.400	678.400	1.018.900	2.124.100	3.257.800	6.229.900	4.157.700	7.486.300	4.328.600	2.855.700	1.990.200
Juli	3.361.800	1.298.900	1.313.000	715.000	10.163.400	1.341.200	1.058.000	792.200	1.307.300	1.559.800	2.544.500	10.497.500	368.100	5.202.500	4.910.900	2.972.200	2.232.600
August	3.145.800	1.371.300	1.270.700	904.600	9.072.200	763.300	999.500	392.700	1.001.900	1.956.600	2.569.600	7.237.600	179.700	4.591.500	5.203.500	3.776.300	1.920.100
September	4.780.100	1.218.700	1.402.800	747.900	12.861.200	1.026.900	2.268.800	676.600	1.898.500	2.097.000	3.248.000	7.238.100	497.000	4.284.600	4.037.900	3.810.100	2.486.300
Oktober	3.288.100	1.435.300	1.214.100	586.100	10.125.800	1.013.800	2.465.000	455.200	1.618.100	1.576.800	3.118.100	7.551.600	45.800	5.192.200	4.389.600	2.923.600	3.591.500
November	3.641.900	1.286.300	1.225.700	1.217.500	9.397.800	807.600	1.371.600	382.500	1.595.500	2.413.500	4.282.500	7.040.100	77.900	6.007.900	2.936.500	4.160.200	7.280.300
Dezember	3.790.800	1.329.900	866.300	912.600	7.556.800	935.600	871.300	349.900	1.413.500	1.702.800	3.305.200	5.926.800	93.000	5.215.000	4.683.400	3.323.900	2.970.800
Ø	3.917.325	1.323.492	1.221.698	853.683	10.360.517	963.658	1.394.758	500.425	1.491.450	1.964.567	3.163.375	7.119.258	1.348.258	5.462.158	4.467.000	3.524.375	3.065.983
2007																	
Januar	4.581.400	1.262.800	1.371.500	1.251.100	10.370.200	935.600	1.447.500	781.900	2.098.100	2.277.200	3.357.300	12.131.800	30.600	7.668.500	4.871.100	4.031.200	4.288.800
Februar	6.669.300	2.320.300	1.997.200	1.096.900	12.688.000	1.409.200	1.544.900	783.900	1.835.600	3.544.300	5.077.400	9.047.000	16.700	6.385.200	4.525.200	6.613.700	8.159.800
März	5.797.400	1.819.100	2.421.900	1.262.400	8.077.100	1.248.000	1.223.500	716.500	2.209.100	3.154.400	4.186.900	10.049.800	24.000	7.294.900	3.873.600	3.775.100	10.287.300
April	4.670.100	1.168.800	1.964.700	871.400	8.138.700	989.400	969.500	612.700	2.172.300	2.249.000	3.876.200	8.471.700	13.100	8.695.200	2.731.900	3.709.800	2.232.000
Mai	5.487.800	1.729.300	1.415.600	1.194.000	10.427.100	1.220.600	1.149.200	775.800	1.816.900	2.397.300	4.611.700	8.534.900	22.800	8.033.200	3.183.800	4.304.700	2.131.200
Juni	6.252.600	2.387.500	2.149.700	1.452.700	12.627.800	1.572.700	1.196.300	1.236.000	2.198.600	2.878.500	4.648.800	13.042.600	21.100	9.656.500	3.929.500	4.074.100	2.120.300
Juli	4.653.300	2.371.200	1.791.800	2.641.900	13.549.900	1.277.200	1.330.100	804.200	1.886.300	2.097.900	3.858.200	12.170.600	14.900	9.672.100	3.320.900	4.670.300	2.343.800
August	5.043.600	1.954.000	2.142.900	3.224.100	13.360.000	1.571.500	1.571.500	691.500	2.619.400	2.484.500	4.121.800	8.612.900	17.500	8.084.500	4.328.500	4.670.300	3.201.300
September	4.605.700	1.492.100	1.226.100	2.721.700	12.784.000	1.158.100	1.158.100	1.111.100	2.151.100	2.041.100	3.788.200	8.526.500	20.300	7.242.600	3.505.600	2.650.400	1.601.400
Oktober	3.484.400	1.233.000	1.309.600	2.387.900	10.253.800	1.110.900	1.458.200	958.300	1.265.800	1.617.700	3.331.500	9.913.300	10.900	5.657.300	2.907.400	4.185.900	3.115.700
November	3.936.000	1.549.500	1.788.700	3.501.500	17.374.000	925.700	1.332.300	751.800	1.547.200	2.091.200	4.288.400	8.547.500	9.000	8.293.500	4.430.600	4.185.900	1.966.800
Dezember	3.500.000	1.347.400	1.261.800	2.454.100	11.295.400	908.800	838.200	578.700	1.164.900	2.298.100	3.174.500	8.142.400	7.500	5.862.000	4.165.600	3.223.900	1.512.200
Ø	4.890.133	1.719.583	1.736.792	2.004.975	11.745.500	1.140.183	1.268.275	816.867	1.913.775	2.427.600	4.026.742	9.765.917	17.367	7.712.125	3.814.475	4.197.042	3.580.050

Anhang XI: Regressionsanalyse zur relativen Veränderung

Reporting Score und rel. Veränderung des Handelsvolumens:

2005/2006

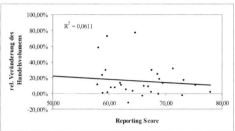

Quelle: eigene Darstellung

2006/2007

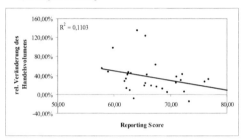

Quelle: eigene Darstellung

Reporting Score und Marktkapitalisierung:

2005/2006

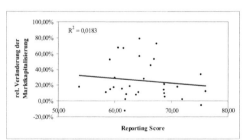

Quelle: eigene Darstellung

2006/2007

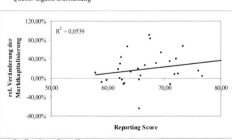

Quelle: eigene Darstellung

Anhang XII: Daten der linearen Mehrfachregression 2007

Unternehmen	Reportingscore 2007	Jahresergebnis 2007 in €	Buchwert EK 2007 in €	Marktkapitalisierung 2007 in €
Adidas	80,12	555.000.000	3.023.000.000	10.438.020.490
Allianz	62,14	8.714.000.000	47.753.000.000	66.599.692.500
Altana	65,57	129.890.000	1.136.830.000	2.264.180.087
BASF	68,57	4.325.500.000	19.126.700.000	48.494.262.000
Bayer	69,43	4.716.000.000	16.734.000.000	47.794.180.200
BMW	62,57	3.134.000.000	21.733.000.000	27.389.203.050
Commerzbank	58,93	1.925.000.000	15.135.000.000	17.258.072.000
Continental	57,78	1.049.900.000	6.583.200.000	14.390.758.266
Daimler	72,09	3.985.000.000	36.718.000.000	67.424.350.000
Deutsche Bank	62,94	6.510.000.000	37.044.000.000	47.417.768.940
Deutsche Börse	67,34	914.900.000	2.377.300.000	27.150.000.000
Deutsche Lufthansa	62,84	1.760.000.000	6.845.000.000	8.342.938.000
Deutsche Post	76,75	1.885.000.000	11.058.000.000	28.388.325.000
Deutsche Postbank	59,83	871.000.000	5.309.000.000	9.963.000.000
Deutsche Telekom	72,44	1.078.000.000	42.120.000.000	65.504.022.400
E.ON	70,96	7.724.000.000	49.374.000.000	92.012.880.000
Fresenius	71,82	743.420.000	5.575.220.000	8.759.051.267
Henkel	65,79	941.000.000	5.643.000.000	15.926.665.118
Hypo Real Estate	64,07	457.000.000	6.074.000.000	7.260.008.258
Infineon	62,19	-387.000.000	4.914.000.000	9.067.500.000
Linde	65,34	1.013.000.000	8.761.000.000	15.046.124.863
MAN	63,51	1.225.000.000	5.148.000.000	16.701.874.073
Metro	61,83	983.000.000	6.255.000.000	18.735.219.396
Münchener Rück	65,52	3.937.000.000	24.957.000.000	28.967.626.000
RWE	76,02	2.883.000.000	14.131.000.000	53.486.130.000
SAP	71,03	1.921.000.000	6.503.000.000	44.291.698.000
Siemens	62,39	4.038.000.000	28.996.000.000	88.127.880.000
ThyssenKrupp	73,27	2.190.000.000	10.026.000.000	22.977.570.000
TUI	66,60	236.300.000	2.826.800.000	4.806.327.850
Volkswagen	67,53	4.122.000.000	31.875.000.000	56.001.505.700

Pearson-
Korrelationskoeffizient SC_MK   0,2239
                          JÜ_MK   0,7778
                          BW_MK   0,8576

Buchwert_EK, und Marktkapitalisierung jeweils zum Geschäftsjahresende
Quelle: www.onvista.de und Manager Magazin

Anhang XIII: Daten der linearen Mehrfachregression 2006

Unternehmen	Reportingscore 2006	Jahresergebnis 2006 in €	Buchwert EK 2006 in €	Marktkapitalisierung 2006 in €
Adidas	75,23	496.000.000	2.828.000.000	7.679.445.728
Allianz	60,00	8.310.000.000	50.481.000.000	66.879.534.000
Altana	61,84	3.872.490.000	5.756.690.000	6.391.379.224
BASF	64,20	3.466.100.000	18.047.600.000	36.902.845.000
Bayer	68,72	1.695.000.000	12.767.000.000	31.078.064.400
BMW	61,26	2.874.000.000	19.126.000.000	28.464.372.370
Commerzbank	58,43	1.788.000.000	14.262.000.000	18.960.220.000
Continental	53,70	1.004.600.000	4.470.800.000	12.909.216.089
Daimler	68,76	3.783.000.000	36.925.000.000	48.119.760.000
Deutsche Bank	59,83	6.079.000.000	32.758.000.000	53.179.990.032
Deutsche Börse	64,37	666.000.000	2.263.400.000	14.220.840.000
Deutsche Lufthansa	61,54	897.000.000	4.623.000.000	9.547.215.000
Deutsche Post	76,06	2.282.000.000	11.220.000.000	27.460.532.000
Deutsche Telekom	71,95	3.574.000.000	46.570.000.000	60.357.900.800
E.ON	71,07	6.082.000.000	48.712.000.000	67.867.800.000
Fresenius	66,34	553.390.000	4.870.160.000	8.091.230.180
Henkel	65,14	871.000.000	5.487.000.000	15.124.517.410
Hypo Real Estate	62,03	542.000.000	3.445.000.000	6.400.605.635
Infineon	59,17	-245.000.000	5.315.000.000	6.993.800.000
Linde	60,60	1.858.000.000	8.000.000.000	12.579.202.882
MAN	59,08	925.000.000	3.758.000.000	10.035.338.968
Metro	62,61	1.193.000.000	5.830.000.000	15.784.775.696
Münchener Rück	68,66	3.536.000.000	25.946.000.000	29.944.432.000
RWE	75,21	4.013.000.000	13.439.000.000	46.511.900.000
SAP	68,80	1.873.000.000	6.136.000.000	51.031.039.620
Schering	64,35	2.381.000.000	5.642.000.000	19.628.920.000
Siemens	63,73	3.345.000.000	25.193.000.000	61.300.800.000
ThyssenKrupp	66,96	1.704.000.000	8.513.000.000	13.670.265.000
TUI	61,73	-846.600.000	2.734.800.000	3.800.440.605
Volkswagen	67,36	2.750.000.000	26.904.000.000	30.599.921.100

Pearson-
Korrelationskoeffizient SC_MK   0,3244
                         JÜ_MK   0,8185
                         BW_MK   0,8620

Buchwert_EK und Marktkapitalisierung jeweils zum Geschäftsjahresende
Quelle: www.onvista.de und Manager Magazin

Anhang XIV: SPSS Analyse 2007

Modellzusammenfassung

Modell	R	R-Quadrat	Korrigiertes R-Quadrat	Standardf ehler des Schätzers
1	,884[a]	,781	,756	12557,44

a. Einflußvariablen : (Konstante), BUCHWERT_EK, SCORE, JAHRESÜBERSCHUSS

ANOVA(b)

Modell		Quadratsumme	df	Mittel der Quadrate	F	Signifi kanz
1	Regression	14617073252,881	3	4872357750,961	30,898	,000(a)
	Residuen	4099921933,186	26	157689305,123		
	Gesamt	18716995186,067	29			

a Einflußvariablen : (Konstante), BUCHWERT_EK, SCORE, JAHRESÜBERSCHUSS
b Abhängige Variable: MARKTKAPITALISIERUNG

Koeffizienten[a]

Modell		Nicht standardisierte Koeffizienten		Standardisie rte Koeffizienten	T	Signifikanz	Korrelationen			Kollinearitätsstatistik	
		B	Standardf ehler	Beta			Nullter Ordnung	Partiell	Teil	Toleranz	VIF
1	(Konstante)	-49995,0	28446,296		-1,758	,091					
	SCORE	861,680	423,319	,187	2,036	,052	,224	,371	,187	,993	1,007
	JAHRESÜBERSCHUSS	2,390	1,908	,214	1,253	,221	,778	,239	,115	,290	3,454
	BUCHWERT_EK	1,169	,299	,668	3,910	,001	,858	,608	,359	,289	3,463

a. Abhängige Variable: MARKTKAPITALISIERUNG

Kollinearitätsdiagnose[a]

Modell	Dimension	Eigenwert	Kondition sindex	Varianzanteile			
				(Konstante)	SCORE	JAHRESÜBE RSCHUSS	BUCHWERT_ EK
1	1	3,451	1,000	,00	,00	,01	,01
	2	,475	2,694	,00	,00	,07	,06
	3	,070	7,001	,00	,00	,91	,92
	4	,003	32,521	1,00	1,00	,01	,01

a. Abhängige Variable: MARKTKAPITALISIERUNG

Bemerkung: Berechnung auf Basis des Jahresüberschusses/Jahresergebnisses, des Buchwertes und der Marktkapitalisierung in Mio. €.

Anhang XV: SPSS Analyse 2006

Modellzusammenfassung

Modell	R	R-Quadrat	Korrigiertes R-Quadrat	Standardf ehler des Schätzers
1	,894a	,799	,775	9645,892

a. Einflußvariablen : (Konstante), BUCHWERT_EK, SCORE, JAHRESÜBERSCHUSS

ANOVA(b)

Modell		Quadratsumme	df	Mittel der Quadrate	F	Signifi kanz
1	Regression	9598647688,520	3	3199549229,507	34,388	,000(a)
	Residuen	2419124275,365	26	93043241,360		
	Gesamt	12017771963,885	29			

a Einflußvariablen : (Konstante), BUCHWERT_EK, SCORE, JAHRESÜBERSCHUSS
b Abhängige Variable: MARKTKAPITALISIERUNG

Koeffizienten^a

Modell		Nicht standardisierte Koeffizienten B	Nicht standardisierte Koeffizienten Standardf ehler	Standardisie rte Koeffizienten Beta	T	Signifikanz	Korrelationen Nullter Ordnung	Korrelationen Partiell	Korrelationen Teil	Kollinearitätsstatistik Toleranz	Kollinearitätsstatistik VIF
1	(Konstante)	-33156,9	21770,991		-1,523	,140					
	SCORE	628,104	337,370	,168	1,862	,074	,324	,343	,164	,952	1,050
	JAHRESÜBERSCHUSS	3,448	1,667	,340	2,068	,049	,818	,376	,182	,287	3,490
	BUCHWERT_EK	,750	,231	,541	3,247	,003	,862	,537	,286	,279	3,579

a. Abhängige Variable: MARKTKAPITALISIERUNG

Kollinearitätsdiagnose^a

Modell	Dimension	Eigenwert	Kondition sindex	Varianzanteile (Konstante)	Varianzanteile SCORE	Varianzanteile JAHRESÜBE RSCHUSS	Varianzanteile BUCHWERT_ EK
1	1	3,470	1,000	,00	,00	,01	,01
	2	,459	2,750	,00	,00	,05	,09
	3	,068	7,133	,00	,00	,93	,87
	4	,003	32,679	1,00	1,00	,01	,03

a. Abhängige Variable: MARKTKAPITALISIERUNG

Bemerkung: Berechnung auf Basis des Jahresüberschusses/Jahresergebnisses, des Buchwertes und der Marktkapitalisierung in Mio. €.

Literaturverzeichnis

Aders, Christian; Hebertinger, Martin & Wiedemann, Florian (2003): Value Based Management (VBM): Lösungsansätze zur Schließung von Implementierungslücken, in: Finanz Betrieb, 6/2003, S. 356-372

Ahmed, Kamran & Courtis, John K. (1999): Associations between corporate characteristics and disclosure levels in annual reports: A meta-analysis, in: British Accounting Review, 31/1999, S. 35-61

AICPA American Institute of Certified Public Accountants New York, NY / Special Committee on Financial Reporting (1994): Improving business reporting - a customer focus: meeting the information needs of investors and creditors, New York, NY, American Inst. of Certified Public Accountants

AK Externe Unternehmensrechnung (2002): Grundsätze für das Value Reporting, in: Der Betrieb, 45/2002, S. 2337-2340

Akerlof, George A. (1970): The market for "lemons": quality uncertainty and the market mechanism, in: The quarterly journal of economics-Cambridge, Mass., MIT Press, S. 488-500

Aktiengesetz (2007): 40. Auflage, München, Beck

Baetge, Jörg & Solmecke, Henrik (2006): Grundsätze und Konzeption des Value Reporting, in: ZfCM-Zeitschrift für Controlling & Management: Value Reporting, Sonderheft 3/2006, S. 16-30, Wiesbaden, Gabler

Baetge, Jörg (2007): Der Beste Geschäftsbericht 2007: Kriterienkatalog zum Inhalt – Branche: Industrie und Handel, URL: http://www.manager-magazin.de/static/pdf/Geschaeftsberichte/2007/bg_2007_kriterien_inhalt_industrie.pdf, Stand: 30.04.2008

Ballwieser, Wolfgang (2002): Rechnungslegung im Umbruch - Entwicklungen, Ziele, Missverständnisse, in: Der Schweizer Treuhänder, 4/2002, S. 295-304

Ballwieser, Wolfgang (2003): Unternehmensbewertung durch Rückgriff auf Marktdaten, in: Heintzen, Markus & Kruschwitz, Lutz (Hrsg.): Unternehmen bewerten: Ringvorlesung der Fachbereiche Rechts- und Wirtschaftswissenschaft der Freien Universität Berlin im Sommersemester 2002, Berlin, Duncker Humblot, S. 13-30

Ballwieser, Wolfgang (2007): Unternehmensbewertung: Prozess, Methoden und Probleme, Stuttgart, Schäffer-Poeschel

Ballwieser, Wolfgang (2007a): Einige Bemerkungen zu EVA im Rahmen des Value Reporting, in: Kirsch, Hans-Jürgen & Thiele, Stefan (Hrsg.): Rechnungslegung und Wirtschaftsprüfung - Festschrift zum 70. Geburtstag von Prof. Dr. Dr. h.c. Jörg Baetge, Düsseldorf, IDW, S. 3-23

Bamberg, Günter; Baur, Franz & Krapp, Michael (2007): Statistik, 13. Aufl., München [u.a.], Oldenbourg

Banzhaf, Jürgen (2006): Wertorientierte Berichterstattung (Value Reporting): Analyse der Relevanz wertorientierter Informationen für Stakeholder unter besonderer Berücksichtigung von Mitarbeitern, Kunden und Lieferanten, Frankfurt am Main [u.a.], Lang

Behringer, Stefan (2004): Unternehmensbewertung der Mittel- und Kleinbetriebe: betriebswirtschaftliche Verfahrensweisen, Berlin, Schmidt

Blanchard, Olivier & Illing, Gerhard (2004): Makroökonomie, 3. Aufl., München [u.a.], Pearson Studium

Bleymüller, Josef; Gehlert, Günther & Gülicher, Herbert (2002): Statistik für Wirtschaftswissenschaftler, 13. Auflage, München, Vahlen

Böcking, Hans J. & Dutzi, Andreas (2003): Corporate Governance und Value Reporting, in: Seicht, Gerhard (Hrsg.): Jahrbuch für Controlling und Rechnungswesen, Wien, Orac, S. 213-239

Born, Karl (2003): Unternehmensanalyse und Unternehmensbewertung, Stuttgart, Schäffer-Poeschel

Börsengesetz (2007): Ausfertigung v. 16.07.2007, URL: http://www.bundesrecht.juris.de/bundesrecht/b_rsg_2007/gesamt.pdf

Börsenordnung (2008): Börsenordnung für die Frankfurter Wertpapierbörse – Stand 28.01.2008, URL: http://deutsche-boerse.com/INTERNET/EXCHANGE/zpd.nsf/PublikationenID/HAMN-52CDY7/$FILE/FWB01_08-04-28.pdf?OpenElement, Stand: 18.05.2008

Boston Consulting Group (2006): Spotlight on Growth – The Role of Growth in achieving Superior Value Creation; Boston, URL: http://www.bcg.com/publications/files/Value_Creators_Sept_06.pdf, Stand: 21.04.2008

Botosan, Christine A. (1997): Disclosure Level and the Cost of Equity Capital, in: The Accounting Review, Nr. 3/1997, S. 323-349

Boulton, Richard E.S.; Libert, Barry D. & Samek, Steve M. (2001): Value Code - Werte schaffen in der Neuen Wirtschaft: Erfolgsstrategien, Geschäftsmodelle, Praxisbeispiele, München, Econ

Brennan, Michael J. & Tamarowski, Claudia (2000): Investor Relations, Liquidity, and Stock Prices, in: Journal of Applied Corporate Finance, Vol. 12/2000, S. 26-37

Brink, Alexander (2005): Value-based-responsibility, München [u.a.], Hampp

Brosius, Felix (2006): SPSS 14, Heidelberg, mitp

Brühl, Rolf (2004): Controlling: Grundlagen des Erfolgscontrollings, München [u.a.], Oldenbourg

Buchheim, Regine & Fischer, Thomas M. (2007): Value Reporting, in: Heyd, Reinhard & Keitz, Isabel von (Hrsg.): IFRS Management: Interessenschutz auf dem Prüfstand, Treffsichere Unternehmensbeurteilung, Konsequenzen für das Management, München, Vahlen, S. 133-154

Büschgen, Hans E. (1998): Das kleine Börsenlexikon, Düsseldorf, Verl. Wirtschaft Finanzen

Copeland, Thomas E.; Koller, Tim & Murrin, Jack (2002): Unternehmenswert: Methoden und Strategien für eine wertorientierte Unternehmensführung, 3. Aufl., Frankfurt/Main [u.a.], Campus-Verl.

Damodaran, Aswath (1994): Damodaran on valuation: security analysis for investment and corporate finance, New York, NY [u.a.], Wiley

DCGK Regierungskommission Deutscher Corporate Governance Kodex (2007): Deutscher Corporate Governance Kodex in der Fassung vom 14. Juni 2007, URL: http://www.corporate-governance-code.de/ger/download/D_Kodex%202007_final.pdf, Stand: 14.05.2008

Deutsche Börse (2004): Factbook 2004, URL: http://www3.deutsche-boerse.com/INTERNET/IP/ip_stats.nsf/(KIR+Factbook+Kassamarkt)/38A1776E6D10034CC125700B005AE5A1/$FILE/Factbook_2004_d.pdf?OpenElement, Stand: 30.04.2008

Deutsche Börse (2005): Factbook 2005, URL: http://www3.deutsche-boerse.com/INTERNET/IP/ip_stats.nsf/(KIR+Factbook+Kassamarkt)/2D61B831AD36E547C12571770059CAA9/$FILE/Factbook_2005_d.pdf?OpenElement, Stand: 30.04.2008

Deutsche Börse (2006): Factbook 2006, URL: http://www3.deutsche-boerse.com/INTERNET/IP/ip_stats.nsf/(KIR+Factbook+Kassamarkt)/FC9077481C185DE4C12572D70044F121/$FILE/Factbook_2006_d.pdf?OpenElement, Stand: 30.04.2008

Deutsche Börse (2008): Leitfaden zu den Aktienindizes der Deutschen Börse, URL: http://deutscheboerse.com/dbag/dispatch/de/binary/gdb_content_pool/imported_files/publi c_files/10_downloads/50_informatons_services/30_Indices_Index_Licensing/21_guideline s/10_share_indices/equity_indices_guide.pdf, Stand: 04.05.2008

Diffenbach, John & Higgins, Richard B. (1987): Strategic Credibility Can Make a Difference, in: Business Horizons, 5-6/1987, S. 13-18

DiPiazza, Samuel A. & Eccles, Robert G. (2002): Building public trust: the future of corporate reporting, New York, NY [u.a.], Wiley

Döhle, Patricia (2005): Schöner Schein, in: Manager Magazin, Ausgabe 10/2005, S. 126-138

Döhle, Patricia (2006): Auf zu neuen Ufern, in: Manager Magazin, Ausgabe 10/2006, S. 118-130

Döhle, Patricia (2007): Gute Seiten, Schlechte Seiten, in: Manager Magazin, Ausgabe 10/2007, S. 104-117

Droste, Vanessa (2006): Wertorientierung in den DAX30-Unternehmen: eine empirische Studie, Lohmar-Köln, Eul

DRS 15 (2005): Lageberichterstattung, in: DRSC: Deutsche Rechnungslegungs Standards (DRS), German Accounting Standards (GAS), Stand: 8. Ergänzungslieferung 10/2005, Stuttgart, Schäffer-Poeschel

Düsterlho, Jens-Eric von (2003): Das Shareholder-Value-Konzept: Methodik und Anwendung im strategischen Management, Wiesbaden, Dt. Universitäts -Verl.

Eberhardt, Stefan (1998): Wertorientierte Unternehmungsführung: der modifizierte Stakeholder-value-Ansatz, Wiesbaden, Dt. Universitäts-Verl.

Eccles, Robert G. (2001): The ValueReporting revolution: moving beyond the earnings game, Chichester, Wiley

Eiteman, David K.; Stonehill, Arthur I. & Moffett, Michael H. (2003): Multinational business finance, 10ᵗʰ Ed., Boston, Mass. [u.a.], Pearson/Addison-Wesley

Ellrott, Helmut (2006): § 289, Lagebericht, in: Förschle, Gerhart u.a. (Hrsg.): Beck'scher Bilanz-Kommentar, Handels- und Steuerbilanz, 6. Aufl., S. 1314-1340

Erlei, Mathias; Leschke, Martin & Sauerland, Dirk (2007): Neue Institutionenökonomik, Stuttgart, Schäffer-Poeschel

Ewert, Ralf & Wagenhofer, Alfred (2000): Rechnungslegung und Kennzahlen für das wertorientierte Management, in: Wagenhofer, Alfred & Hrebicek, Gerhard (Hrsg.): Wertorientiertes Management, Konzepte und Umsetzungen zur Unternehmenswertsteigerung, Stuttgart, Schäffer-Poeschel, S. 3-64

Fama, Eugene F. (1970): Efficient Capital Markets: A Review of Theory and empirical work, in: Journal of Finance, S. 383-417

Fama, Eugene F. & French, Kenneth R. (1992): The Cross-Section of Expected Stock Returns; in: Journal of Finance, 6/1992, S. 427-465

Fama, Eugene F. (1995): Random Walks in Stock Market Prices, in: Financial Analysts Journal, Jan./Feb. 1995, S. 75-80; Reprint aus Financial Analysts Journal, Sep./Okt. 1965, S. 55-59

Feldman, Martha S. & March, James G. (1981): Information in Organizations as Signal and Symbol; in: Administrative Science Quarterly, 26/1981, S. 171-186

Fey, Gerd (2000): Prüfung kapitalmarktorientierter Unternehmensberichte - Erweiterungen der Abschlussprüfung nach nationalen und internationalen Prüfungsgrundsätzen, in: Die Wirtschaftsprüfung, 19/2000, S. 1097-1108

Fischer, Alexander (2003): Shareholder Value Reporting mittels jahresabschluss-ergänzenden Angaben: Untersuchung ökonomischer Wirkungsweisen der Investor Relations im Rahmen einer wertorientierten Unternehmensführung, Bern [u.a.], Haupt

Fischer, Thomas M. & Klöpfer, Elisabeth (2006): Entwicklung und Perspektiven des Value Reporting, in: ZfCM-Zeitschrift für Controlling und Management: Value Reporting, Sonderheft 3/2006, Wiesbaden, Gabler, S. 4-14

Franz, Klaus-Peter & Winkler, Carsten (2006): Unternehmenssteuerung und IFRS: Grundlagen und Praxisbeispiele, München, Vahlen

Friedländer, Ernst & Stabernack, Marc G. (1998): Betriebswirtschaftliche Ansätze zur wertorientierten Unternehmensführung, in: Müller, Michael (Hrsg.): Shareholder Value Reporting: veränderte Anforderungen an die Berichterstattung börsennotierter Unternehmen, Wien, Ueberreuter, S. 27-44

Friedman, Milton (1970): The Social Responsibility of Business is to Increase its Profits, in: The New York Times Magazine, September 13, 1970

Fromm, Sabine (2004): Multiple lineare Regression, in: Fromm, Sabine & Baur, Nina: Datenanalyse mit SPSS für Fortgeschrittene - Ein Arbeitsbuch, Wiesbaden, VS-Verlag, S. 257-281

Garz, Hendrik; Günther, Stefan & Moriabadi, Cyrus (2006): Portfolio-Management: Theorie und Anwendung, Frankfurt am Main, Bankakademie-Verl.

Gaughan, Patrick A. (2002): Mergers, acquisitions and corporate restructurings, 3rd Ed., New York, Wiley

Gaughan, Patrick A. (2007): Mergers, acquisitions and corporate restructurings, 4th Ed., Hoboken, New Jersey, Wiley

Gebhardt, Günther & Mansch, Helmut (2005): Wertorientierte Unternehmenssteuerung in Theorie und Praxis, Düsseldorf [u.a.], Verl.-Gruppe Handelsblatt

Gelb, David S. & Zarowin, Paul (2002): Corporate Disclosure Policy and the Informativeness of Stock Prices, in: Review of Accounting Studies, 7/2002, S. 33-52

Gerth, Martin (2008): Saubere Bilanz; in: Wirtschaftswoche, Ausgabe 12/2008, S. 176-178

Gleich, Ronald; Oehler, Karsten & Seegy, Markus (2004): Corporate Governance wertschaffend umsetzen: Erfolgfaktor Controlling, in: Horvath, Peter (Hrsg.): Werte schaffen - Werte managen, Bonn, Lemmens, S. 133-156

Grewe, Wolfgang (2008): Zur gesellschaftlichen Verantwortung von Unternehmen: Corporate Responsibility als strategisches Konzept der Unternehmensführung, in: Ballwieser, Wolfgang & Grewe, Wolfgang (Hrsg.): Wirtschaftsprüfung im Wandel, München, Beck, S. 31-54

Groll, Karl-Heinz (2003): Kennzahlen für das wertorientierte Management: ROI, EVA und CFROI im Vergleich, München, Hanser

Hajek, Stefan & Schuermann, Christof (2008): Zweite Chance; in: Wirtschaftswoche, 5/2008, S. 114-119

Handelsgesetzbuch (2008): 47. Auflage, München, Beck

Hansmann, Karl-Werner & Kehl, Michael (2000): Studie zum Shareholder Value in deutschen Unternehmen, Hamburg, Univ.

Hartmann-Wendels, Thomas (2001): Finanzierung, in: Jost, Peter-Jürgen (Hrsg.): Die Prinzipal-Agenten-Theorie in der Betriebswirtschaftslehre, Stuttgart, Schäffer-Poeschel, S. 117-146

Healy, Paul M.; Hutton, Amy P. & Palepu, Krishna G. (1999): Stock Performance and Intermediation Changes Surrounding Sustained Increases in Disclosure, in: Contemporary Accounting Research, Nr. 3/1999, S. 485-520

Hefermehl, Wolfgang & Spindler, Gerald (2004): § 93 AktG, Sorgfaltspflicht und Verantwortlichkeit der Vorstandsmitglieder, in: Kropff, Bruno & Semler, Johannes (Hrsg.): Münchener Kommentar zum Aktiengesetz, Band 3, §§ 76-117 AktG, MitbestG, § 76 BetrVG 1952

Heinemann, Bernd & Gröniger, Benno (2005): Shareholder Value – Warum es auf den Unternehmenswert ankommt, in: Hungenberg, Harald & Meffert, Jürgen (Hrsg.): Handbuch Strategisches Management, Wiesbaden, Gabler, S. 231-253

Helbing, Carl (2005): Innerer Wert und Kapitalmarktwert eines Unternehmens – Unterschiede in der Bewertungsmethode, in Grämlich, Dieter & Hinz, Holger (Hrsg.): Kapitalmarkt, Unternehmen und Information: Wertanalyse und Wertsteuerung von Unternehmen auf finanziellen Märkten, Wiesbaden, Dt. Univ.-Verl, S. 405-428

Herzig, Christian & Schaltegger, Stefan (2006): Corporate Sustainibility Reporting – An Overview, in: Schaltegger, Stefan; Bennett, Martin & Buritt, Roger (Hrsg.): Sustainibility Accounting and Reporting, Dordrecht, Springer, S. 301-324

Heumann, Rainer (2005): Value Reporting in IFRS-Abschlüssen und Lageberichten, Düsseldorf, IDW-Verl.

Hinne, Carsten (2001): Gründe für das mögliche Auseinanderfallen zwischen Börsenwert und unternehmungsintern ermitteltem Eigenkapitalwert, Gießen, Ferber

Hirsch, Bernhard (2007): Wertorientiertes Berichtswesen-Theoretisches Konzept versus praktische Umsetzung; in: Zeitschrift für Planung & Unternehmenssteuerung, 08/2007, S. 161-185

IASB (2005): Discussion Paper Management Commentary – A paper prepared for the IASB by staff of its partner standard-setters and others, London

ICAEW (1999): Inside Out: Reporting on Shareholder Value, URL: http://www.icaew.co.uk/index.cfm?route=120251, Stand: 08.05.2008

IDW (2005): IDW Stellungnahme zur Rechnungslegung: Anwendung der Grundsätze des IDW S1 bei der Bewertung von Beteiligungen und sonstigen Unternehmensanteilen für die Zwecke eines handelsrechtlichen Jahresabschlusses, IDW RS HFA 10, Institut der Wirtschaftsprüfer in Deutschland e.v.

IDW (2007): Entwurf einer Neufassung des IDW Standards: Grundsätze zur Durchführung von Unternehmensbewertungen, IDW ES1, Institut der Wirtschaftsprüfer in Deutschland e.V., Düsseldorf, URL: www.idw.de, Stand: 22.04.2008

Jost, Peter-Jürgen (2001): Die Prinzipal-Agenten-Theorie in der Betriebswirtschaftslehre, Stuttgart, Schäffer-Poeschel

Jung, Eckhard R. (2006): Performance measurement und reporting: Instrumente der wertorientierten Unternehmensführung, Saarbrücken, VDM

Jung, Udo & Xhonneux, Pascal (2003): Fundamentalwert und Erwartungsprämie als Komponenten der Marktkapitalisierung: steuerungsrelevant oder irrelevant?, in: Wollmert, Peter u.a. (Hrsg.): Wirtschaftsprüfung und Unternehmensüberwachung – Festschrift für Prof. Dr. Dr. h.c. Wolfgang Lück, Düsseldorf, IDW-Verl., S. 467-482

Kahle, Egbert (2001): Betriebliche Entscheidungen: Lehrbuch zur Einführung in die betriebswirtschaftliche Entscheidungstheorie, 6. Aufl., München [u.a.], Oldenbourg

Kersting, Mark O. & Sohbi, Hassan (1998): Haftungsrechtliche Aspekte einer vorausschauenden Berichterstattung, in: Müller, Michael (Hrsg.): Shareholder Value Reporting: veränderte Anforderungen an die Berichterstattung börsennotierter Unternehmen, Wien, Ueberreuter, S. 293-312

Knapp, Eckhard (2005): Interne Revision und Corporate Governance: Aufgaben und Entwicklungen für die Überwachung, Berlin, Schmidt

Kruse, Gereon (2008): Der Boom ist vorüber, URL: http://www.boerse-online.de/aktien/deutschland_europa/496926.html?nv=meistgelesen, Stand: 20.04.2008

Kup, Alexander (2007): Methoden der Unternehmensbewertung: internationaler Vergleich kleiner und mittelgroßer Unternehmen, Hamburg, Kovac

Küsters, Elmar A. (2002): Corporate Governance im basalen Prozeß der Organisation, in: Kahle, Egbert (Hrsg.): Organisatorische Veränderung und Corporate Governance, Wiesbaden, Dt. Univ.-Verl., S. 311-371

Küsters , Elmar A. (2008): Emergente Unternehmensentwicklung als Voraussetzung für eine wirksame und transparente Unternehmensführung, in: Bouncken, Ricarda B.; Jochims, Thorsten & Küsters, Elmar A. (Hrsg.): Steuerung versus Emergenz: Entwicklung und Wachstum von Unternehmen - Festschrift zum 65. Geburtstag von Prof. Dr. Egbert Kahle, Wiesbaden, Gabler, S. 25-36

Labhart, Peter A. (1999): Value Reporting: Informationsbedürfnisse des Kapitalmarktes und Wertsteigerung durch Reporting, Zürich, Versus

Lang, Mark H. & Lundholm, Russell J. (1996): Corporate Disclosure Policy and Analyst Behavior, in: The Accounting Review, Nr. 4/1996, S. 467-492

Lasswell, Harold D. (1964): The Structure and Function of Communication in Society, in: Bryson, Lyman (Hrsg.): The communication of ideas: a series of addresses, New York, NY, Cooper Square Publ., S. 37-52

Leuz, Christian & Verrecchia, Robert E. (2000): The Economic Consequences of Increased Disclosure, in: Journal of Accounting Research, S. 91-124

Leven, Franz-Josef (1998): Investor Relations und Shareholder Value; in: Müller, Michael (Hrsg.): Shareholder Value Reporting: veränderte Anforderungen an die Berichterstattung börsennotierter Unternehmen, Wien, Ueberreuter, S. 45-62

Lorson, Peter (2004): Auswirkungen von Shareholder-Value-Konzepten auf die Bewertung und Steuerung ganzer Unternehmen, Herne [u.a.], Verl. Neue Wirtschafts-Briefe

McKinsey (2002): Global investor opinion survey on corporate governance; URL: http://www.mckinsey.com/clientservice/organizationleadership/service/corpgovernance/pd f/GlobalInvestorOpinionSurvey2002.pdf; Stand: 11.05.2008

Michel, Uwe (2004): Wesentliche Shareholder Value-Konzepte und ihre Beurteilung, in: Horvath, Peter (Hrsg.): Werte schaffen - Werte managen, Bonn, Lemmens, S. 11-34

Müller, Michael (1998): Shareholder Value Reporting: veränderte Anforderungen an die Berichterstattung börsennotierter Unternehmen, Wien [u.a.], Ueberreuter.

Müller, Harald (2007): Unternehmenswert im Spannungsfeld von Investorenvertrauen und Kapitalmarkttheorie: theoretische Modellierung und praktische Anwendung zur Bewertung des Deutschen Corporate Governance Kodex, Berlin, Logos-Verlag

Müßig, Anke (2008): Lagebericht und Value Reporting, in: Funk, Wilfried & Rossmanith, Jonas (Hrsg.): Internationale Rechnungslegung und Internationales Controlling-Herausforderungen, Handlungsfelder, Erfolgspotenziale, Wiesbaden, Gabler, S. 187-221

Nölle, Jens-Uwe (2005): Grundlagen der Unternehmensbewertung: Anlässe, Funktionen, Verfahren und Grundsätze, in: Schacht, Ulrich & Fackler, Matthias (Hrsg.): Praxishandbuch Unternehmensbewertung, Wiesbaden, Gabler, S. 13-31

o.V. (2008): Dax-Absturz: „Rette sich, wer kann"; URL: http://www.handelsblatt.com/News/Boerse/Marktberichte/_pv/doc_page/1/_p/200009/_t/ft/ _b/1379777/default.aspx/dax-absturz-rette-sich%2c-wer-kann.html, Stand: 17.04.2008

Paiusco, Alex & Riffner, Saki (2007): Bewertung von IT-Dienstleistungsunternehmen, in: Drukarczyk, Jochen & Ernst, Dietmar (Hrsg.): Branchenorientierte Unternehmensbewertung, München, Vahlen, S. 315-334

Pape, Ulrich (2003): Wertorientierte Unternehmensführung und Controlling, Sternenfels, Verl. Wissenschaft Praxis

Parrett, William G. (2008): Global professional services today: building competencies and trust, in: Ballwieser, Wolfgang & Grewe, Wolfgang (Hrsg.): Wirtschaftsprüfung im Wandel, München, Beck, S. 17-30

Peemöller, Volker H. (2005): Praxishandbuch der Unternehmensbewertung, Herne [u.a.], Verl. Neue Wirtschafts-Briefe

Pellens, Bernhard; Hillebrandt, Franca & Tomaszewski, Claude (2000): Value Reporting - eine empirische Analyse der DAX-Unternehmen, in: Wagenhofer, Alfred & Hrebicek, Gerald (Hrsg.): Wertorientiertes Management, Konzepte und Umsetzungen zur Unternehmenswertsteigerung, Stuttgart, Schäffer-Poeschel, S. 177-207

Pellens, Bernhard; Tomaszewski, Claude & Weber, Nicolas (2000): Wertorientierte Unternehmensführung in Deutschland – eine empirische Untersuchung der DAX 100 Unternehmen; in: Der Betrieb, 37/2000, S. 1825-1833

Pindyck, Robert S. & Rubinfeld, Daniel L. (2003): Mikroökonomie, 5. Auflage, München [u.a.], Pearson Studium

Preis, Albert (1996): Unternehmenswert und Börsenkursentwicklung, in: Die Bank, 4/96, S. 240-243

PWC PriceWaterhouseCoopers (2005): Kapitalmarktkommunikation in Deutschland: Investor Relations und Corporate Reporting, Frankfurt am Main, PriceWaterhouseCoopers [u.a.]

Proissl, Wolfgang; Grass, Doris & Böschen, Mark et al. (2008): Dax-Crash vernichtet 63 Milliarden Euro; URL: http://www.ftd.de/boersen_maerkte/aktien/marktberichte/306289.html, Stand: 17.04.2008

Rappaport, Alfred (1986): Creating shareholder value: the new standard for business performance, New York [u.a.], Free Press [u.a.]

Rappaport, Alfred (1995): Shareholder value: Wertsteigerung als Maßstab für die Unternehmensführung, Stuttgart, Schäffer-Poeschel

Rappaport, Alfred (1999): Shareholder value: ein Handbuch für Manager und Investoren, Stuttgart, Schäffer-Poeschel

Roberts, Daniel (2004): "What's in it for me?" XBRL and the producer of Business Reporting; URL: http://www.xbrl.org/business/companies/xbrl-whats-in-it-for-me.pdf, Stand: 05.05.2008

Ruhnke, Klaus (2003): Bedeutung des Börsenkurses bei Unternehmensevaluationen, in: Heintzen, Markus & Kruschwitz, Lutz (Hrsg.): Unternehmen bewerten: Ringvorlesung der Fachbereiche Rechts- und Wirtschaftswissenschaft der Freien Universität Berlin im Sommersemester 2002, Berlin, Duncker Humblot, S. 75-99

Ruhwedel, Franca & Schultze, Wolfgang (2002): Value reporting - Theoretische Konzeption und Umsetzung bei den DAX 100-Unternehmen, in: Zeitschrift für betriebswirtschaftliche Forschung, S. 602-632

Schacht, Ulrich & Fackler, Matthias (2005): Praxishandbuch Unternehmensbewertung: Grundlagen, Methoden, Fallbeispiele, Wiesbaden, Gabler

Schmid, Michael; Kuhnle, Helmut & Sonnabend, Michael (2005): Value Reporting: optimieren Sie Ihre materielle Corporate Governance, München, Vahlen

Schultze, Wolfgang (2003): Methoden der Unternehmensbewertung: Gemeinsamkeiten, Unterschiede, Perspektiven, Düsseldorf, IDW-Verl.

Schultze, Wolfgang; Fink, Christian & Straub, Barbara (2007): Value Reporting: Informationsbedürfnisse der Investoren und Anforderungen an die Gestaltung des Lageberichts, in: Die Wirtschaftsprüfung, 13/2007, S. 563-571

Schwarze, Jochen (2006): Wahrscheinlichkeitsrechnung und induktive Statistik, 8. Aufl., Herne [u.a.], Verl. Neue Wirtschafts-Briefe

Seiler, Karl (2004): Unternehmensbewertung: Wertermittlung bei Kauf, Verkauf und Fusion von kleinen und mittleren Unternehmen, Berlin [u.a.], Springer

L

Stauber, Jürgen (2004): Voluntary Value Reporting auf Basis der IFRS/IAS: Grundlagen, Inhalte, qualitative Beurteilung, Frankfurt am Main [u.a.], Lang

Steinhauer, Leif (2007): Die Objektivierung des kapitalmarktorientierten Value Reporting: Möglichkeiten und Grenzen des Economic Value Added, Lohmar [u.a.], Eul

Stern, Hermann J. (2007): Marktorientiertes Value Management: Wettbewerbsvorteile durch das Finance Intelligence Radar erzielen; Investorenerwartungen auswerten, Budgetwertlücken identifizieren, Leistung marktorientiert beurteilen, Weinheim, Wiley

Stührenberg, Lutz; Streich, Daniel & Henke, Jörg (2003): Wertorientierte Unternehmensführung: theoretische Konzepte und empirische Befunde, Wiesbaden, Dt. Univ.-Verl.

Trimborn, Marion (2008): Nackte Panik auf dem Parkett – DAX-Firmen verlieren 50 Milliarden Euro an Wert; in: Landeszeitung für die Lüneburger Heide, 18/2008, S. 17

Uebber, Bodo & Köthner, Robert (2008): Notwendigkeit einer Harmonisierung der Finanzberichterstattung, in: Ballwieser, Wolfgang & Grewe, Wolfgang (Hrsg.): Wirtschaftsprüfung im Wandel, München, Beck, S. 233-258

Volkart, Rudolf (1998): Shareholder value & corporate valuation: Finanzielle Wertorientierung im Wandel, Zürich, Versus

Weber, Jürgen (2002): Erfahrungen mit Value Based Management: Praxislösungen auf dem Prüfstand, Vallendar, WHU-Otto-Beisheim-Hochschule, Lehrstuhl für Betriebswirtschaftslehre

Weber, Jürgen (2004): Wertorientierte Unternehmenssteuerung: Konzepte - Implementierung – Praxisstatements, Wiesbaden, Gabler

Wenzel, Julia (2005): Wertorientierte Berichterstattung (Value Reporting) aus theoretischer und empirischer Perspektive, Frankfurt am Main [u.a.], Lang

Witt, Peter (2001): Corporate Governance, in: Jost, Peter J. (Hrsg.): Die Prinzipal-Agenten-Theorie in der Betriebswirtschaftslehre, Stuttgart, Schäffer-Poeschel Verlag, S. 85-115

Wöhe, Günter & Döring, Ulrich (2008): Einführung in die allgemeine Betriebswirtschaftslehre, 23. Aufl., München, Vahlen

Geschäftsberichtsverzeichnis

Adidas AG	
2006	http://www.adidas-group.com/de/investor/_downloads/pdf/annual_reports/2006/GB2006_de.pdf
2007	http://www.adidas-group.com/de/investor/_downloads/pdf/annual_reports/2007/GB_2007_De.pdf
Allianz SE	
2006	http://www.allianz.com/images/pdf/geschaeftsbericht_allianz_group_2006_deutsch.pdf
2007	http://www.allianz.com/de/allianz_gruppe/investor_relations/berichte_und_finanzdaten/geschaeftsbericht/az_group_d_2007.pdf
Altana AG	
2006	http://www.altana.com/de/ir-publikations.php
2007	http://www.altana.com/de/ir-publikations.php
BASF SE	
2006	http://berichte.basf.de/basfir/copsfiles/de/2006/finanzbericht/13975_BASF_Finanzbericht_2006.pdf?suffix=.pdf?MTITEL=Finanzbericht%202006&id=T8ukRBy*obcp0TM
2007	http://berichte.basf.de/basfir/html/2007/de/serviceseiten/downloads/files/BASF_Bericht_2007.pdf?MTITEL=Bericht%202007&id=0ry29C-bcbcp2h9
Bayer AG	
2006	http://www.geschaeftsbericht2006.bayer.de/de/Homepage.aspx
2007	http://www.geschaeftsbericht2007.bayer.de/de/homepage.aspx
BMW AG	
2006	http://www.bmwgroup.com/d/0_0_www_bmwgroup_com/investor_relations/finanzberichte/geschaeftsberichte/2006/popup/_downloads/gb2006_gesamt.pdf
2007	http://www.bmwgroup.com/geschaeftsbericht2007/_downloads/BMW_Group_2007.pdf
Commerzbank AG	
2005	https://www.commerzbank.de/media/aktionaere/service/archive/konzern/2005/gb2005/download/commerz_gb_d_2005.pdf
2006	https://www.commerzbank.de/media/aktionaere/service/archive/konzern/2007/gb2006/GB_2006_d.pdf
2007	https://www.commerzbank.de/media/aktionaere/service/archive/konzern/2008/gb2007/GB_2007_komplett.pdf
Continental AG	
2005	http://www.conti-online.com/generator/www/com/de/continental/portal/themen/ir/finanzberichte/archiv/berichte/download/gb2005_komplett_de.pdf
2006	http://www.conti-online.com/generator/www/com/de/continental/portal/themen/ir/finanzberichte/archiv/berichte/download/gb_2006_gesamt_de.pdf
2007	http://www.conti-online.com/generator/www/com/de/continental/portal/themen/ir/finanzberichte/01_berichte/download/gb_2007_de.pdf
Daimler AG	
2006	http://www.daimler.com/Projects/c2c/channel/documents/1003904_DCX_2006_Gesch_ftsbericht.pdf
2007	http://www.daimler.com/Projects/c2c/channel/documents/1488193_DAI_2007_Geschaeftsbericht.pdf
Deutsche Bank AG	
2006	http://www.deutsche-bank.de/ir/de/download/gesamt_Geschaeftsbericht_2006.pdf
2007	http://www.deutsche-bank.de/ir/de/download/Geschaeftsbericht_2007_gesamt.pdf

Deutsche Börse AG	
2006	http://deutsche-boer-se.com/dbag/dispatch/de/binary/gdb_navigation/investor_relations/30_Reports_and_Figu res/30_Annual_Reports/10_Annual_Report_2006/Content_Files/10_complete_version/G B_komplett_2006.pdf
2007	http://deutsche-boer-se.com/dbag/dispatch/de/binary/gdb_navigation/investor_relations/30_Reports_and_Figu res/30_Annual_Reports/10_Annual_Report_2007/Content_Files/10_complete_version/G B_komplett_2007.pdf
Deutsche Lufthansa AG	
2006	http://www.lufthansa-financials.de/servlet/PB/show/1020974/DLH_GB_2006d.pdf
2007	http://www.lufthansa-financials.de/servlet/PB/show/1024492/DLH_D_GB2007.pdf
Deutsche Post AG	
2006	http://investors.dpwn.de/de/investoren/publikationen/archiv/2006/finanzpublikationen/dp wn_annual_report_2006_de.pdf
2007	http://investors.dpwn.de/de/investoren/publikationen/archiv/2007/finanzpublikationen/dp wn_annual_report_2007_de.pdf
Deutsche Postbank AG	
2006	https://ir.postbank.de/download/Companies/postbank/Annual%20Reports/PBGB06_D_g esch.pdf
2007	https://ir.postbank.de/download/Companies/postbank/Annual%20Reports/PB_GB07_D.pdf
Deutsche Telekom AG	
2006	http://www.download-telekom.de/dt/StaticPage/25/21/82/070301_dtag_gb_2006.pdf_252182.pdf
2007	http://www.download-telekom.de/dt/StaticPage/50/77/04/080304_dtag_gb_2007.pdf_507704.pdf
E.ON AG	
2006	http://www.eon.com/de/downloads/GB_D_komplett_geschuetzt_2006.pdf
2007	http://www.eon.com/de/downloads/EON_GB07_DE_geschuetzt.pdf
Fresenius Medical Care AG & Co. KGaA	
2006	http://www.fresenius.de/internet/fag/de/faginpub.nsf/AttachmentsByTitle/geschaeftsberi cht_06/$FILE/GB_2006_deutsch.pdf
2007	http://www.fresenius.de/internet/fag/de/faginpub.nsf/AttachmentsByTitle/geschaeftsberi cht_07/$FILE/GB_deutsch_US+GAAP_2007_geschuetzt.pdf
Henkel KGaA	
2006	http://www.henkel.de/de/content_data/Geschaeftsbericht_2006.pdf
2007	http://www.henkel.de/de/content_data/2008.02.27_FY_2007_annualreport_de.pdf
Hypo Real Estate Holding AG	
2005	http://www.hyporealestate.com/pdf/GB_Gesamt_03_28_deutsch_Internet.pdf
2006	http://www.hyporealestate.com/pdf/Geschaeftsbericht_Group_03_13_sg.pdf
2007	http://www.hyporealestate.com/pdf/Group_GB07_deutsch_080326_19_25_final_GL.pdf
Infineon AG	
2006	http://www.infineon.com/dgdl/GB2006_komplett_d.pdf?folderId=db3a304312fcb1bc01 131b778dcf197a&fileId=db3a3043132679fb011329807710007b
2007	http://www.infineon.com/dgdl/2007_Jahresbericht_d.pdf?folderId=db3a30431689f44201 16b5cfff3e06de&fileId=db3a30431689f4420116d3525f750c39
Linde AG	
2006	http://www.linde.com/international/web/linde/like35lindede.nsf/repositorybyalias/gb_20 06/$file/Linde_GB_2006_deutsch.pdf
2007	http://www.linde.com/international/web/linde/like35lindede.nsf/repositorybyalias/TLG_ Finanzbericht_2007/$file/TLG_Finanzbericht_dt.pdf

MAN AG	
2006	http://www.man.eu/MAN-Downloadgalleries/DE/Investoren/Geschaeftsberichte/Geschaeftsbericht_2006.pdf
2007	http://www.man.eu/MAN-Downloadgalle-ries/DE/Investoren/Geschaeftsberichte/2007_GB/080306_MAN_GB_2007_d_internet_s.pdf
Merck KGaA	
2006	http://www.merck.de/servlet/PB/show/1642500/GB_06_Gesamtbericht.pdf
2007	http://merck.online-report.eu/2007/gb/serviceseiten/downloads/files/gesamt_merck_gb07.pdf
Metro AG	
2006	http://www.metrogroup.de/servlet/PB/menu/1125490_l1/index.html#GB.2006
2007	http://www.metrogroup.de/servlet/PB/menu/1000120_l1/index.html#GB.2007
Münchener Rück AG	
2006	http://reports.equitystory.com/reports/munichre-ar2006-200307-47651/download/MR_GB2006_de.pdf
2007	http://report.munichre.com/munichre_quick/annual/2007/gb/German/pdf/report.pdf
RWE AG	
2006	http://www.rwe.com/generator.aspx/investor-relations/finanzberichte/language=de/id=15704/page.html
2007	http://www.rwe.com/generator.aspx/investor-relations/finanzberichte/language=de/id=15704/page.html
SAP AG	
2006	http://www.sap.com/germany/about/investor/pdf/GB2006_D.pdf
2007	http://www.sap.com/germany/about/investor/pdf/GB2007_DE.pdf
Schering Pharma AG	
2006	http://www.schering.de/html/de/50_media/download/_files/2006/fin_rep/annual/06GB_de.pdf
2007	http://www.schering.de/html/de/50_media/download/_files/2007/fin_rep/annual/07GB_de.pdf
Siemens AG	
2006	http://w1.siemens.com/pool/de/investor_relations/finanzpublikationen/geschaftsbericht/D06_00_GB2006_1417680.PDF
2007	http://w1.siemens.com/annual/07/pool/download/pdf/d07_00_gb2007.pdf
Thyssen Krupp AG	
2006	http://www.thyssenkrupp.com/fr/05_06/de/index.html
2007	http://www.thyssenkrupp.com/fr/06_07/de/index.html
TUI AG	
2005	http://www.tui-group.com/uuid/4fcec08839137ba1ce78a7e7f6a599fb
2006	http://www.tui-group.com/uuid/d1e6f76a113b439187edd55fd0868cc5
2007	http://www.tui-group.com/media/ir/11_geschaeftsbericht_07/deutsch/pdf/gb_07_komplett
Volkswagen AG	
2006	http://www.volkswagenag.com/vwag/vwcorp/info_center/de/publications/2007/03/GB_2006.-bin.acq/qual-BinaryStorageItem.Single.File/GB_2006_d.pdf
2007	http://www.volkswagenag.com/vwag/vwcorp/info_center/de/publications/2008/03/Annual_Report_2007.-bin.acq/qual-BinaryStorageItem.Single.File/Y_2007_d.pdf